中國學術思想研究輯刊

二五編

林慶彰 主編

第5冊

認知秩序的重整與建構：
清初《古文尚書》考辨思潮研究

趙銘豐 著

花木蘭文化出版社

國家圖書館出版品預行編目資料

認知秩序的重整與建構：清初《古文尚書》考辨思潮研究／
趙銘豐 著 -- 初版 -- 新北市：花木蘭文化出版社，2017
〔民 106〕
目 2+222 面：19×26 公分
（中國學術思想研究輯刊 二五編：第 5 冊）
ISBN 978-986-404-916-5（精裝）
1. 書經 2. 研究考訂 3. 清代
030.8   106000982

ISBN-978-986-404-916-5

9 789864 049165

中國學術思想研究輯刊
二五編 第 五 冊   ISBN：978-986-404-916-5

認知秩序的重整與建構：
清初《古文尚書》考辨思潮研究

作　　者　趙銘豐
主　　編　林慶彰
總 編 輯　杜潔祥
副總編輯　楊嘉樂
編　　輯　許郁翎、王筑　美術編輯　陳逸婷
出　　版　花木蘭文化出版社
社　　長　高小娟
聯絡地址　235 新北市中和區中安街七二號十三樓
　　　　　電話：02-2923-1455／傳眞：02-2923-1452
網　　址　http://www.huamulan.tw 信箱 hml810518@gmail.com
印　　刷　普羅文化出版廣告事業
封面設計　劉開工作室
初　　版　2017 年 3 月
全書字數　185039 字
定　　價　二五編 20 冊（精裝）新台幣 38,000 元

認知秩序的重整與建構：
清初《古文尚書》考辨思潮研究

趙銘豐　著

作者簡介

趙銘豐。1976。臺灣臺南人。臺灣華梵大學文學碩士，輔仁大學文學博士。任教洛陽師範學院文學院。期以具體的經典實踐，專致測度思想史研究綰合考據學方法的學理探索。

提　要

本論文主要探討清初《古文尚書》考辨課題加乘學術思想史後的學理意義。論述重點有三。第一：藉由程廷祚處理閻若璩與毛奇齡考辨《古文尚書》的成績，說明程氏作法看似別於辨偽派惠棟的唯閻是取與棄毛勿議，然而何以兩人最終的價值關懷，竟都不約而同的趨向後考辨典範時期的殊途同歸？第二：整合清代《古文尚書》考辨學者對於漢學與宋學的繼承與發揮，據此分析朱熹情結的認知生成，何以竟能糾葛清代《古文尚書》考辨學史近三百年？第三：通過清代《古文尚書》考辨課題具體的經典實踐，定位個別學者的學術性格與知識背景對於自身治學立場的支配，以及確證學術性格與知識背景複合後，所產生的治學立場與《古文尚書》考辨譜系編列往復循環的雙向制約。

河南文化傳播與社會發展研究中心系列成果
河南省高等學校哲學社會科學創新團隊支持計劃
（編號　2016-CXTD-08）階段成果

本博士論文得以順利撰述完成
充分仰仗兩項學術獎掖的培植
分別是

科技部 2013 年度
獎勵人文與社會科學領域
博士候選人
撰寫博士論文獎

中央研究院 2014 年度
人文社會科學
博士候選人
培育計畫獎助

謹致謝忱

目次

第一章　緒　論

　　緣於個人於碩士論文，曾就惠棟《古文尚書考》的考辨方法與辨偽舉證進行雙重審查。在碩論《惠棟《古文尚書考》研究》的寫作過程，明代中期梅鷟的《尚書譜》與《尚書考異》，清初時期《古文尚書》考辨巨擘閻若璩的《尚書古文疏證》，以及程廷祚的《晚書訂疑》，等等諸家考辨《古文尚書》的相關專著，皆在筆者徵集之列，然而因為論述主題皆設定為釐清惠棟《古文尚書考》的考辨策略，以致主從有別，因此涉及惠棟《古文尚書考》之外的文本討論亦屬有限。

　　個人據此不斷捫心自問，單從惠棟《古文尚書考》出發的研究策略，對於建立整體的清代《古文尚書》考辨學史而言，是否會造成見樹不見林的研究窘境？這個問題顯然無可迴避。而為了繼續深化研究此一考辨課題，以及提昇自身的學術研究高度，個人毅然決然地進一步的選擇了《認知秩序的重整與建構：清初《古文尚書》考辨思潮研究》，作為博士論文的研究命題。

　　而今日暫且不論在明代之前，關於考辨《古文尚書》的零星發言，如果以能得到相對多數學術社群的討論，作為決定《古文尚書》考辨課題是否具備系統性的指標。根據吳通福與古國順兩位先生的大致彙整，與個人的增補損益，可知自明代梅鷟、梅鷟昆仲以降，迄於清末的張蔭麟，對於《古文尚書》疑偽並且發聲的學者多達 113 位。其中明代佔 7 位。詳見〈《古文尚書》辨偽論述古籍目錄表〉。

　　換言之，清代考辨《古文尚書》的學人就多達 106 位。既然有對《古文尚書》疑偽的甲方，自然也有力主《古文尚書》不偽的乙方，吳通福先生同時也整理出 42 位相關學人，其中明代佔了 5 位，清代佔了 37 位。詳見〈《古

文尚書》護眞論述古籍目錄表）。從整體的數據比例來看，清代，顯然才是考辨《古文尚書》的主要場域。而如何確立清初時期考辨《古文尚書》的學理意義，更是當務之急。

雖然《認知秩序的重整與建構：清初《古文尚書》考辨思潮研究》，主要處理的學者與文本，仍然是以閻若璩，惠棟，程廷祚，等等清初學人的考辨專著爲主。然而從原本碩論《惠棟《古文尚書考》研究》，偏向單點集中與有限擴散的研究屬性，轉換至《認知秩序的重整與建構：清初《古文尚書》考辨思潮研究》，此一關乎學術思想史的宏大論述場域，個人隨之而來產生的重大自我提問，即是深思《古文尚書》考辨學史的論述軸線，其方法論的部分，應當如何藉此進行有效的重整。

固然在這本博論寫作之前，關於目前學界學人處理《古文尚書》考辨課題的研究方法，普遍來說，始終都無法擺脫以考辨方法與辨僞舉證的固定思維模式，作爲建構《古文尚書》考辨學史的認知基底。然而整體清代《古文尚書》考辨學史的建立，從來不該，也無法自外於清代的學術思想史。換言之，嘗試觀察學術概念與《古文尚書》考辨課題之間的共生關係，即爲書寫本論文：《認知秩序的重整與建構：清初《古文尚書》考辨思潮研究》，最重要的學術目的。

因此《認知秩序的重整與建構：清初《古文尚書》考辨思潮研究》，初步的研究規劃，雖然仍舊是以清初《古文尚書》考辨諸家的辨僞工作做爲討論起點，可是在此勢必得改換論述軸線的操作策略，因此清初的閻氏《尚書古文疏證》雖然仍是重要典範，然而已不再如同當初個人碩論《惠棟《古文尚書考》研究》的書寫方式，僅僅只是停留於考察文獻的層次。

在此必須將整個論述軸線，從清初穿越過整個清代中葉，再直抵至清末的皮錫瑞，特別是積極正視皮錫瑞的兩部考辨專著：《古文尚書冤詞平議》與《尚書古文疏證辨正》的學術價值，並兼論域外韓國漢學家丁若鏞《梅氏書平》的考辨觀點，以此設想完全不同以往的論述思維，期盼能眞正理解富含學術概念的《古文尚書》考辨學史，而不是照舊自考據文獻而起，至考據文獻而終，完全置外於清代學術思想史的《古文尚書》考辨模式。

之所以需要從清末的時間點，回溯追蹤清代近三百年學術史的傳承軌跡，乃是因爲本文即將討論的，即是關於《古文尚書》考辨學史中的學術概念，特別是清代學者對於漢宋學術認知的繼承與詮釋，究竟是如何漸次積累

的滲透清代《古文尚書》考辨學史，這種本應是自外部發酵生成的學理作用，又是如何微妙的影響了清代《古文尚書》考辨學史內在理路的形成，並且造成兩者之間從不間斷的相互制約與支配。

職是之故，本論文即是將以三大論述主軸，完成《認知秩序的重整與建構：清初《古文尚書》考辨思潮研究》的書寫，這三個主題分別是：

1.〈後考辨典範的殊途同歸〉

旨在討論程廷祚對於閻氏《尚書古文疏證》與毛氏《古文尚書冤詞》的商榷，說明後閻若璩與後毛奇齡時代，辨僞派的程廷祚，與同是辨僞派的惠棟，兩人在《古文尚書》考辨方法的分進合擊，及其最終考辨關懷的殊途同歸。

藉由分析歸納，惠棟《古文尚書考》與程廷祚《晚書訂疑》，釐清二人考辨《古文尚書》相關著作，於考辨方法與辨僞舉證的特色。並且藉由惠棟與程廷祚對於閻氏《尚書古文疏證》與毛氏《古文尚書冤詞》的轉引與述評，從兩人截然不同的立場，闡述閻氏《尚書古文疏證》與毛氏《古文尚書冤詞》，何以可以讓清初的學人產生如此精彩的論述。

2.〈漢宋概念的朱熹情結〉

旨在一系列的討論，清代考辨《古文尚書》的重點學者，從閻若璩迄於皮錫瑞，他們如何面對、處理與析離朱熹的雙重身分，這個探討除了將會觸及「理學史：虞庭十六字身分的朱熹」與「《古文尚書》考辨學史：質疑晚《書》造僞身分的朱熹」，除了藉此剖析朱熹自我認同的深刻矛盾，並且以朱熹整體辨《書》語句的依違模糊，反向說明其與朱熹辨《書》作爲的最終結果並不衝突，這實是朱熹存在自覺意識的操作策略。

再者，清代學者們因爲考辨《古文尚書》，又會對於無法迴避的宋學的朱熹，投射出何種複雜的情感？而因爲朱熹情結的不斷滋生，又會對於清代的《古文尚書》考辨學史，產生怎樣學理意義的制約與支配。因此呈現與分析朱熹情結與晚《書》考辨，兩者間錯綜複雜千絲萬縷的糾葛，究竟是如何的從無到有，以致最終成爲貫穿與組成，清代《古文尚書》考辨學史不可或缺的內在理路。並將之與域外學者丁若鏞《梅氏書平》的相關觀點對比，說明異域考辨意識的同異，究竟存在何種考辨思維的意義。

而此舉將有助於整合，清儒們對於《古文尚書》考辨課題的發言動機與

對話對象，藉由深入分析清代學者研究《古文尚書》考辨課題，評估此項學術活動的內在心理與外在實踐，是否存在相對性的動機質變，清代學人們累積的研究成果，其預期值與達成率是否存在反差？若然，則此一落差現象所代表的學術意義又是爲何？

3.〈今古文學的辨證起點〉

清代的《古文尚書》考辨學者，因爲治學立場與學術性格的差異，往往導致他們對於兩漢整體《尚書》譜系的編排次序也全然不同，而此舉亦將會連帶牽動他們對於東晉晚《書》真偽的認知意義。

此章論述，即是著重清代的《古文尚書》考辨學者如何複合漢學概念的操作策略，並且藉由清代中葉，江藩的《漢學師承記》與龔自珍的〈與江子屏箋〉及〈江子屏所著書序〉，兩人之間不對稱的對話關係，說明清代學者強烈的學術性格，是如何的在他們的學術著作中無所遁形。

這個層面的理解，將可以溯源說明清代漢學概念的思維起點。並且從中探討漢學概念與清代考辨《古文尚書》的方法理念，究竟有多少部分屬於重疊？而在重疊之外，清代考辨學者的學理創造，又讓清代考辨學者的《古文尚書》考辨課題的經典實踐，因此產生出何種獨特的學術創見？

特別是通過唐代大儒孔穎達的《尚書正義·堯典》，其所登載的鄭玄所注《書》目二十四篇，乃是屬於文獻學中絕無僅有的孤證。然而在清代漢學取向的學者惠棟，相信唐代文獻的漢學記錄爲真的情況下，加諸惠棟個人，又屢屢以其強悍的主觀的學術性格，凌駕於其本應客觀有加的治學立場之上，鄭注《書》目二十四篇的存在，究竟是因此讓考辨學者產生大幅度加分的作用，還是導致考辨學者從此自失辨偽立基，成爲造成《古文尚書》考辨課題，最終將會成爲悖論的最大變數。

這個作法的實行，將可以較爲全面的探討與省思辨偽派考辨成績的得失，以及呈現，所謂的清代考據學與《古文尚書》考辨課題的交涉關係。並且據此初步說明《古文尚書》考辨課題，在人本概念結合文獻歷史後，呈現的若干演化規律。個人認爲這些論述成果，對於後續建立整體的清代《古文尚書》考辨學史，意義將是正面而積極。

而正是通過上述三個主題的討論，就可以開始脫離以考據學論考據學，傳統學術窠臼的陳陳相因。雖然研究清儒們的《古文尚書》考辨成績，考辨方法的深入探究與辨偽舉證的策略周延，兩個層面皆不可免，然而就算兩者

皆至，個人認為緣於《古文尚書》考辨課題，不管時間座標定格在清代抑或是近現代，這個學術課題仍然是屬於動態的進行式。再就方法論而言，個人認為至今尚未達到所謂成熟的定論，而之所以未成定論，又或者該說，當整體考辨《古文尚書》的本然，應然，何以然，所以然，都尚未獲得全盤釐清時，這個議題就仍然存在需要繼續深入討論的必要。

個人之所以再三強調，將《古文尚書》考辨課題與學術思想史結合，對於考辨《古文尚書》的重要性，除了源於面對清代考辨《古文尚書》的犖犖諸家，惟有運用效率良好的歸納方式，才能讓本論文《認知秩序的重整與建構：清初《古文尚書》考辨思潮研究》，具備較為精準的文獻基礎。再者，擁有化繁為簡的研究方法，並據之以處理相關文獻，亦是個人建構《認知秩序的重整與建構：清初《古文尚書》考辨思潮研究》的重要研究步驟。

接續衍生的命題，即在於如何將清初學者考辨《古文尚書》的見解，依其原初與附會的發言動機分門別類。個人認為清代的《古文尚書》考辨課題，辨偽與護真的壁壘立場，並不能全然的以清代漢學與宋學之爭等等概念斷然割裂，也不能以吳派與皖派等等學派立場強加區隔。而是應當始終遵循《古文尚書》考辨學史的軸線進行討論，並且不能置學術思想史的現實於不顧。

換言之，清儒們處理《古文尚書》考辨課題的態度，並不雷同於治理其他的儒家經典，特別是在方法論的部分，《古文尚書》考辨存在著不可隨意移轉的典範性。問題是何以這個典範，竟然可以讓清儒們不分世代，爭相闡述己見，並予以漸次建構？個人將試圖從清儒們考辨《古文尚書》的動機論與對話關係，找出內在理路的最大交集，這即是個人進行本論文《認知秩序的重整與建構：清初《古文尚書》考辨思潮研究》時，最需要積極證成廓清的部分。

有系統的方法論，可以作為處理考辨《古文尚書》諸家著述之標的；而精算歸納的動機論，則可以逐步串連清代儒者們對於考辨《古文尚書》的發聲初衷。個人認為，欲從事《認知秩序的重整與建構：清初《古文尚書》考辨思潮研究》，就勢必要建立在這兩大基座之上，否則即無法彰顯此一命題的獨特學術價值。

第二章　後考辨典範的殊途同歸

第一節　別於惠棟的唯閻是取──論程廷祚辨僞基準的不與閻同

一、合者一：邏輯基點的部分謀合

今日學者鮮少論及程廷祚考辨《古文尚書》的成績，如果以有無著述專書，作爲考辨規模形成與否的鑑定標準，程氏之前，已有梅鷟《尚書譜》與《尚書考異》，針對《古文尚書》眞僞展開「考辨方法」與「辨僞舉證」雙重審查。梅鷟之後，則有閻若璩《尚書古文疏證》。

歷來學者關注《尚書古文疏證》固無可厚非，只是持續放大單一著作，無疑存在改進空間。這個前提下，納入程廷祚其人其書的討論，乃是勢所必然。〔註1〕別於惠棟《古文尚書考》對於《尚書古文疏證》「唯閻是取」的強烈認同，程廷祚《青溪集・卷四》〈《尚書古文疏證》辨〉，對於《尚書古文疏證》若干觀點，提出他「不與閻同」的回應。〔註2〕

本文將通過〈《尚書古文疏證》辨〉與《尚書古文疏證》的比較，以及程氏《晚書訂疑》關於〈《尚書古文疏證》辨〉的補充資料，考察程廷祚質疑《尚

〔註1〕　銘豐按：程氏考辨《古文尚書》的專著爲《晚書訂疑》，其餘散見《青溪集》。

〔註2〕　見《青溪集》，頁78。程氏曰：「雖然余之書多合於《尚書古文疏證》，而仍有未合者。」

書古文疏證》的見解是否公允。並且以程廷祚〈《尚書古文疏證》辨〉三個論述重點：「邏輯基點的部分謀合」、「深耕文獻的考辨策略」，以及「《尚書古文疏證》不足舉隅」，藉此廓清程廷祚為《尚書古文疏證》作〈辨〉的意義。

雖然程廷祚極為嘆服《尚書古文疏證》，〔註3〕就此認為程氏甄別《古文尚書》觀點類同《尚書古文疏證》，恐怕過度隱晦程氏考辨《古文尚書》的主體價值。無可諱言，《尚書古文疏證》確實是《古文尚書》考辨非常重要的典範，惠棟《古文尚書考》以附錄十五則「閻君之論」，與徵引將近百條「閻若璩曰」，具體表達他「唯閻是取」的強烈認同。

與惠棟同時的程廷祚則是作法迴異，不能說程氏特意與《尚書古文疏證》立異，畢竟程氏是在《晚書訂疑》完成後才見到《尚書古文疏證》。〔註4〕程氏曰：

> 雖然，余之書多合於《尚書古文疏證》，而仍有未合者，請試言之。《易》曰：「誣善之人其辭游。」「游」者，其言不能核實，雖多假借而不能掩其本然也。故晚《書》之可疑，莫大于來歷不明與多增竄《書傳》以飾其說，唯明于事理者，能熟思深察而得其故焉。晚《書》二十五篇，自謂出于孔安國，而安國之《書》，實則亡於永嘉。〔註5〕余與《尚書古文疏證》合者，此一言而已。〔註6〕

程廷祚認為《晚書訂疑》跟《尚書古文疏證》見解符同雖多，並不需要特別標舉，甚至可以簡約成「一言」。〔註7〕是以探究程廷祚前，「邏輯基點」的認

〔註3〕程氏道：「快哉斯書！使得見於前，則《訂疑》之作，可以已也。」《青溪集》，頁78。

〔註4〕程氏道：「山陽儒者，潛丘閻氏，有《尚書古文疏證》一書，余曩為《晚書訂疑》，求之弗獲。丙子（乾隆廿一年，1756）季夏，家蕺園（程晉芳）始攜自金陵，時余書已成四載（乾隆十八年，1753）矣。」《青溪集》，頁78。

〔註5〕晉懷帝司馬熾（307～313）在位時永嘉之亂，時永嘉5年（311）。

〔註6〕見《青溪集》，頁78～79。

〔註7〕銘豐按：所謂「一言」，程廷祚說的是《尚書古文疏證》卷1，第2條：「惟不幸而永嘉喪亂，經籍道消。凡歐陽、大、小夏侯學，號為經師，遞相講授者，已掃地無餘。又何況祕府所藏，區區簡冊耶？故《古文尚書》之亡，實亡於永嘉。」（頁1079，右下）這裡反映的是程廷祚看待「邏輯基點」與「辨偽舉證」輕重比例所反映的學術衡裁標準。此點個人曾經在拙作《惠棟《古文尚書考》研究》特別標舉：「程廷祚用了相當精準的語言指出他與閻若璩之間考辨《古文尚書》方面不謀而合的邏輯基點。」見《惠棟《古文尚書考》研究》，頁53。

知是如何在《古文尚書》考辨學史漸次形成，就顯得格外重要。〔註8〕在此需將整個觀測中心前移，自元代黃鎮成甄別《古文尚書》史傳異同談起，《尚書通考》卷一〈壁藏異記〉曰：

> 愚按：孔子定《書》爲百篇，遭秦滅學，孔氏藏之壁中；而伏生亦藏於壁。……及孔壁復出，安國定其可知者，多二十五篇，本皆科斗文字，而安國易以隸書，故謂之《古文尚書》。又復出伏生所合之篇五篇，并百篇之〈序〉一篇，凡三十一篇。合伏生二十八篇，爲五十九篇，四十六卷。其餘錯亂摩滅，不可復知。悉送於王官，藏之秘府，又承詔爲五十九篇作《傳》。以巫蠱事起，藏之私家。前漢諸儒知有五十八篇，而不見孔《傳》，遂有張霸僞作〈舜典〉及〈汩作〉等二十四篇。
>
> ……寥寥數百載間，乃至東晉而後，孔氏之《書》始出，其間混殽眞僞，所不暇論。至於更歷傳受，循譌踵繆，斷章錯簡，周田爭亥，諒匪一端。且伏氏既有壁藏，不以《書》授錯，而以女子口授。孔壁《書》既傳都尉朝，馬、鄭諸儒，宜無不知。乃俾僞《書》肆行欺罔，是皆不能無疑者矣！嗚呼！《書》之不幸，一失於壁中之磨滅。再失於口傳之女子。三失於巫蠱之淪廢。百篇之義既莫覩其大全，幸存而可考者，其喪失又如此。世之學者，乃欲彊通其所不通，斯亦難矣！善乎朱夫子之言曰：「解其所可曉者，而闕其所可疑者。」則誠讀《書》不易之良法也。〔註9〕

黃氏說法有不少謬誤，譬如孔壁復出《古文尚書》，不是如黃氏所言「二十五篇」，而是「十六篇」，《古文尚書》「二十五篇」的數目，遲至《隋書·經籍

〔註8〕 銘豐按：所謂考辨方法的邏輯基點，應與晚《書》二十五篇文句所由來的辨僞舉證作出必要的區隔。主要原因除了邏輯基點的提出在辨僞舉證之前，再者，辨僞舉證舉證效力的檢視，比起考辨方法的邏輯基點，可謂更爲龐雜。目前與《古文尚書》考辨文獻相關的研究著作，處理辨僞舉證的態度往往呈現用甚深卻成效不彰，或是著墨甚寡，我認爲這些現象不代表辨僞舉證在《古文尚書》考辨學史中無足輕重，它所反映的乃是作者所持的研究方法，不能完整有效的整合文獻與解決問題。是以我認爲關於二十五篇《古文尚書》組成文句的所由來的辨僞舉證，其內在理路的重要性並不亞於《古文尚書》學史中邏輯基點的甄別。

〔註9〕 引文出自臺灣商務影印故宮文淵閣本四庫全書第62冊：《尚書通考》，62～12左上至62～13上。黃氏《尚書通考》完稿於元文宗天曆三年（1330）。

志》方才現世，黃氏後續衍生張霸作《古文尚書》「二十四篇」亦屬不實，張霸偽作唯《百兩篇》，並無偽作《古文尚書》「二十四篇」。〔註10〕

所以提出黃氏觀點，在於他省察到《古文尚書》傳承系譜的眾說紛紜，縱然黃氏援引與裁斷史料多所謬誤，這卻是《古文尚書》考辨學史上，首次有學者意識到羅列史傳異同的重要。特別黃氏提出的「三失說」，可視爲《古文尚書》考辨學家提出漢代《古文尚書》存滅的初步心得。

黃氏之前，早有宋、元儒者吳棫、朱熹、王柏、金履祥、熊朋來，分別梳理《尚書》今、古文，與黃氏同時的吳澄亦撰《書纂言》，論述方向幾乎都是爭論《尚書》文字究竟應該是「文從字順」或是「佶屈聲牙」，他們並沒有像黃元鎮一樣，嘗試使用歷史研究的比較觀點切入。

由元入明，時移世易。考辨《古文尚書》整體見解依然創見不足。舉例來說，與梅鷟同時代鄭瑗〔註11〕《井觀瑣言》，關於《古文尚書》眞偽課題，他的看法是：

> 《古文書》雖有格言，而大可疑。觀商、周遺器，其銘識皆類今文《書》，無一如《古文》之易曉者。《禮記》出於漢儒，尚有突兀不可解處，豈有四代古書，而篇篇平坦，整齊如此。
>
> 如〈伊訓〉全篇平易，唯《孟子》所引二言獨艱深。且以商《詩》比之周《詩》，自是奧古；而商《書》比之周《書》，乃反平易，豈有是理哉？〈泰誓〉曰：「謂己有天命，謂敬不足行，謂祭無益，謂暴無傷。」此類皆不似古語，而其他與今文複出者却艱深，何也？
>
> ……予嘗論《書》與《孝經》，皆有孔壁《古文》，皆有安國作《傳》。而《古文書》至東晉梅頤始顯。《古文孝經》至隋劉炫始顯。皆沉沒六七百年而後出，未必眞孔壁所藏之舊矣。《尚書》辭語聲牙。蓋當時宗廟朝廷著述之體，用此一種奧古文字，其餘記錄答問之辭，其文體又自尋常。〔註12〕

〔註10〕 銘豐按：孔壁《古文尚書》的篇數由《史記》「十餘篇」至《漢書》「十六篇」再至鄭玄存目「二十四篇」，皆史有明文具體可徵，由於黃氏認知張冠李戴，混淆隋、唐後出篇數「二十五篇」與漢代篇數「十六篇」，又將漢代「二十四篇」與唐代「《百兩篇》」相互錯置，是以行文處處誤植。

〔註11〕 鄭瑗，字仲璧，莆田人。生卒不詳。成化（十七年辛丑，1481）進士。嗜學，爲文章渾雄深粹，詩有唐人風，所著有《蜩笑稿外集》。

〔註12〕 引文出自：《叢書集成新編》第12冊，《井觀瑣言》，卷1，頁674，左上。

鄭瑗懷疑晚《書》字句組成順從度，固不脫宋代吳棫、朱熹的思路，然而鄭氏將晚《書》因梅賾而彰顯，與劉炫述議《古文孝經》〔註13〕加以連結，其用意就是突顯梅賾學術品格不可信。鄭瑗意識到光憑梅賾單薄的傳記，恐怕不足入其偽造晚《書》的罪名，因此鄭瑗並舉「劉炫述議《古文孝經》」，其間代表的意義，就是考察孰爲偽作《古文尚書》者重要問題意識。

是以明代中期梅鷟能提出他個人考辨《古文尚書》的「邏輯基點」，就顯得異常重要，梅鷟自序《尚書考異》曰：

> 《尚書》二十八篇，并〈序〉一篇，共二十九篇。秦博士伏生所傳，乃聖經之本眞也。因暴秦焚書，藏于壁中，遭亂遺失，所存者止有此耳。伏生即以教于齊、魯之間，因爲〈大傳〉三篇。漢文時求治《尚書》者，無過于伏生，使太常掌故晁錯往受，傳之。蓋傳其文義講說，以發明正經云爾。

> 景帝時所傳者，亦不過如此。至武帝時，孔安國等專治《古文尚書》，滋多于此矣。故孔臧〈與孔安國書〉曰：「《尚書》二十八篇，儒者以爲上應二十八宿，不知又有《古文尚書》也。」可見武帝以前原無《古文尚書》，明矣。

> ……至其所治《古文》一十六篇者，多怪異之說，及經書所引，皆不在其內，以故當時老師宿儒尊信正經，不肯置對苟從，據理辨難，不肯奏立學官。雖以劉歆〈移書〉之勤，猶謼攻不已。其間或滅或興，信之者或一二，不信者恒千百。其書遂不顯行于世。然其遞遞相承，蓋可考也。此先漢眞孔安國之僞《書》，其顚末大略如此。〔註14〕

梅鷟認爲當世眞《尚書》，僅有伏《書》二十九篇。伏《書》之外，「十六篇《古文尚書》」是孔安國僞作；「二十五篇《古文尚書》」更是僞作中的僞作。梅鷟將漢代「十六篇《古文尚書》」湮沒，解釋成「多怪異之說……遂不顯行

〔註13〕銘豐按：據《隋書》卷32，〈志〉第27，「《古文孝經》一卷」條下謂：「孔安國《傳》，梁末亡逸，今疑非古本。」又「至隋，祕書監王劭，於京師訪得孔《傳》，送至河間劉炫。炫因序其得喪，述其議疏，講於人間。漸聞朝廷，後送著令，與鄭氏並立。儒者諠諠，皆云：『炫自作之，非孔舊本。』而祕府又先無其書。」

〔註14〕引文出自臺灣商務影印故宮文淵閣本四庫全書第 64 冊：《尚書考異》，64～3 右上至62～3 右下。

于世」。又將「二十五篇《古文尚書》」僞造，以「善爲模倣窺竊之士」推斷之。

暫且不論梅鷟是否簡化《古文尚書》眞假錯綜的發展歷程，梅鷟卓見，在於他指出長期以來關心晚《書》眞僞者，匱乏史學脈絡的事實。所謂「史學脈絡」，就是正視史籍文獻關於《古文尚書》生成與傳承的線索，梅鷟顯然意識到這個考辨前提，他以唯有「伏《書》」爲眞的認知，作爲考辨《古文尚書》邏輯基點的起步。

以今日研究眼光來看，梅鷟切入角度不盡合理，可是他至少指出想要甄別眞假《古文尚書》，就應該追蹤相關歷史材料源頭，梅鷟甄別《古文尚書》的考辨模式，與同時期學者相較的確非常出色。〔註15〕

從宋代吳棫、朱熹，到元代吳澄、黃鎭成，再到明代鄭瑗、梅鷟，學者們對於《古文尚書》相關文獻材料的考辨意識顯然愈趨精細，漸漸集中在孰爲考辨《古文尚書》的「根柢」。何謂「根柢」？清初閻氏《尚書古文疏證》如此釋義：

> 又按：天下事由「根柢」而之「枝節」也易；由「枝節」而返「根柢」也難。竊以考據之學亦爾。予之辨僞《古文》，喫緊在孔壁原有眞《古文》，爲〈舜典〉、〈汨作〉、〈九共〉等二十四篇，非張霸僞撰。孔安國以下，馬、鄭以上，傳習盡在於是。〈大禹謨〉、〈五子之歌〉等二十五篇，則晚出魏、晉間，假托安國之名者，此「根柢」也。〔註16〕

閻若璩提出「根柢」說，其目的就是企圖解決懸宕已久的學術難題。從梅鷟以唯「伏《書》」爲眞，作爲考辨《古文尚書》的邏輯基點，到閻若璩明確指出眞《古文尚書》，唯有「孔壁二十四篇」。其間差異，就是從梅氏徹底否認眞《古文尚書》存在，轉變成《古文尚書》確實存在眞與假的對壘，閻氏體現解決學術課題應有的核實態度。只是閻氏「節節皆迎刃而解」，反而引起之

〔註15〕銘豐按：所謂梅鷟的考辨模式，包含邏輯基點與辨僞舉證雙重組成，且以專著型式呈現者謂之。我認爲梅鷟已經開始有系統的關注史學中《古文尚書》的傳承線索。相較於明代之前的零星發言，與明代之後《古文尚書》考辨思潮的百家爭鳴，梅鷟確實是一位值得被表彰的先行者。清代學人不管知不知道梅鷟的著述，不管認不認同梅鷟的研究觀點，幾乎所有繼起考辨《古文尚書》者，都無可迴避的必須在梅鷟的考辨模式之上推陳出新。

〔註16〕《尚書古文疏證》，卷8，第113條，頁1421，左下。

後學者更多思考，本文所要討論的程廷祚正是其中一位。

將閻若璩唯「孔壁二十四篇」爲眞《古文》，對照程廷祚「晚《書》二十五篇，自謂出于孔安國，而安國之《書》，實則亡於永嘉，余與《尚書古文疏證》合者，此一言而已」。可知程廷祚不認爲鄭注〈書序〉「孔壁二十四篇」是眞《古文尚書》，他認同《尚書古文疏證》的「邏輯基點」，唯有「晚《書》二十五篇」，乃是假托孔安國之名行世；而眞孔安國本《古文尚書》，雖然亡於永嘉之亂，未必盡喪江右。就是因爲同中有異，所以程廷祚必須具體表達他「不與閻同」的治《書》立場。〔註17〕

再分析程廷祚所理解的《尚書古文疏證》，程氏認爲決定晚《書》眞僞與否，與其現世時間點息息相關。程廷祚解讀《尚書古文疏證》的視角，恰好說明《古文尚書》考辨思潮發展至清初，學人們研究共同課題不謀而合的重點。

簡述以上歷程，乃是勾勒時代更迭，呈現考辨《古文尚書》研究方法的

〔註17〕 銘豐按：何以程廷祚考辨《古文尚書》的邏輯基點與閻若璩《尚書古文疏證》相較，屬於部分謀合，而非全部謀合？最主要的原因在於程氏雖然自道「與《尚書古文疏證》合者，此一言而已」，然此「一言」，上下截分爲「晚《書》二十五篇，自謂出于孔安國」與「而安國之《書》，實則亡於永嘉」。兩人都認爲「晚《書》二十五篇」係僞託孔安國，這是上文之所同。而下文「安國之《書》亡於永嘉」，程廷祚卻有眞孔《書》永嘉之亂「亡於江右」的第一義，此與閻氏同；而第二義「江左猶存」的見解，卻與閻氏異。換言之，程氏認同閻氏眞孔《書》亡於「永嘉之亂」之論，卻認爲江左未必無存，程氏此立論前提，乃爲鋪陳「劉宋」之際僞《書》方現。是以程氏雖以「一言」所同概括之，實際上經過末學全文分析，兩人的「一言之同」，同中有異。故兩人考辨《古文尚書》的邏輯基點爲部分謀合而非全部謀合。基於此，程廷祚《古文尚書》考辨學史的建立，方能創造「不與閻同」的考辨差異。至於兩人立論是否合理，已於後文甄別檢驗。

銘豐再按：到目前爲止，我的學力能爲考辨《古文尚書》「邏輯基點」所下的定義是：「個人認爲考辨《古文尚書》不能不進行溯源，必然是亡佚了一部眞《古文尚書》；後起者也才有以假亂眞的著力點。」（《惠棟《古文尚書考》研究》，頁 57）換言之，如何確立《古文尚書》存在「眞」與「假」的對壘，才是開展整個「《古文尚書》考辨學史最重要的邏輯基點。再從整個《古文尚書》考辨學史的高度鳥瞰，閻若璩以「根柢清，枝節明」的研究方法，重現了《古文尚書》經歷從有到無，由眞變假的發展軌跡，並且修正梅鷟漢與晉《古文尚書》具僞的看法，讓《古文尚書》考辨學史的研究躍升成爲清代學者關注的焦點。閻若璩的治《書》成就，不僅僅是方法論的提出，而是經由閻若璩《古文尚書》考辨學史的建立，《古文尚書》考辨課題在清代取得了能見度極高的歷史舞台，並且獲得超過一百五十位明清學者的參與討論。

多元觀點。自宋代晚《書》疑偽思想發軔，與其之後學術語言的比附因襲，都拘囿在晚《書》是否「文從字順」，這樣的考辨力道，顯然是說服不了清代學者。特別自閻若璩開始，以及閻氏以降的學者們，更是執此多方議論。本文所欲述評的程氏《《尚書古文疏證》辨》，正是清代《古文尚書》考辨思潮之下，反覆鑽研上述議題的典型案例。

二、不合者三：深耕文獻的考辨策略

（一）「二十五篇」非出於「魏與西晉」

程廷祚認同《尚書古文疏證》所言，「永嘉之亂」乃是真《古文尚書》存滅癥結。既然真《古文尚書》絕於「永嘉之亂」有相當共識，[註18]從這個時間點往前追溯，研究者必然要面對一個無法迴避的問題，亦即孰為真《古文尚書》？《《尚書古文疏證》辨》曰：

> 至晚《書》托始于鄭冲之授蘇愉，及皇甫謐載入《帝王世紀》，與見于晉、宋以上之著作者，余皆疑此為後人之假托增竄，而《尚書古文疏證》直謂二十五篇出于魏與西晉，是大不然。當此之時，漢、魏石經，並峙於太學，歐陽、夏侯《尚書》未亡也。

> 而馬、鄭之《傳》方盛，安國十六篇，雖無師說，猶有存者。斯時而忽造五百年人世所無之《書》，義無所取，其能造之者，又何必王肅、何晏、夏侯湛、摯虞、束晳之徒也。無端而張天下之目，以至於無所容，諸公之不智，未必至此。設使有之，則群議沸騰，事必彰於史策，今何為杳然乎？《尚書古文疏證》誤信《隋史》與《正義》，不合一也。[註19]

將「至晚《書》托始」至「後人之假托增竄」，與《晚書訂疑》「《隋志》與《正義》之誣」參看，可以更加清楚程氏思路：

> 穎達既修諸經《正義》，又預修《隋史》，故二書之言，若出一口如

[註18] 惠棟《古文尚書考·卷上·辨正義四條》亦曰：迄乎永嘉，師資道喪，二京逸典，咸就滅亡。（具《隋·經籍志》。）于是梅賾之徒，（偽《書》當作傷于王肅。王肅好造偽書，以誣康成，《家語》其一也。）奮其私智，造為《古文》，傳記逸《書》，掎摭殆盡。（詳《下卷》。）若拾遺秉而作飯；集狐腋以為裘（二語本朱錫鬯）。雖于大義無乖，然合之鄭氏逸篇，不異《百兩》之與中《書》矣。（頁60，左下）。

[註19] 《《尚書古文疏證》辨》，頁79。

此。至陸德明《經典釋文》，則居然以孔《序》削除《漢·志》，且引《漢·志》作安國獻《尚書傳》矣。其謬妄又不待言。

夫梅賾之奏孔《傳》，吾不敢謂無其事也，若二十五篇者，似又出於梅賾之後。史家既失其年歲，世儒莫究其由來。至開皇購募遺典之時，僞手繁興，劉光伯等方倚爲古籍晚出之屏藩，其孰從而問之邪？

況《隋·志》與穎達，德明既敢於追改《史》、《漢》舊文，則同時之人又何難增竄《帝王世紀》及《晉史》諸書以實其說？而謂所言授受源流，有一可信乎？（斯時書籍俱係手抄，鋟板未行，易於改竄故耳）

又案：《隋·志》有欲蓋而彌章者。永嘉之亂，歐陽、大、小夏侯《尚書》竝亡，以四百學士肄業之書，且不能存於此日，則十六篇之亡必矣。十六篇既亡，而又安所得二十五篇者？〔註20〕

程廷祚認爲孔穎達兼具編撰《尚書正義》與《隋史》的身分，他認爲若孔穎達《尚書正義》關於晚《書》傳承登載不實，則《隋史》「晚《書》二十五篇」之說，自然也需要被質疑。程廷祚認爲兩說所以互不矛盾，乃是源起孔穎達圓謊所需。程氏認爲晚《書》僞作來自共犯結構，從隋朝「僞手方興」，到孔穎達「愧於良史學識」，與陸德明「追改《史》、《漢》舊文」，看似環環相扣天衣無縫的過程卻是錯漏百出。

當程廷祚面對《尚書古文疏證》所言「二十五篇出于魏與西晉」〔註21〕，他便舉證閻說之誤。程廷祚認爲閻若璩光憑《隋史》與《正義》，就斷定晚《書》二十五篇現世時間，恐怕不夠嚴謹。原因在於眞《古文》不存，應當在「永嘉之亂」後。

換言之，「永嘉之亂」前，若僞《古文》已經行世，則眞、僞《古文》並行，怎能瞞天過海，時人又怎會緘口不加議論？再檢閱《尚書古文疏證》提及「永嘉之亂」處，〔註22〕對照晚《書》出於「魏與西晉」，程廷祚在此斷定

〔註20〕《晚書訂疑》，頁 23，左上。

〔註21〕銘豐按：《尚書古文疏證》謂「二十五篇出于魏與西晉（晉）」諸語，確實在《尚書古文疏證》出現多達 51 次，詳見附表一：《尚書古文疏證》「二十五篇出於魏與西晉」。

〔註22〕《尚書古文疏證》提及「永嘉之亂」計有四處，分別是：
　　（1）卷 1，第 2 條：「及永嘉之亂，歐陽、大、小夏侯《尚書》並亡。」（《尚書古文疏證》，頁 1079，右上）

閻若璩犯了考辨《古文尚書》根本性的矛盾。

　　程氏論點所以值得討論，是因爲《古文尚書》考辨學史的建立，目前文獻線索相對完備只有兩漢時期，程廷祚當時如是，現代也僅是增添若干竹簡資料。是以若能建立完整的清代《古文尚書》考辨學史，了解清代犖犖諸家如何鋪陳考察《古文尚書》的研究進路，不失爲是一種能提昇現代學者考辨思維進步的方式。這也是何以程廷祚謂「永嘉之亂」前，眞、僞《古文》不能並行，值得我們重視。

（二）梅賾獻《書》無據

　　程廷祚〈《尚書古文疏證》辨〉第二個論述是「元帝時梅賾獻《書》」〔註23〕是否可信，程氏曰：

> 梅賾獻《書》之事，不見於《晉書》，〔註24〕竊意梅氏即有所獻，亦非今五十八篇之《書》與其《傳》也。余歷考典籍，而斷其出於元嘉〔註25〕以後。《疏證》則謂立於元帝，〔註26〕不過以〈荀崧傳〉有立《古文尚書》孔氏博士之語。〔註27〕

> 夫兩漢所謂孔氏《古文》者，十六篇皆在外，都尉朝所受，與司馬

　　（2）卷5上，第66條：「惜永嘉之亂亡失，今遂不知中作何語。」（《尚書古文疏證》，頁1192，左下）

　　（3）卷8，第113條：「兩漢時安國之《尚書》雖不立學官（平帝時暫立），未嘗不私自流通，逮永嘉之亂而亡。」（《尚書古文疏證》，頁1421，左下）

　　（4）卷8，第120條：「竊意《古文書》至東漢始有《訓》、《註》。當時大儒亦止註三十四篇，未必及逸《書》。故有時合而爲一，則如《漢志》所載；有時離而爲二，則如《隋志》所載。合則永亡，晉永嘉之亂是也；離則僅存，晉元帝立鄭氏《尚書》博士是也。因嘆向來里中諸子，謂《書》關繫不在卷軸、篇數，且詆爲枉用心。此予所不欲與深言者也！」《尚書古文疏證》，頁1441，左下）

〔註23〕請參見附表二：《尚書古文疏證》「晉元帝時梅賾獻《書》」8則。

〔註24〕指唐修本《晉書》。

〔註25〕「元嘉」，劉宋文帝（劉義隆）年號（424～453）。程氏「《書》二十五篇見於劉宋元嘉說」，另可參見程氏《晚書訂疑‧卷上》「〈東晉不見有晚《書》〉」（《晚書訂疑‧卷上》，頁24，左下）與「〈晚《書》見於宋元嘉以後〉」（《晚書訂疑‧卷上》，頁25，左下）。

〔註26〕「晉元帝」，司馬睿，318～322在位。

〔註27〕《晉書‧荀崧傳》卷75：「《古文尚書》，孔氏。」引文出自臺灣商務影印故宮文淵閣本四庫全書第256冊：《晉書‧荀崧傳》，256～243右下。

遷所從問。及貫、馬所訓解，許氏叔重所纂輯，無非與伏生所同之二十九篇也。即孔穎達亦云：「貫逵、馬、鄭所注《尚書》，皆題曰《古文》，而篇數與伏生正同。」是也。

孔《書古文》以盛行于東漢，故雖遭亂而不亡，是江左之立博士，以孔氏《古文經》耳（與伏生篇數同者）。永嘉大亂之後，十六篇既亡，僞《書》可以造矣。而其時儒林頓盡，復無能造之者，二十五篇非一時一手所能成。梅氏立乎元、明〔註28〕之間，安所得此《書》而獻之哉？賾之所獻，或即《古文經》，或別造孔氏之僞《傳》（非今五十八篇之孔《傳》則可），與五十八篇奚與哉？

撰《晉書》者，蓋洞然於此。故《汲塚周書》詳述其本末，而獻安國壁中之《古文》者，反不得與不準齊名。則所以發其謬妄于不言之際者，至爲深遠，《尚書古文疏證》其猶未之思邪？不合二也。〔註29〕

程廷祚敘事思維是這樣的：

1. 西晉：「永嘉之亂，儒林頓盡」，故江右「十六篇」亡。

2. 東晉：盛行江左，猶有存者。「梅賾獻《書》」與〈荀崧傳〉「立《古文尚書》博士」，程氏認爲所獻可能是眞《古文》，也可能是別造的僞孔《傳》。

3. 劉宋：元嘉時，第二部《古文尚書》二十五篇僞成。

程氏認爲「梅賾獻《書》」不合理。

乃因此事徒見孔穎達轉引自非今行本《晉書》，加諸《尚書古文疏證》根據今行本《晉書‧荀崧傳》，有立孔氏爲《古文尚書》博士，遽爾斷定《古文尚書》之僞自此開始。《尚書古文疏證》既然篤信晉元帝將精熟《古文尚書》者立爲博士，又選擇將「梅賾獻《書》」一併輯錄，可見閻若璩刻意強化從「獻《古文尚書》」到「立《古文尚書》博士」的因果關係。在此，程廷祚則將今行本僞《古文尚書》面世，推遲至劉宋文帝元嘉年間。

只是程廷祚的時間序列顯然有問題。

「永嘉之亂」起於西晉懷帝，西晉迄愍帝告終，東晉自元帝踐祚。換言

〔註28〕 「晉明帝」，司馬紹，323～326在位。
〔註29〕 《《尚書古文疏證》辨〉，頁79～80。

之，如果「永嘉之亂」是眞《古文尚書》存滅關鍵，那麼跨越「永嘉之亂」，則眞《書》滅絕，如果沒有梅賾先獻僞《書》，那麼〈荀崧傳〉《古文尚書》博士何能冊立？既然如此，則「江左之立博士」，應當就是僞《古文尚書》欺世盜名的開始。

若依照程廷祚不排除眞《古文》「盛行江左，猶有存者」的第一假設推論，僞《古文》至劉宋方面世，則江左前後《古文》一眞一僞，除非「永嘉之亂」後至「劉宋文帝元嘉年間」，又出現另一個「永嘉之亂」，否則如何解釋眞《古文》二度佚失？

再依程氏謂：現世者可能是「僞《孔》傳」第二假設的邏輯推演，則《經》《傳》一體，釋《經》之《傳》若僞，則所釋之《經》，豈能眞實無虞？是以此假設，已將《經》《傳》關係割裂，未盡合理。

是以程氏這兩個觀點，無論個別來看，或是相提並論都無法成立。更遑論這兩個假設，又與程氏認爲眞《古文》喪滅於「永嘉之亂」的大前提，存在根本性的矛盾。

當「永嘉之亂」正式成爲程、閻認同，是《古文尚書》造僞事件的源頭，閻若璩必定也要面對這樣的質問，何以從西晉懷帝至東晉元帝十餘年間，《古文尚書》會在永嘉喪亂之後迅速出現僞本，且精熟僞本者，旋即被冊立爲博士？除非僞作事件早已預謀，否則僞《古文尚書》何以能迅速的擠身廟堂？

對此，程廷祚雖然以僞《古文尚書》「非一時一手所能成」駁論，程氏同樣無法解釋，當他認爲梅賾所獻《古文尚書》，以及〈荀崧傳〉冊立《古文尚書》博士，可能並非僞本。那麼，試問從「永嘉之亂」到「劉宋文帝」百餘年間，眞《古文尚書》滅絕，何以悄然無聲？又僞《古文尚書》聲勢何以後來居上？

程廷祚指出「梅賾獻《書》」無據，確實可讓研究者重新思量此事是否合理，只是單一的質疑，勢必需援引確鑿的文獻與之對應。這些模糊空間，雖然符合程氏自謂「晚《書》來歷不明」，與《晚書訂疑》若干立論。〔註30〕同樣顯示他面對這個問題的困境，與其他辨僞派的學者殊無二致。

（三）真孔安國《古文》非「二十四篇」

程廷祚《《尚書古文疏證》辨》提出第三則的「不與閻同」，就是孔安國

〔註30〕 即「〈東晉不見有晚《書》〉」（《晚書訂疑·卷上》，頁24，左下）與「〈晚《書》見於宋元嘉以後〉」（《晚書訂疑·卷上》，頁25，左下）二說。

眞《古文》是「十六篇」，而不是「二十四篇」。程氏曰：

> 安國得多十六篇，爲《史》、《漢》之明文，……若其增竄之跡，則
> 又可得而言也。「《尚書》五十八篇」，劉向《別錄》所云，今不可考。
>
> 《藝文志》云：「《尚書古文經》四十六卷」。分而言之，二十九卷爲
> 伏《書》，十六卷并《序》爲孔《書》，此無可疑議者也。其下忽有
> 班氏自注云：「五十七篇。」顏師古引安國僞《序》以明之，又引康
> 成《敍贊》云：「本五十八篇，後又亡其一篇，故五十七。」
>
> 夫《藝文志》出于向、歆父子，而班固述之云爾，果如其言，《漢書》
> 何不直云：「《尚書古文經》四十六卷，五十八篇」，而待固之注也？
>
> 且向、歆校《書》時，〈武成〉未亡，焉可遽省其一？中秘之《書》，
> 既無由而亡，豈因立于孝平之世，而十六篇遂留民間邪？是又不當
> 云：「《古文經》有四十六卷」矣。語有過密，而愈增其瑕者，班固
> 自注，顯有可疑，此豈師古輩之所知察耶！
>
> 鄭氏之注〈書序〉，吾聞之矣，未聞其增二十四篇于伏《書》之外，
> 爲五十八篇也。使其有此二十四篇，必更爲他僞《書》無疑。……
> 而《尚書古文疏證》竟執此以爲安國增多之眞《古文》，可怪甚矣！
> 不思《漢書》之四十六卷，分載孔、伏之《書》。孔《書》所得者十
> 六卷爾，今忽有二十四，則較之於伏，篇多而卷少，豈誠爲張霸所
> 造寂寥短簡者耶？
>
> 穎達曰：「篇即卷也。」夫「篇」曰「即卷」，則「卷」亦可曰「即
> 篇」，又何以同《序》之篇，或三或兩，而共一卷乎？觀其說之矛盾，
> 則誣可知矣。
>
> ……然則安國之《古文》增多者，十四篇而已，惡在其爲十六也？
> 無論損伏以益孔之不可，而以十四爲十六，以二十二爲二十四，則
> 《漢志》「篇」、「卷」之數，無不從之而虛，況〈武成〉之亡，又有
> 明證，而謂康成識不足以及此，猶存其目于〈書序〉之中，于理無
> 可信者。
>
> ……穎達謂伏《書》有三十三篇，除〈太誓〉在外，以二十八篇內
> 出〈舜典〉、〈益稷〉、〈盤庚〉二篇、〈康王之誥〉，實則三家皆無此
> 數（伏《書》無百篇之《序》，故不得有此《書》數）。又謂鄭注于

伏《書》二十九篇之內，分出〈盤庚〉二篇、〈康王之誥〉、又〈太誓〉二篇，爲三十四，既謬於伏，又與《序》違，康成何故而爲此？是則穎達欲納僞《書》于鄭，則以鄭爲「三十四」；欲附晚《書》于伏，則又以伏爲「三十三」。顚倒任情，以申其五十八篇之數，而自甘蹈于惑世誣人，甚哉，穎達之悖也！

且《正義》既云「鄭意師祖孔學，而賤歐陽」等，又云「庸生、賈、馬之倫，唯傳孔學經文三十三篇，而鄭承其後，故鄭與三家所注皆同」。由此以推，則凡所增竄，皆可不攻自破矣。此數端者，吾能起閻氏而問之哉？

或曰：「二十四篇之目，誠出于僞造矣，而彼不據之以作書，何耶？」曰：「閻氏以爲避難易者，固已得之。且此乃書成而謀證，故其篇不能同也。」或又曰：「何不即以二十五篇之目，竄入《敘贊》，以即眞也？」曰：「安國所增，既不聞有此數，今所造又無〈九共〉之除八篇，以暗合于十六。以此乞靈鄭氏，庸有濟乎？」

……迄今千數百年，猶令人想見其肺腸，而不知安國之眞《古文》，止於十六篇，而無所謂二十四。《漢志》之《古文經》四十六卷，亦止於四十六篇，而無所謂五十八。此雖廣窜其說，巧設其數，而情見勢拙，未足以欺識者。不意好學深思，長于辨駁之閻氏，已墮其雲霧，而無以自出矣。不合三也。〔註31〕

一般認爲「十六篇」眞孔《書》篇目，僅存孔穎達《尚書正義・堯典》鄭注〈書序〉。由於《尚書》今、古文有「四十六卷」、「五十七篇」、「五十八篇」，各種不同排列組合，再加上〈武成〉、〈泰誓〉、〈書序〉，是否要納入計算，總是爭議不休。程廷祚看法與諸家異處，在於他緊扣孔穎達「篇即卷也」，嚴格的把「四十六卷」設定爲「四十六篇」。

換言之，眞孔《書》加上伏《書》，總篇目就只能是「四十六」，在這個大前提下，「四十六」這個數字，就是由「伏《書》二十九篇」加上「眞孔《書》十六篇」再加上「〈書序〉一篇」，〔註32〕程廷祚認爲這才是整體《尚書》篇

〔註31〕 《《尚書古文疏證》辨〉，頁80～84。

〔註32〕 銘豐按：關於「〈書序〉」與整體《尚書》數目問題，程廷祚於《尚書古文疏證》辨〉謂「伏《書》無百篇之〈序〉，故不得有此《書》數」。是以程氏認爲伏《書》篇目不含〈書序〉。那麼，〈書序〉又是自何而來？程氏《晚書訂

目最眞實的記載。是以他認爲後續衍生「班固自注」、「康成《敍贊》」，都是「語有過密，而愈增其瑕」。

以此對照程氏所謂閻若璩認同「眞孔《書》二十四篇」，再檢閱《尚書古文疏證》提及「眞孔《書》二十四篇」，〔註33〕可以發現兩人見解雖不一致，並不影響他們質疑晚《書》僞作。因爲《尚書古文疏證》「眞孔《書》二十四篇」，不過是從〈九共〉再析出九篇，「眞孔《書》二十四篇」加上「伏《書》」析分後「三十四篇」，總數就符合尚書「本五十八篇」，〔註34〕當「五十八篇」

疑・卷中・書序》提到「疑與安國壁中《書》同出，故司馬遷從安國問而載於《史記》，歐陽、夏侯三家皆不言〈序〉，後漢孔學既行，注《尚書》者遂皆注〈序〉，則〈序〉出於孔，信矣。」（頁30，右上）由於「歐陽、夏侯三家」傳承爲伏《書》今文系統，故不聞〈書序〉；而「十六篇」孔壁《古文》篇目既定，自然不含〈書序〉，其間又不聞〈書序〉另外現世與藏於中秘之事，因此程氏遂以「司馬遷從安國問」而〈書序〉存於《史記》」，推論「〈書序〉」與「十六篇孔壁《古文》」同出。而「伏《書》二十九篇」加「孔壁十六篇」再加〈書序〉一篇，即符應《漢書・藝文志》所云「《尚書古文經》四十六卷」的數目，這樣的立論當然是以「卷即篇也」爲前提得到的結果。因此何以計算結果爲「四十六卷」時，〈書序〉別於伏《書》與孔《書》，以外加形式包含在內？而「五十八篇」時，何以〈書序〉卻不在其中，關於此點，可以通過惠棟《古文尚書考》與閻若璩《尚書古文疏證》對於「五十八篇」的計算方式來看：

（1）惠棟《古文尚書考・卷上・孔氏《古文》五十八篇》謂：「桓譚《新論》云：『《古文尚書》，舊有四十五卷，爲五十八篇。』蓋貫、馬《尚書》三十四篇，益以孔氏逸篇二十四篇爲五十八。內〈盤庚〉三篇同卷，〈太誓〉三篇同卷，〈顧命〉、〈康王之誥〉二篇同卷，實二十九篇。逸《書》〈九共〉九篇同卷，實十六篇，合四十五卷之數。（篇即卷也。）與桓君山說合。（《藝文志》四十六卷，兼〈序〉言之。）」（頁58，左上）

（2）閻若璩《疏證・卷二・第十七條》曰：「一謂梅賾《書》並〈書序〉一篇爲五十九。不知定著仍五十八篇，〈序〉已各冠其篇首不復爲一篇也。」（頁1111，左上）

銘豐再按：「四十六卷」之外，即有桓譚「四十五卷，五十八篇」不含〈書序〉的計算方式，那麼，所謂的「五十八篇」含〈序〉是否當爲「五十九篇」？又何以閻若璩認爲無所謂「五十九篇」之說？原因在於閻氏認爲《書序》已各冠篇首，是以伏《書》析合爲三十四，孔《書》析合爲二十四，總數即合於「五十八篇」之說。總的來說，這是解讀文獻立場不同所致。

〔註33〕請見附表三：《尚書古文疏證》「眞《古文尚書》二十四篇」5則。

〔註34〕《尚書古文疏證》卷1第4條曰：顏師古又於五十七篇之下，引鄭康成《敍贊注》曰：「本五十八篇，後又亡其一篇，故五十七。」愚嘗疑不知所亡何篇？後見鄭康成有言「〈武成〉，逸《書》，建武之際亡。」則知所亡者，乃〈武成篇〉也。

與「四十六卷」，篇與卷的數量無法相容，就以某些篇章「或三或兩，共爲一卷」帶過。雖然這樣的解釋，在程廷祚看來純粹是爲了湊數。

實際上以辨僞派持「眞孔《書》存在」觀點平議此事，「篇」與「卷」不相等，並不會改變他們認爲「眞孔《書》」確實存在的事實，程氏「四十六卷」等於「四十六篇」，充其量只是別異閻若璩、惠棟，〔註35〕屬於文獻資料的另一種解讀，〔註36〕這個解釋結果並不會改變辨僞派，將孔穎達「古《書》二十五篇」加「伏《書》三十三篇」，等於「五十八篇」，整體謬誤的指陳。〔註37〕

（四）餘論：《尚書古文疏證》不足舉隅〔註38〕

從「邏輯基點部分謀合」，接續鋪陳「不合者三」，〈《尚書古文疏證》辨〉末段行文，繼續闡述《尚書古文疏證》不足，程氏曰：

> 或曰：「《尚書古文疏證》之病何在乎？」曰：「在不知晚《書》善於設詐也。」……而其他辨說，猶有可議者。

〔註35〕惠棟《古文尚書考・卷上》，頁58。即有肯定〈孔氏《古文尚書》五十八篇〉與〈鄭氏述古文逸《書》二十四篇〉的立論。

〔註36〕《晚書訂疑・卷中》，頁38右下。程氏即曰：案：漢代僞《書》無所謂二十四篇，惟孔《疏》有是說，謂出於鄭康成，而載於劉向《別錄》者，然劉在鄭前，若劉先見之，則《藝文志》當有其目矣，《志》既杳然，而鄭又何以知之？以爲安國之《書》，則當爲十六篇，而安國亦非僞；以爲張霸之《書》則當爲《百兩篇》，而其數何爲十六？其說之錯互虛誕如此，愚前已刺其故而闢之矣。乃近日山陽閻百詩氏、和惠定宇氏，皆能眞言晚《書》之僞者，而於是說則篤信焉，愚所未解也。閻氏《尚書古文疏證》，愚別有辨，見《青溪存稿》（銘豐按：即《青溪集》）。

〔註37〕惠棟序《晚書訂疑》曰：「反覆于《堯典・正義》，見所載鄭氏二十四篇之目，恍然悟孔氏逸《書》具在，因作〈古文尚書考〉二卷。及讀縣莊之書，宛如閉門造車，不謀而合轍。」（《晚書訂疑》，頁17）銘豐按：程廷祚否定「二十四篇」眞實，斷定「安國十六篇不傳」，其見解與惠棟有異，惠〈序〉對此卻全然不提。我推測原因可能有二：其一，惠棟無法圓滿解釋兩者的差異，平心而論，惠棟《古文尚書考》考索隋、唐文獻的深度，確實不如程廷祚《晚書訂疑》，是以惠棟作〈序〉絕口不提。其二，我認爲惠棟對於這個問題並非視若無睹，而是考量兩人推論過程不同，不致影響他們認定「二十五篇」作僞的共識，在這個大前提下，考辨者的獨立見解是允許存在的。以此對照程氏「山陽閻百詩氏、元和惠定宇氏，皆能眞言晚《書》之僞者，而於是說（銘豐按：指「二十四篇」爲眞），則篤信焉，愚所未解」，可知二人考辨《古文尚書》，面對見解的歧出，確實各有不同的側重與解讀。

〔註38〕《尚書古文疏證》的見解請參見附表四：《尚書古文疏證》「〈舜典〉別有成篇」與附表五：《尚書古文疏證》「《法言》論〈稷棄謨〉」。

謂《古文》當別有〈舜典〉、〈大禹謨〉及〈益稷〉，以帝舜之事尚多，如《孟子》「舜往于田，號泣于旻天父母」；「祇載見瞽瞍，夔夔齋栗」；「不及貢，以政接于有庳」，與〈万章〉所引諸語，此別有〈舜典〉之證，是固然矣。

《論語》末章有「堯曰，咨」一節，《孟子》有引「放勳曰」五句，所關有大于舜之逸事者，豈又當別有〈堯典〉乎？太史公曰：「《書》缺有間矣。」其軼乃時時見于他說，而斤斤唯《書》之是求，似非古人之所出也。至禹之言在〈皋陶謨〉者，已不爲少，何待別有〈禹謨〉？若分〈皋陶謨〉爲〈益稷〉，名不稱實，本屬《序》之多事。今《尚書古文疏證》又據揚雄之言，「言合稷契之謂忠」，謂當有〈稷契謨〉。

蓋皆二十四篇之僞說深入于胸中，而無如之何也。聞〈益稷〉一名〈棄稷〉，〈益稷〉則二人，〈棄稷〉則一人，而要與契無與，〈法言〉雖可取證，而趙岐之注《孟子》，今莫由驗其虛矣（岐言《古尚書》百二十篇，逸《書》有〈舜典〉之敘，亡失其文）。〔註39〕

散見古籍文獻逸《書》片語，是否應被納入「眞孔《書》十六篇」？《尚書古文疏證》持肯定態度，程廷祚則持反對立場。程氏在此特別商榷〈舜典〉與〈皋陶謨〉分篇問題。

有關登載堯、舜事蹟的若干條文，是否爲逸《書》？本就人言言殊。趙《注》是否可信，關鍵在於信之者必須連帶舉證，趙岐是否有誤解或誤信文獻的情況發生，閻若璩相信趙《注》眞實，也只能心虛的以「心知其意者道耳」帶過；程廷祚卻是直接否定趙《注》，他認爲趙《注》「今莫由驗其虛矣」！並且舉出「堯」例，說明如果「別有〈舜典〉」可以成立，那麼「別有〈堯典〉」是否也該援例？

後續則是〈益稷〉是否本爲〈棄稷〉。程氏認爲《尚書古文疏證》雖將《法言》〈稷契〉與〈皋陶謨〉對舉，不代表〈稷契〉就是〈棄稷〉，更遑論《尚書古文疏證》還認爲〈益稷謨〉應該更名〈棄稷謨〉。程廷祚認爲〈益稷〉人物包含「益」與「稷」（二人）；〈棄稷〉則指周朝始祖（一人）。不管是〈益稷〉還是〈棄稷〉，又跟《法言》「〈稷契〉」商朝始祖「契」無涉。

〔註39〕《尚書古文疏證》辨〉，頁84～85。

程廷祚認爲《古文尚書》考辨者，極容易因爲深求文獻導致解讀過當。這種「過當」現象頻頻出現，乃是肇因「二十四篇僞說」深具人心。程氏以「孔安國眞《古文》十六篇不傳」〔註40〕爲大前提，推理出「二十四篇」《古文》乃是訛傳，他用最簡單的思維否定《尚書》存在分篇問題。

嚴格說來，程氏舉證效力並不嚴謹，還是落入各說各話的窠臼。〔註41〕他忽略了處理這椿公案，深求文獻乃是絕對而且必須，值得省思的問題，在於考辨者明知孤證難立，何以仍有提出見解的勇氣？〔註42〕

而正是透過程廷祚〈《尚書古文疏證》辨〉型塑的《古文尚書》考辨學史，可以輔證清初《古文尚書》考辨思潮，辨僞一派在閻若璩之後，內部路線並不是「唯閻是取」的單一發展，而是夾纏在漢代眞孔安國《古文尚書》，傳世的「有無」、「篇數」，以及僞孔安國《古文尚書》暨僞孔《傳》，斷代工程的擺盪爭論。

在此必須提出，關於《古文尚書》考辨課題，並不能以絕對眞僞的預設立場作爲立論前提，以及據此導出研究者期待的必然結果。因爲從每個單字釋義、單句本身、句組之間，以及整體《古文尚書》文本的語境脈絡，當研究者企圖決斷與舉證，相關內容究竟孰眞孰僞的同時，研究者提出的立論憑

〔註40〕 請見《晚書訂疑・卷上・安國十六篇不傳》，頁19。

〔註41〕 銘豐按：程廷祚對此多所議論，惠棟也曾對此進行過討論，《古文尚書考・卷上・辨《尚書》分篇之謬》，就羅列幾近相同的命題。

〔註42〕 銘豐按：對此，劉人鵬教授曾經提出一個非常有趣的觀點，值得研究者思考：「就細部的考證來說，二派都有錯誤；但就像一場比賽，不在於犯錯違規的多少，而在於得分的多少。」請見《閻若璩與《古文尚書》辨僞──一個學術史的個案研究》，頁428。

銘豐再按：劉氏所指雖爲「辨僞派」與「護眞派」的得失，不妨也可以作爲理解辨僞派內部多元辨證的參考進路。話雖如此，我仍然認爲這是現代研究者的概括性思維，不能完全作爲理解清代《古文尚書》考辨諸家治學成績的憑藉。原因在於當《古文尚書》處於被質疑、被考證的階段，研究者「犯錯違規」的問題是不存在的。對於當事者而言，總是認爲自己才是穩操勝券的一方，怎麼可能會有失分的情況發生。因此所謂的「比賽」，是一種後設性，濃縮時空概念的描述，並不存在立即時間先後的「此發」則「彼發」，學者之間的辨駁，往往是斷點與斷點的關係，缺乏及時的相續性，把他們的考辨視作比賽形式的作法，展現的是現代研究者抽離當時情境的想像力，事實上也跟諸家考辨《古文尚書》所得「分數」的關係不大。再進一步講，或許「分數」也只是比喻，只是異時異地，對於辨別眞僞《古文尚書》的切入角度往往眾說紛紜，如此一來，評分的標準是什麼？如果這個競試沒有標準，「分數」的意義又是什麼？因此我認爲這個問題的答案，至今仍莫衷一是。

據，其合理性的相對辨證，都將隨著所欲證明標的不同，產生程度不一的調整與位移，並且衍生諸多超乎研究者意料之外的繁複變化。是以欲甄別此命題，研究者對於《古文尙書》的授受傳承與歷史材料，更該保持適度的敬意與想像力。

第二節　異時對話的軸線轉移——程廷祚覆議毛奇齡的考辨致敬

一、毛閻對舉的互動屬性

　　清初《古文尙書》考辨議題，辨僞一方自閻若璩《尙書古文疏證》以降，得到相對多數的關注，相形之下，學界對待毛奇齡《古文尙書冤詞》的態度，多爲負面評價或懸置毋論，直至後起學者程廷祚開始正視《古文尙書冤詞》的護眞立場，《古文尙書冤詞》也才正式取得與辨僞派對話的位置。

　　清代《古文尙書》「辨僞」與「護眞」的論述比例之所以差異懸殊，四庫館臣的推波助瀾固然責無旁貸，學界「唯閻是取」的單一認同，更讓毛奇齡《古文尙書冤詞》遭受偏頗對待，影響所及，自然讓多數學者難以客觀持平，檢驗毛氏考辨思維的內在理路。因此還原與重整，清初兩派學人考辨《古文尙書》實質的對話秩序，有其學理必要。

　　是以本文首先確認，「毛閻對舉」在《古文尙書》考辨課題中的互動屬性，接續證成，程廷祚將毛氏《古文尙書冤詞》的護眞立場，據爲自身撰述辨僞專著的發言動機，何以代表《古文尙書》考辨的對話軸線，由學者間各行其是的平行關係，導向「程毛對話」，正式系統化問題意識的垂直交集。

　　仔細梳理程廷祚考辨《古文尙書》的相關論述，不難發現程氏甚爲重視《古文尙書冤詞》，除了將之據爲考辨專著《晚書訂疑》的寫作動機，再者，程氏屢屢於《晚書訂疑》撰述前後，於己身另一著作《青溪集》「正編」與「續編」，以「單篇行文」與「論學書信」，〔註 43〕強化說明自身考辨作爲乃是有所憑據，顯見程廷祚與《古文尙書冤詞》持續性的文本對話，〔註 44〕是以個

〔註43〕　「單篇行文」，指《青溪集・正編》，卷四：〈《古文尚書冤詞》辨〉（上、下兩篇）。「論學書信」，指《青溪集・續編》，卷七：〈答儲敦夫問《尚書古文》書〉。

〔註44〕　銘豐按：程廷祚的姪兒程晉芳於《青溪集・附錄・綿莊先生墓志銘》，即曰：「始，先生少時，見毛氏《古文尚書冤詞》袒護梅氏《書》，乃爲《古文尚書

人將比對分析，說明程廷祚與毛奇齡考辨思維的交集，何以對於清初《古文尚書》考辨學史的建立具有不可或缺的重要性。

　　毛氏《古文尚書冤詞》正式與清代學界對話，乃是發軔於程廷祚而非閻若璩，欲證成這個論點，就必須適當釐清程廷祚之前《古文尚書冤詞》與《尚書古文疏證》的互動關係。〔註45〕

　　在此個人將回歸毛閻生平，說明「毛閻對舉」並不存在嚴格定義的對話模型。〔註46〕最主要的原因，在於二人《古文尚書》語量互動至稀，並且匱

冤冤詞》以攻之，又著《晚書訂疑》推拓其說。」（頁418）

〔註45〕銘豐按：關於此一問題，學界綜輯論述向來不乏其人。清代四庫館臣於《提要》已肇其端。近代錢穆先生《中國近三百年學術史》第六章〈閻潛丘毛西河·潛丘西河論晚《書》真偽〉，亦見專門討論。後續戴君仁先生著《閻毛《古文尚書》公案》，對於錢穆先生之「盡」與「未盡」多所釐訂。自此平議「毛閻對舉」的論述傳統不輟迄今。

〔註46〕「毛奇齡論閻若璩」，散見毛氏《經問》、《論語稽求篇》、《四書賸言》、《西河合集》，據此可得表六：「毛奇齡與閻若璩論學交遊彙編」。除《論語稽求篇》因考據「孝乎惟孝」略及《古文尚書》，基本上，記錄毛奇齡與閻若璩直接論述，《經問》與《西河合集》方為犖犖大宗。據此，再參酌時人年譜雜記，檢索相關文章寫作次第，可得表七：「毛奇齡與閻若璩論《古文尚書》繫年」。
銘豐按：前賢論此，多數將二人寫作動機與目的等同互為爭辨。事實上毛氏護真立場非單為閻起，閻氏辨偽策略亦非專為毛興，兩人論述並不存在直接的批駁對應。考諸二書寫作時間，康熙三十二年癸酉（1693）同年或稍前，毛氏初見《尚書古文疏證》，故〈與閻潛丘論《尚書古文疏證》書〉有「昨承示《尚書古文疏證》一書」，可知毛氏受贈《尚書古文疏證》後，即刻修書回覆。同年（見《尚書古文疏證》第121條：「癸酉（1693）冬，薄遊西泠，聞休寧姚際恒字立方，閉戶著書，攻偽《古文》……出示其書，凡十卷，亦有失有得失與上梅氏、郝氏同，得則多超人意見外，喜而手自繕寫，散各條下。」）
銘豐再按：毛氏轉介姚立方與閻若璩相識，語意融融，代表毛氏尚未自許「護真」先鋒。在此之後，兩人先聚後離，同年毛氏遂有〈送潛丘閻徵君歸淮安序〉，可知此事暫止於此，並未渲染波瀾。閻氏知曉《古文尚書冤詞》著成並索閱其書，乃於康熙三十八年己卯（1699），經李塨訪閻輾轉告知，李塨轉述謂閻若璩曰：「此書（《古文尚書冤詞》）專難我邪？」毛氏於同年稍後，即貽贈《古文尚書冤詞》於閻若璩，〈寄閻潛丘《冤詞》書〉言及「及惠教所著《尚書古文疏證》，後始快快」，這是毛氏第二次提及《尚書古文疏證》，說明毛氏對於《尚書古文疏證》的辨偽作為意存不服。直至康熙四十一年壬午（1702），亦即閻若璩世前兩年，毛閻再度聚首，毛氏〈附《冤詞》餘錄〉，多處提及閻若璩：

（1）康熙四十一年（壬午，1702），淮安閻潛丘，挾其攻《古文書》若干卷，名曰《尚書古文疏證》，同關東金素公來，亦先宿姚立方家而後見過，但雜辨諸經疑義，並不及《古文》一字。（《四庫全書》第191冊，頁215）

乏論辨意識的交集。

　　以閻氏著述《尙書古文疏證》動機爲例，根據諸家〈墓誌銘〉與〈傳記〉，
〔註47〕可知閻氏考辨《古文尙書》的根本原因，純粹是學術層面的愼思明辨。

　　（2）踰數日，潛丘謂人曰：「僞《古文》似難而實是也，不僞《古文》似易
　　　　而實非也。」且有從潛丘來者云：「閻先生謂《古文》眞僞不必辨，但
　　　　輯吳才老後迄元、明及今，凡攻《古文》者，合作一集，傳之後來，以
　　　　爲屛棄《古文》之案，則但存其說，豈無起而踵行之者？」（《四庫全書》
　　　　第 191 冊，頁 215）
　　（3）又踰日，與潛丘集顧揖玉宅，適禾中朱竹垞來，坐中語及潛丘所著，予
　　　　劇言：「《春秋》無父子同爲大夫之事。」又言：「《四書釋地》所記關里
　　　　是錯。」又言：「《毛朱詩說》，不宜引王栢、程敏政謬說作據。」潛丘
　　　　俱唯唯，第微及攻《古文》事，則竹垞謂：「明萬曆間，會試塲曾以〈廢
　　　　《古文》〉發策問，而試錄載焦弱侯文具在也。」（《四庫全書》第 191
　　　　冊，頁 215）
　　（4）明起過竹垞寓亭，時王百朋在坐，頃之潛丘來，出試錄並觀。（《四庫全
　　　　書》第 191 冊，頁 216）
　　（5）是日大雨，潛丘遽別去，道過吳尺鳧家，留語云：「爲我致毛先生：老
　　　　友無幾人，能直言教我，我方感之，豈有所芥蒂，特欲我毀所著《尚書
　　　　古文疏證》，則不能，但各行其是可耳。」徑去。（《四庫全書》第 191
　　　　冊，頁 216）
　　銘豐再按：此次論學，毛氏雖自言「第微及攻《古文》事」，實際上通篇敍
　　事，毛氏即總集《古文尚書冤詞》成書後，清初《古文尚書》考辨課題，
　　規模初具的社群討論，無可諱言，這仍然是專屬於毛奇齡護眞立場的獨幕
　　演出。從毛氏書寫閻若璩的臨場反應，可知閻若璩最終深感毛氏敵意，遂
　　不相爲謀，考諸閻氏著作，亦僅《潛丘雜記》著錄《冤詞》一條，從「各
　　行其是」的拂袖，至歿前的「閟默」堅持，可見閻若璩對於毛氏咄咄逼人
　　的應對方式。
〔註47〕關於《尚書古文疏證》寫作動機的記錄，呈現隨著時間演進漸次增益的趨勢：
　　　（1）趙執信〈潛丘先生墓誌并銘〉曰：「少讀《尚書》，多所致疑，謂自孔安
　　　國至梅頤幾五百年，中間半出傅會，遂著《尚書古文疏證》。復爲《朱子尚書
　　　古文疑》，以申其說。《尚書古文疏證》迄未成書，而所引類魏、晉以前書，
　　　浩然不可窺其涯矣。」（《閻若璩年譜‧附錄：潛丘先生墓誌并銘》，頁 147）
　　　（2）杭世駿〈閻若璩傳〉曰：「讀《尚書》至《古文》諸篇，以爲自孔安國
　　　至梅頤，遙遙幾五百年，使其書果有，不應中間無見者。又讀《朱子》及吳
　　　草廬《纂言》，時時有疑，疑即有辨，著《尚書古文疏證》，蓋自二十歲始。
　　　復爲《朱子尚書古文疑》以申其說。」（《閻若璩年譜‧附錄：閻若璩傳》，頁
　　　151～152）（3）錢大昕〈閻先生若璩傳〉曰：「年二十讀《尚書》，至《古文》
　　　二十五篇即疑其僞，沉潛三十餘年，乃盡得其癥結所在，作《尚書古文疏證》
　　　八卷。」（《閻若璩年譜‧附錄：閻先生若璩》，頁 157）
　　　銘豐按：由「趙說：少讀《尚書》，多所致疑」至「杭說：著《尚書古文疏證》，
　　　蓋自二十歲始」，可見「錢說」的「年二十」所本爲何，以及錢氏認定《尚書

換言之，《古文尚書》傳承譜系呈現的衝突矛盾，啓迪了閻氏的考辨意識，因爲有必要撥亂反正，是以閻氏孜孜不倦終其一生欲成《尚書古文疏證》。根據此一動機，則《尚書古文疏證》往復辨證的對象，當非同時學人，而是文獻本身的眞僞。簡單來說，閻若璩即是以疑《古文尚書》譜系係僞，進行證成《古文尚書》乃屬僞造的學術考辨。

反觀《古文尚書冤詞》護眞動機，並非源自毛氏對於典籍文獻的敏感度，時人的刺激是最直接的因素。〔註48〕是以毛奇齡即是以辨僞者的論述證成《古文尚書》譜系不僞。毛氏考辨起點既與閻異，勢不能免於以「閻說爲是」的四庫館臣加以調侃諷譏。〔註49〕

根據上述毛閻考辨動機，可以初步證明「毛閻對舉」不存在實質對話關係。再者，倘若毛氏自始即有意識欲與閻氏《尚書古文疏證》對話，則《古文尚書冤詞》與《尚書古文疏證》的完成時間與內容指稱即應當鑿枘對應，非閻若璩所言之「各行其是」，追根究柢，「毛閻對舉」的思維定式無非盛名之累，並不存在嚴謹的學理依據。《古文尚書冤詞》評價自始流於負面，未嘗不是以「閻說爲是」爲前提推導而至的必然結果。

這種對人不對事未能矜愼持平的態度，遂讓後起如程廷祚者據爲問題意識。自此開始，參與討論辨僞議題的學人們，主要任務看似甄別《古文尚書》傳承的始末來歷，然而藉由檢驗前輩同儕的著述成果，進而獲致啓發並宏發議論，其重要性已不亞於識別《古文尚書》眞僞的第一義。

再者，辨僞與護眞兩派的非對話狀態亦非首見。以毛閻之前，明代中葉梅鷟與陳第的互動關係爲例，梅鷟《尚書考異·序》（以下簡稱《考異》）曰：

> 愚每讀《書》至此，未嘗不嘆息痛恨于先儒也。夫所貴乎儒者之傳經，在能除聖經之蔽翳，使秕稗不得以雜嘉穀，魚目不得以混明珠，華丹不得以亂窈窕焉耳。今反崇信僞《書》，以因奴正經，予畏聖人

古文疏證》卷數的遯下己意，忽略「趙說」的「《尚書古文疏證》迄未成書」，乃是論證《尚書古文疏證》成書歷程相當重要的參考資料。

〔註48〕《古文尚書冤詞》卷一即曰：蠢吾李塨者，多學人也……與桐之學人爭《古文》眞僞，著《辨》一卷，予閱之甚善，思竟其業。（《四庫全書》第66冊，頁547）

〔註49〕四庫館臣《冤詞提要》曰：「惟奇齡才辯足以移人，又以衛經爲詞，託名甚正，使置而不錄，恐人反疑其說之有憑，故併存之，而撮論其大旨，俾知其說之不過如此，庶將來可以互考焉。（《四庫全書》第66冊，頁545）

之言，故不得不是而正之，特作《考異》，使學者渙然知蔽塞之由，然後知余之恢復聖經，蓋有不得已焉，而非苟爲好辨者也！（《四庫全書》第64冊，頁3）

由於梅氏讀《書》輒感僞經可恨，故以正經意圖詳考《古文尙書》作僞痕跡。必須注意的是，梅氏標舉的寫作目的：「使學者渙然知蔽塞之由」與「恢復聖經」，並無如預期震聾發聵，事實上梅氏著作其時堙沒，反而是透過護眞派「陳第」，對於梅鷟三處指名道姓，《古文尙書》第一階段：「辨僞」與「護眞」的互動模型方告建立。陳氏《尙書疏衍》卷一（以下簡稱《疏衍》）曰：

1. 近世旌川梅鷟，拾吳、朱三子之緒餘，而譸張立論，直斷謂《古文》，晉皇甫謐僞作也。（頁5）

2. 今鷟指爲《道經》，豈別有所據乎？（頁6）

3. 至鷟作《尙書譜》，醜乎罵矣，是非君子之言，達人所屏棄也。（頁10）

所謂「三子緒餘」，即陳第標誌梅鷟，位於《古文尙書》考辨譜系的歷史座標。「《道經》」牽涉「虞廷十六字」的眞僞問題。至於《尙書譜》詈垢語辭，則是陳氏界定孰爲「君子」的道德標準。今檢視陳氏自述考辨動機：「因宋元諸儒，疑《古文》僞作，竊著辨論數篇，因復取古今註疏，詳悉讀之。」可知啟發陳氏眞僞《古文》之辨的對象，即是以「人」爲主，「文獻」爲次。

明清兩組對話模型考察之下，類同極多，辨僞一方縱有強烈捨我其誰的氣勢，也必須舉證前賢已肇其端，己身絕非勢單力薄。辨僞者往往以沉潛文獻爲手段，展現歷史縱深的研究方法。而護眞一派屢屢因人起興，看似在有限的範疇反覆周旋，缺乏層層開展深化自身辨證的能力，固然在這個歷史階段，兩種立場不得不時有碰撞，然而天平兩端的聲音，可以確定始終不符合嚴格的互動定義。

是以當程廷祚明確以《古文尙書冤詞》護眞立場爲非，欲證成《古文尙書》確僞，除了表示《古文尙書》考辨課題，自此產生「對話對象」的軸線轉移。再者，也是代表《古文尙書》「辨僞」與「護眞」之爭，在程廷祚所建構的《古文尙書》考辨學史中相垺對峙，非若四庫館臣抑此揚彼。基於此，後學者方能於《提要》主流觀點之外，思考程氏積極正視《古文尙書冤詞》所代表的學術價值，是以此事的意義不可等閒視之。

二、程毛對話的考辨心理

　　程廷祚與同期學者惠棟、〔註50〕沈彤〔註51〕相較，鑽研毛奇齡《古文尚書》考辨學，可謂用力最深，相關著作可與清末皮錫瑞《《古文尚書冤詞》平議》相互發明。〔註52〕

　　在《晚書訂疑》撰述之前，程氏已於《青溪集》正編闢〈《古文尚書冤詞》辨〉專章討論，〔註53〕顯見程廷祚正視《古文尚書冤詞》的明確態度，

〔註50〕惠棟《古文尚書考・卷下》，計有三處「辨偽舉證」提及「毛奇齡」：
　　（1）〈舜典〉「曰若稽古，帝舜曰重華」條。（《古文尚書考》，卷下，頁71）
　　（2）〈大禹謨〉「曰若稽古，大禹曰：文命，敷于四海」條。（《古文尚書考》卷下，頁71）
　　（3）〈伊訓〉「古有夏先后，方懋厥德，罔有天災，山川鬼神，亦莫不寧，暨鳥、獸、魚、鱉咸若」條。（《古文尚書考》，卷下，頁76）

〔註51〕沈彤：《果堂集》，卷八，有〈書《冤詞》後一〉、〈書《冤詞》後二〉兩篇，計有四處直指「毛奇齡」：
　　（1）此書八卷，其要者數條，毛氏據《隋書・經籍志》，以辨梅賾所奏《古文尚書》二十五篇之非偽也。（《皇清經解・果堂集》，卷三百二十九，頁28）
　　（2）毛又以馬、鄭所註〈書序〉百篇亡書目，凡二十二篇爲《漆書》本，則《漆書》本固有，逸《書》十六篇在中，此明與馬融說乖，并妄據而無之矣。（《皇清經解・果堂集》，卷三百二十九，頁29）
　　（3）毛之學雖多而識則寡，吾謂非惟不足以灑冤，且反足爲辨偽者之口實矣！雖然其辨《正義》，以鄭所述「二十四篇」爲張霸偽《書》之誤，語甚明快，則與辨梅賾偽《書》者之見不謀而合，其識未嘗不高也，乃能辨此而不能辨彼，何哉？（《皇清經解・果堂集》，卷三百二十九，頁29～30）
　　（4）毛氏此書自謂「懼《古文尚書》將見廢而爲之」，然吾知其必不廢也。《（《皇清經解・果堂集》，卷三百二十九，頁31）

〔註52〕銘豐按：皮錫瑞《古文尚書冤詞平議・自序》即曰：毛大可檢討《古文尚書冤詞》八卷，世傳爲駁《尚書古文疏證》而作，予觀其書，亦不盡然。……檢討乃據一家之言，偏斷兩之獄，豈能反南山不移之案，以鳴千載不白之冤乎？《尚書》一經，自東漢《古》汨之於前；東晉《古文》假之於後。宋以來又各創異說，至今紛紛，莫衷一是。或據宋儒之說，以駁東晉《古文》。或據東晉《古文》，以駁宋儒之說。或據東漢《古》，以駁東晉《古文》與宋儒說。未有能守西漢今文之學，以決是非正得失者。剡在明末，經義湮晦。以閻徵君之精核，攻《古文》猶用宋儒之說，其餘郝、梅諸君所批駁，多不得要領。偽《古文》雖當罪，而罪之不得當，宜檢討爲之負罪而稱冤也。檢討是書……與《尚書古文疏證》互有得失，其是非可對勘而明。予於《尚書古文疏證》，既爲辨正，乃於是書，更作《平議》。冀以持兩家之平焉。善化皮錫瑞。」

〔註53〕〈《古文尚書冤詞》辨〉（上、下兩篇），計有五處直指毛氏《古文尚書冤詞》：

說明程氏《古文尚書》考辨學史的建構理路，並非獨厚同屬辨僞立場的閻若璩，〔註54〕而是通過平議雙方見解，突顯自身治《書》的主體性。關於毛奇齡其人其書的評價，〈《古文尚書冤詞》辨〉曰：

> 近蕭山毛氏奇齡作《古文尚書冤詞》，博引極辨，欲以鉗天下之口。然余嘗平心求之，孔《書》之罅漏痕迿實難磨滅，非疑議者之得已也。
>
> ……要之，孔壁所得，既已散亡，今之二十五篇雖最晚出，授受不明，然經傳之所以援引，網羅畢具，使十六篇而在，或亦爲未能遠過，興廢繼絕之謂何，而可輕議哉！近代考辨過當，毛氏起而救之，惜其自掩厥目，謂人不見有衛經之心，而自蹈於不知言之識也。〔註55〕

程氏看法，可以通過同樣身爲毛氏《古文尚書冤詞》的評論者：「沈彤」〈書《冤詞》後〉（一與二），比較其意義：

> 毛之學雖多而識則寡，吾謂非惟不足以灑冤，且反足爲辨僞者之口實矣！……毛氏此書，自謂「懼《古文尚書》將見廢而爲之」，然吾知其必不廢也，《古文尚書》非獨聚斂傳記所采語，其中間亦必有眞《古文》之殘編賸簡。如《隋·志》所載「《尚書》逸篇」之類者，故其尤善者，皆各有精言以立一篇之幹，若不得眞《古文》之要領以深悉其僞，則其學彌粹，其信彌篤。〔註56〕

兩人行文看似起迄一致，皆不吝肯定毛氏渾厚學力，以及同意《古文尚書》廢立牽涉複雜。話雖如此，兩人深層的發言動機仍是大相逕庭，特別將程廷

（1）近蕭山毛氏奇齡作《古文尚書冤詞》，博引極辨，欲以鉗天下之口。（《青溪集·正編》，卷四，頁74）

（2）《隋·志》既知《古文》亡于永嘉，又知賈、馬、鄭氏所傳唯二十九篇，乃附會《大序》之言以貽誤于後，亦可異矣。余不曉毛氏何以不察，而信之之深也。（《青溪集·正編》，卷四，頁74）

（3）毛氏不知今文有《序》，而惟以《史記》載《書序》，證今孔《書》之不僞，不亦疏乎！（《青溪集·正編》，卷四，頁77）

（4）近代考辨過當，毛氏起而救之，惜其自掩厥目，謂人不見有衛經之心，而自蹈於不知言之識也。（《青溪集·正編》，卷四，頁78）

〔註54〕銘豐按：根據《青溪集》正編，卷四目錄，接續〈《古文尚書冤詞》辨〉（上、下兩篇），即是〈《尚書古文疏證》辨〉，申明程氏「不與閻同」的治《書》立場。

〔註55〕《青溪集·正編》，卷四，頁74～78。

〔註56〕《皇清經解·果堂集》，卷三百二十九，頁29～30。

祚所言之「余嘗平心求之……近代考辨過當，毛氏起而救之」，比較沈彤以「學多識寡」，坐實毛氏作爲的徒勞無功，程氏於此正視問題就事論事的裁量標準顯露無遺。

由此觀之，程毛考辨《古文尚書》異時對話的前奏，卻是沈彤以「要領」說，審核《古文尚書冤詞》戛然而止的終曲。後續，程氏承繼〈《古文尚書冤詞》辨〉的意猶未盡，遂啓《晚書訂疑》接力問世，在後閻若璩時代，程廷祚正式宣告《古文尚書》考辨課題，由原先「辨僞」與「護眞」的壁壘，開始啓動實質的對話程序。

構成程廷祚考辨心理迥異同儕的成因，並非完全取決於歷史條件的必然，身爲毛閻之後參與考辨課題的討論者，程氏大可堂而皇之與《尚書古文疏證》唱和，進行相對安全的論述，然而程廷祚治理《古文尚書》的立場，不僅深刻觸及辨僞派內部路線的紛歧，〔註57〕尤有甚者，護眞派的考辨力道在毛氏《古文尚書冤詞》催化之下，程氏也直指不可小覷。

程廷祚持平論學的信念，由《青溪集・正編》，卷十二，〈與家魚門（程晉芳）書〉，可得初步驗證：

> 聖經疑義多端，有千古聚訟而迄今無定論者，有昔人不覺而今日忽得其間者，夫今日忽得其間，不可不謂之幸，而謂其間自我而盡，未可必也，此當以千古以下共之。今但能使千古以上之聚訟者皆有定論，則於經義亦思過半矣。〔註58〕

程廷祚認爲學術研究工作乃是千古共之日新又新，既然學無止境，自然不存在自誰而盡的定論。那麼，程氏又是如何將自身治學理念的普遍原則，一以貫之的應用於《古文尚書》考辨專題？程廷祚〈答儲敦夫問《尚書古文》書〉即曰：

> 弟才識不逮先儒萬萬，然生平不肯隨人俯仰，非信於心安於理者不言也，非確然有證於古亦不言也。《古文》於吾何怨？先儒之用，大師如彼，今猶必窮追深而後快於心哉？

〔註57〕銘豐按：請見〈別於惠棟的唯閻是取——論程廷祚辨僞基準的不與閻同〉：透過程廷祚〈《尚書古文疏證》辨〉型塑的《古文尚書》考辨學史，可以輔證清初《古文尚書》考辨思潮，辨僞一派在閻若璩之後，内部路線並不是「唯閻是取」的單一發展，而是夾纏在漢代眞孔安國《古文尚書》，傳世的「有無」、「篇數」，以及僞孔安國《古文尚書》暨僞孔《傳》，斷代工程的擺盪爭論。

〔註58〕《青溪集・正編》，卷十二，頁274。

其說有在：曩見西河毛氏之《冤辭》而有感焉，念《古文》誠有崩城隕霜之痛，而謗污非所應得，則從而爲之申雪，非烈士仁人之所當力任乎！於是旁求書傳，上自先秦，下逮江左，凡單詞片語有關孔、伏之源流，如足下之所謂確有據信者，竭探索之勞以務必得，非一日矣。

凡此乃欲求立椎之地以與《古文》，非包藏禍心而欲與之構難也。豈知探索愈久而痕瑕愈見；求其可信者愈力而愈以無徵，雖至單詞片語可以勉強枝語，而亦莫爲之用，乃嘆宋、元諸君子之識力誠有過於前人者，而惜乎未得其要領也。」〔註59〕

由此可見，程廷祚對於毛氏《古文尚書冤詞》的先「敬」而後「評」，有其勢在必行的軌跡可尋。是以藉由重建程毛對話的完整路徑，亦即從程廷祚正視毛氏《古文尚書冤詞》的預設起點，追蹤其實質抵達的終點，乃是檢驗此一策略實踐，有效達成率的必要關鍵。

三、聚焦隋唐的策略佈局

程廷祚異議《古文尚書冤詞》所涉及的文獻，主要集中隋唐時期，〔註60〕相關見解，犖犖載明〈《古文尚書冤詞》辨〉與《晚書訂疑》，〈《古文尚書冤詞》辨〉的著述順序先於《晚書訂疑》，《晚書訂疑》則是〈《古文尚書冤詞》辨〉考辨思維的延續，架構此一前提，乃爲說明，何以〈《古文尚書冤詞》辨〉的「《隋·志》三疑」，〔註61〕必須結合《晚書訂疑》書寫脈絡一併處理。

〔註59〕《青溪集·續編》，卷七，頁378～379。
〔註60〕銘豐按：由於辨僞派認爲《古文尚書》傳承次序遭到錯亂，乃屬固定模式的認知，因此《晚書訂疑》第一寫作目的仍是定點於漢代，由此揭櫫《古文尚書》始末來歷，然而這種作法並不算特異，然而再從《晚書訂疑》篇目編排的思維比重來看，《晚書訂疑·卷上》十二則的考辨分類對於隋唐文獻的駁證多達五則，程氏此處作法完全迥異辨僞派的考辨前賢，相當程度延續〈《古文尚書冤詞》辨〉的意猶未盡，加諸程廷祚對於《古文尚書冤詞》始終念茲在茲，明顯印證程廷祚與毛氏《古文尚書冤詞》相頡頏的態度。
〔註61〕所謂「《隋·志》三疑」即：
　　（1）《隋志》忽云：「孔安國以今文校之，得二十五篇。」（二十五篇之說始于《隋志》），可疑一也。（《青溪集·正編》，卷四，頁74）
　　（2）《隋志》忽云：「安國爲五十八篇作《傳》。」可疑者二也。（《青溪集·正編》，卷四，頁74～75）
　　（3）晉十八家舊史載：「鄭沖以《古文尚書》授蘇愉，愉授梁柳，柳授臧曹，

　　以〈《古文尚書冤詞》辨〉「唯據《隋・志》」的核心立論爲例，〈《古文尚書冤詞》辨〉緊扣《古文尚書冤詞》操作《隋・志》材料的訛誤，僅爲程氏攻防《古文尚書冤詞》整體論證的部分憑據，在接續的《晚書訂疑》中，〈《古文尚書冤詞》辨〉的論點，與程廷祚商榷孔穎達的意見正式合併，以《隋・志》加乘《尚書正義》的方式強化訴求。

　　關於《晚書訂疑》「《隋・志》與《正義》之誣」的謀篇策略，首段曰：「《隋書・經籍志》云：『安國得二十五篇。』又云：『爲五十八篇作《傳》。』其言雖本于安國僞〈序〉，然不能遠稽前古，而甘與誣罔同歸，亦甚愧良史之學識矣。」

　　程氏在此將《隋・志》屬性，從〈《古文尚書冤詞》辨〉的疑而未定，進階定調成孔穎達違逆「良史之學識」，是以程廷祚複合《隋・志》與《尚書正義》的積極目的，在於驅策執史筆的作者出場。換言之，此舉初步的弦外之音，就是要將著述編輯者的是非功過搬上檯面，成爲可受公評的議題。由此觀之，從質疑史志到否定經傳，程廷祚的考辨邏輯顯然循序漸進。

　　程廷祚提出與「《隋・志》三疑」相輔相成的「穎達失德」，〔註62〕就辨

曹授梅頤。」冲之前雖不知其所來自，然所授皆《尚書經》也。頤又安得安國之《傳》而並奏之？可疑者三也。（《青溪集・正編》，卷四，頁75）

〔註62〕程廷祚《晚書訂疑》「《隋・志》與《正義》之誣」，關於「穎達失德」，即曰：又孔穎達《正義》述《古文》始末尤詳……穎達既修諸經《正義》，又預修《隋史》，故二書之言，若出一口如此。至陸德明《經典釋文》，則居然以孔〈序〉削除《漢・志》，且引《漢・志》作「安國獻《尚書傳》」矣，其謬妄又不待言。夫梅頤之奏孔《傳》，吾不敢謂無其事也，若二十五篇者，似又出於梅頤之後，史家既失其年歲，世儒莫究其由來。至開皇購募遺典之時，僞手繁興，劉光伯等，方倚爲古籍晚出之屏藩，其孰從而問之邪？況《隋・志》與。穎達、德明既敢於追改《史》、《漢》舊文，則同時之人，又何難增竄《帝王世紀》及《晉史》諸書，以實其說。而謂所言授受源流，有一可信乎？（斯時書籍俱係手抄，鋟板未行，易於改竄，故耳。）

案：《晉書・鄭冲傳》：「冲仕魏，嘉平三年，拜司空。及高貴鄉公講《尚書》，冲執經親授，又嘗與孫邕、曹羲、荀顗、何晏，共集《論語》訓注之善者，名曰：《集解》。成，奏之魏朝。」使冲時已得安國增多之《書》，豈容秘而不進，而私以授之蘇愉者？又《論語集解》中，所載孔《注》，與增多之《書》，頗相刺謬，亦恬然而不之怪也。

〈皇甫謐傳〉有云：「城陽太守梁柳，謐從姑子。」而無從柳得《古文尚書》之事。且《正義》既云「謐作《帝王世紀》，多載五十八篇」，信如其言，則孔《傳》稱「堯壽百一十七歲」，而《世紀》云「堯年百一十八歲」，孔《傳》

僞派而言，程氏質疑孔穎達的誠信問題，〔註63〕較之明清以來的梅鷟與閻若璩雖然有所進展，然而新材料的湧入參與，僅能說明《古文尚書》考辨課題，在時移世易的情況下，擅長收編文獻拓展論述的特性，卻是無法得出同一命題多元思考的差異，因此就必須將程廷祚排比文獻知人論世的操作手法，與其同時期的惠棟進行比較。

惠棟《古文尚書考》的文獻互證，並無強制揭露孔穎達的密謀操作，更遑論將之與《隋·志》縮合，這種作法除了符應惠棟《古文尚書考》文獻爲主的思考方式，也不能排除由於僞作譜系者的心理狀態並無白紙黑字，以惠棟言必有徵的學術性格，當然極有可能存而不論。

對照程廷祚藉由串連經史，論斷孔穎達的品格瑕疵，惠程的分頭並進，其實具有相互補充的價值。話雖如此，惠棟序《晚書訂疑》時，筆觸風格卻與《古文尚書考》截然異趣：

> 唐人尚詩賦，冲遠通經，不聞以詩賦傳，而經義又復矛盾如此。繇
> 莊兩舉制科，實兼詩賦、經義之長，固今日之通才也，余學萬不逮

稱「舜壽百一十二歲」，而《世紀》云「舜年百歲」。孔《傳》釋「文命」爲「外布文德教命」，而《世紀》云「足文履己，故名文命，字高密」。孔《傳》謂「禹代鯀爲崇伯」，而《世紀》云「堯封禹爲夏伯」。孔《傳》謂「成湯沒，而太甲立」，《世紀》云「湯崩之後，有外丙仲壬」，仍用史遷之說。謐既篤信《古文》，而其所述又多與孔《傳》不同，何也？以此考之，冲遠與謐俱無見晚《書》之理，《晉書》亦成于貞觀之世，汲冢得《竹簡古書》，既載於〈紀〉（武帝咸甯五年十月），又詳於《傳》（束皙校正文義），而「梅頤獻《書》」一事，獨削而不錄，此必有見於當時，言晚《書》之源流授受者，概未可信，而然非若穎達等舍其昭昭，而樂從其冥冥也。（《晚書訂疑》，卷一，頁23～24）

〔註63〕銘豐按：關於程氏觀點的初步釐清，請見拙作《惠棟《古文尚書考》研究》：所謂孔穎達「預修《隋史》」事，典源有二，一爲：《舊唐書·孔穎達傳》卷七十三：「與諸儒議曆及明堂，皆從穎達之說，又與魏徵撰成《隋史》。』」二爲：《舊唐書·敬播傳》卷一百八十九：『敬播，蒲州河東人也。貞觀初，舉進士。俄有詔，詣秘書內省，佐顏師古、孔穎達修《隋史》。』程氏欲辨《尚書正義》之誣，舉出孔穎達同時具有撰述《隋史》與《尚書正義》的作者身分，認爲孔穎達極有可能因此壟斷了經典的論述。這樣的連結當然迥異於梅鷟與閻若璩單獨處理《尚書正義》的作法，在此筆者所要關注的是，程廷祚的《古文尚書》考辨策略所反映的文獻深耕現象。關於兩漢《尚書》的文獻脈絡，幾乎已經被閻若璩等考辨眞《古文尚書》的學者釐清殆盡。而自隋迄的文史資料，多數考辨眞《古文尚書》的學者們著重的，仍是在於梅頤本《古文尚書》的僞作時間與文本內容的相容性，以及與兩漢文獻的連結。因此程廷祚將孔穎達《隋史》與《尚書正義》屬於同一作者的操作策略納入討論，顯然具有補足考辨《古文尚書》諸家相關論述未及的價值。」（頁63）

綮莊，而叢殘著述（銘豐按：即《古文尚書考》），獨能與之同趣，
是則余之幸也夫！〔註64〕

由此可知，惠棟對於程廷祚批評孔穎達的作爲其實了然於心，並不以爲唐突
先儒，是以惠氏才藉〈序〉，指出孔穎達既無能兼通明經進士，號稱專才經義，
卻又於《古文》傳承矛盾叢生，惠氏此說遂成其默契程說的最好佐證。惠程
文本各自的表述差異，除了跟作者本身的學術性格有關，再者，兩人原始文
本訴求對象的迴然不同，是更重要的因素。

　　不可忽略程廷祚《晚書訂疑》乃是針對《古文尚書冤詞》而來，因此程
氏再三強調史德的重要，其深層的寫作目的，乃是爲了牽制護眞派的自以爲
是，此舉表面上看來讓孔穎達因此中箭落馬，事實上程廷祚呈現的，正是有
系統的建制從孔穎達到毛奇齡，一種連帶及之的負面形象。《晚書訂疑》嘗試
走出辨僞派考辨結構的制約，積極展現與護眞派對話的考辨企圖，自然有別
於惠棟《古文尚書考》，集中文獻的考校論述。接續，程廷祚指出孔穎達認知
張霸《古文尚書》篇數的錯誤：

張霸僞《古文》名《百兩篇》，此《漢書》有明文者也。

穎達謂霸僞造《尚書》二十四篇，以足鄭《注》三十四篇（康成在
張霸後幾二百年，霸造《書》，豈能預足之，穎達之可笑如此）爲五
十八篇，託之劉向《別錄》等書。

蓋因孔《書》後出，適有五十八篇，而安國所增又多至二十五篇，
苟非孔《書》藏於中秘者原有此數傳聞世間，則僞造《古文》之張
霸，曷由暗與之合？

然霸當日，但欲自爲《百兩篇》，而無意於合符孔《書》，穎達蓋有
所不知也。至若《漢書》「《百兩》」之名，穎達既忘之矣，而十六篇
之說，昭然在人耳目，則又謂「霸《書》二十四篇中，〈九共〉九篇
同卷，應除八篇，計之而爲十六，以此見十六篇者，乃張霸之僞《書》
也」。

五十八篇則推而致諸中秘，十六篇則隱而投之僞造，鍛鍊周內，
莫非證《隋・志》之不誣，而以司馬遷、劉歆之言，爲不足據，
然則《古文尚書》之非，眞謂穎達不知情，其亦不明於讞決之道

也矣。〔註65〕

將程氏見解移置與閻若璩同時以及稍前的學者比較,〔註66〕可以發現程廷祚的問題意識確實有所突破,然而在後閻若璩時代則稱不上獨具慧眼,因為同時期的惠棟《古文尚書考》已於「鄭氏述《古文》逸《書》二十四篇」,以「孔沖遠以孔氏十六篇為張霸偽《書》,其說之可疑者有四焉」臚陳己見。〔註67〕

原本惠棟處理晚《書》作偽問題,嚴守「及書不及人」的論述尺度,可是當文獻論知孔穎達確實錯位張霸歷史,就代表孔穎達始作俑者的身分無可迴避,然而惠棟在此也僅能止於存疑;反觀程廷祚,他再次直接的向我們展示一位罪證確鑿的孔穎達,程氏話語所以值得思索,在於「真謂穎達為不知情,其亦不明於讞決之道也矣」,換言之,程廷祚認為唯有樹立孔穎達的主謀地位,才能真正解決這個由毛奇齡所加劇的棘手議題。

由於指出隋唐文獻登錄《古文尚書》譜系存在不可解釋的矛盾,以及裁斷究竟是誰導致矛盾的產生,本就沒有必然成於一人之手,因此惠棟與程廷祚各自的考辨偏重,反而形成辨偽派內部默相契合的考辨分工。

上述分析,可以作為評估程廷祚《古文尚書》考辨學史整體完成度的參考指標,卻是不能與程廷祚推拓立論的原始起點混淆,因為《晚書訂疑》的價值關懷始終是與毛奇齡操作孔穎達的意圖相左,所以程廷祚聚焦隋唐的主力佈局,還是鎖定護真派的毛奇齡較為允當。程氏最後再下案語,為孔穎達的歷史定位作出最後結論:〔註68〕

又案:《隋·志》有欲蓋而彌章者,永嘉之亂,歐陽、大、小夏侯《尚

〔註65〕《晚書訂疑》,卷一,頁24。

〔註66〕銘豐按:關於梅鷟與閻若璩處理張霸的思維邏輯,請見拙作《惠棟《古文尚書考》研究》,頁58～60。

〔註67〕銘豐按:關於「四疑」即:孔沖遠以孔氏十六篇為張霸偽《書》,其說之可疑者有四焉:(1)案:《傳》先述晚《書》,後稱《百兩》,明逸《書》非《百兩》,其疑一也。(2)豈有向撰《別錄》,仍取張霸偽《書》者乎?其疑二也。(3)豈有識古如劉子駿,篤學如鄭康成,以民間偽《書》,信為壁中逸典者耶?其疑三也。(4)愚考王充《論衡》曰:「霸造《百二篇》,成帝出秘《尚書》以校考之,無一字相應者。」夫霸《書》不與《古文》相應,何後出《古文》獨與之同?其疑四也。上述引文出自《古文尚書考》,卷上,頁58～59。

〔註68〕銘豐按:事實上程廷祚評論閻若璩時也曾對於同一命題秉筆議論,請見前述〈別於惠棟的唯閻是取——論程廷祚辨偽基準的不與閻同〉。據此即可說明程氏「聚焦隋唐的策略佈局」,同時具有與閻若璩以及毛奇齡雙邊對話的功能。「刪節號」節略原文部分,與南朝時期晚《書》傳布有關,容後申論。

書》並亡，以四百年學士肄業之《書》，且不能存於此日，則十六篇之亡必矣，十六篇既亡，而又安所得二十五篇者？

以理揆之，梅賾所奏安國之《傳》，其時蓋因三家之《書》既亡，而偽造此《傳》，以明今學亡而古學尚存也。……而穎達乃云「江左學者，咸祖皇甫謐之傳」。其自欺欺人，曷至此哉！〔註69〕

在此，我們必須回歸《隋·志》與《尚書正義》的原典記錄，確認程廷祚據此衍生的問題意識，是否真爲兩書原始表述的不足，《隋·志》曰：

晉世祕府所存，有《古文尚書》經文，今無有傳者。及永嘉之亂，歐陽，大、小夏侯《尚書》並亡。濟南伏生之傳，唯劉向父子所著《五行傳》，是其本法，而又多乖戾。至東晉，豫章內史梅賾，始得安國之《傳》，奏之，時又闕〈舜典〉一篇。

齊建武中，吳姚方興於大桁市得其書，奏上，比馬、鄭所注，多二十八字，於是始列國學。梁、陳所講，有孔、鄭二家，齊代唯傳鄭義。至隋，孔、鄭並行，而鄭氏甚微。自餘所存，無復師說。又有《尚書》逸篇，出於齊、梁之間，考其篇目，似孔壁中《書》之殘缺者，故附《尚書》之末。〔註70〕

《尚書正義·序》則曰：

漢氏大濟區宇，廣求遺逸，采古文於金石，得今書於齊魯。其文則歐陽、夏侯二家之所說，蔡邕碑石刻之，古文則兩漢亦所不行。安國注之，實遭巫蠱，遂寢而不用。歷及魏晉，方始稍興。故馬、鄭諸儒，莫睹其學，所注《經》、《傳》，時或異同。

晉世皇甫謐獨得其書，載於《帝紀》，其後傳授，乃可詳焉。但《古文經》雖然早出，晚始得行。其辭富而備，其義宏而雅，故複而不厭，久而愈亮。江左學者，咸悉祖焉。近至隋初，始流河朔。

〔註71〕

《尚書正義·虞書》又曰：

又《晉書·皇甫謐傳》云：「姑子外弟梁柳邊得《古文尚書》，故作《帝王世紀》，往往載孔傳五十八篇之《書》。」

〔註69〕《晚書訂疑》，卷一，頁24。
〔註70〕《隋書·經籍志》卷一，頁11～12。
〔註71〕《尚書正義·序》，頁126～127。

又云：「晉太保公鄭冲，以《古文》授扶風蘇愉，愉字休預。預授天
水梁柳，字洪季，即謐之外弟也。季授城陽臧曹，字彥始。始授郡
守子汝南梅賾，字仲眞，又爲豫章內史，遂於前晉奏上其書而施行
焉。」時已亡失〈舜典〉一篇，晉末范寧爲解時，已不得焉。〔註72〕

經由文獻的初步排比可以幫助我們確認，程廷祚處理《隋‧志》與《尚書正
義》的思維邏輯，這裡有幾個重要的問題癥結必須釐清。

首先，孰謂《隋‧志》「欲蓋而彌章」？事實上程氏著眼的就是「梅賾」
的出場意義，程廷祚雖然不盡認同，《隋‧志》與《尚書正義》傳承《古文尚
書》的全盤記錄，然而程氏《古文尚書》考辨學史的建立對於二書的態度，
仍是存在選擇性的取材與詮釋機制，尤其「梅賾獻《傳》」一事，他認爲《隋‧
志》既然已經貫徹了孔穎達的領導意志，因此延續《隋‧志》理路的「梅賾
獻《傳》」，在程廷祚看來，就是孔穎達刻意藉由正史，解套「永嘉之亂」後，
中斷不明的《書》、《傳》問題。

換言之，程廷祚雖然也認爲「梅賾獻《傳》」確有是事，可是他卻是以與
孔穎達相左的立論，逐項說明梅賾所獻之《傳》，乃是僞孔《傳》，這樣的理
解方式，顯然已與《隋‧志》立意初衷違逆。因此《隋‧志》所言之「梅賾
獻《傳》」，在程廷祚看來，並無相對合理化《尚書正義》的效果，反而是彰
顯了孔穎達的心虛。

程廷祚從否定「梅賾獻《傳》」爲眞孔《傳》的問題意識出發，他接續必
須面對的問題，就是自己究竟該如何在毛奇齡所強調的大一統，並且政治正
確的學術氛圍裡，定讞他心目中「來歷不明」〔註73〕的官方論述。

在此，程氏考察了「永嘉之亂」與《古文尚書》存滅的連動關係，並以
「僞孔《傳》」的現世時間，先於「僞二十五篇《古文尚書》」，作爲程氏鋪排

〔註72〕《尚書正義‧虞書》，頁137。
〔註73〕銘豐按：程廷祚〈答儲敦夫問《尚書古文》書〉，對於《晚書訂疑‧自序》的
「來歷不明」，有後續的深化說明：弟因求孔《書》之來歷而不得，既以爲恨，
欲隨毛氏之後塵，但見《古文》二字即指爲二十五篇，又恐以貽士林之譏，
故不得已私述《訂疑》一卷。雖於足下所云確有據信者，未能窺見一二，而
曾竭探索之勞，則草廬所謂「不昧其是非之心」者，或庶幾焉。抑又思之，
宋、元而來議《古文》者有之，黜《古文》者有之，若僅指其「來歷之不明」，
則後世& 起而斷斯獄，以首惡論，將遂無辭以對耶！從來以經學爲聚訟，若
夫博洽平允而善於聽訟，則捨足下而誰與歸？未知以斯言爲奚若也。（《青溪
集‧續編》，卷七，頁384）

《古文尚書》譜系的開展前提。

正式討論程廷祚排列《古文尚書》譜系的歷史次序與合理價值之前，我們必須先確認《尚書正義》轉引「皇甫謐獨得《書》」的說法是否真實無虞，因為這個步驟的完成，直接關係到孔氏譜系能否合理的首尾相應。

由於皇甫氏本《帝王世紀》今已不見傳世，因此孔穎達所謂「晉世皇甫謐獨得其書，載於《帝紀》」與「故作《帝王世紀》，往往載孔傳五十八篇之《書》」，就無法獲得即時有效的確認。幸據清人宋翔鳳於嘉慶十七年（1812），四月，〈《帝王世紀》集校序〉所言：

> 考此書之出，唐宋以來，多有崇尚，覈其所載，亦受指摘，是非一端，余致意再三，辨其枉曲。東晉《尚書》僞跡大顯，《世紀》之內，輒引其文，謂作僞之由，發於皇甫。今考《世紀》，夏、商二代，〈五子之歌〉、〈仲虺之誥〉，按校文誼，上下不屬。
>
> 又「時日曷喪」之義，上同於伏生；「罪在政躬」之禱，事符於呂、墨。較於梅《書》，違異絕甚。《北史·劉炫傳》言炫僞造《連山易》，而《世紀》亦引《連山》之文。凡此諸科，大抵羼入，夫方士惑主，且藏牛腹之書；私家略行，尚定蘭臺之字，而況寫諸家策，習於口耳者乎？〔註74〕

由此可知，宋氏集校《世紀》時已經賦予這個問題足夠的關注，並以十則按語，糾謬孔穎達欲坐實皇甫謐曾親證《古文尚書》的史傳記錄。〔註75〕雖然宋氏集校《世紀》之前，研究者可於李唐類書《藝文類聚》與《尚書正義·湯誓》，以及北宋類書《太平御覽》等典籍，搜尋到與晚《書》確實相應的條文，〔註76〕然而這些引文皆為楊隋之後成文，在辨僞派眼中恐怕無法構成挑戰。

那麼，如果從《尚書正義》徵引《世紀》觸及《古文尚書》的問題意識

〔註74〕《帝王世紀·序》，頁1。

〔註75〕請參見表八：「宋翔鳳集校本《帝王世紀》引《古文書》按語輯錄」。

〔註76〕銘豐按：《藝文類聚》，卷一五五，〈州郡部二·敘京都下〉：故〈五子歌〉云：「惟彼陶唐，有此冀方⋯⋯」又引〈仲虺之誥〉曰：「乃葛伯仇餉，初征自葛。」《藝文類聚》，卷八十三，〈皇王部八·殷帝成湯〉：引〈仲虺之誥〉：「徯我后，后來其蘇。」《尚書正義·湯誓》引〈湯誥〉：「王歸自克夏，至於亳」，引〈伊訓〉曰：「造攻自鳴條，朕哉自亳。」《太平御覽》，卷四十九，〈職官部五·太僕〉：《帝王世紀》曰：穆王即位·命伯臩爲太僕。今《尚書》〈君牙〉、〈伯冏〉二篇是也。

出發，孔穎達所言又將會產生怎樣的變化？今據林彥君〈《尚書正義》引《帝王世紀》考〉，可知《尚書正義》的實質表述，確實屢屢與孔穎達於《尚書正義·序》的一錘定音自相矛盾。〔註77〕

再比對上述《尚書正義》的〈序〉與〈虞書〉所敘之皇甫謐，所得與交接給梅賾的乃是《古文經》，而不及孔《傳》，《隋·志》所徵引的梅賾，卻存在語義認知的爭議，所謂「始得安國之《傳》，奏之，時又闕〈舜典〉一篇」，按理說，皇甫謐僅得其經，則譜系末端的梅賾所獻應只《古文經》，雖然《隋·志》幫梅賾安上「始得安國之《傳》」。

可是如此一來，《尚書正義·虞書》行文的「闕〈舜典〉一篇」，乃是《古文經》的〈舜典〉，而《隋·志》所闕的〈舜典〉，卻是孔《傳》中的〈舜典傳〉，更遑論「始得安國之《傳》」的「始得」二字，不只突兀孔《傳》的橫空出世，並且也混淆梅賾原本得《經》不得《傳》的傳統論述，由此看來，孔氏行文確實啓人疑竇。〔註78〕

事實上在程廷祚之前，同爲辨僞派的明代梅鷟已於《尚書譜》，開始評估孔氏觀點下的「皇甫謐」與「《帝王世紀》」，列名於《古文尚書》考辨學史應得的學術價值，《尚書譜》卷三（三之一），「皇甫謐不與受《古文》」條下曰：

　　知《古文》之深者，莫如皇甫謐，其作《帝王世紀》「往往載孔傳五

〔註77〕林氏檢驗《尚書正義》引《世紀》的實際情況後，即曰：筆者實地搜查《尚書正義》引《帝王世紀》的引文中，發現並非如孔穎達在《尚書正義·序》中所言，爲何孔穎達之言論會相互矛盾呢？推論其因可能爲《尚書正義》並非成於一人之手，亦非成於一時，《尚書正義》原名《五經義訓》，乃於唐貞觀十六年，孔穎達、顏師古，司馬才章、王恭、王琰等人奉敕撰寫而成，而後因詔令更裁，孔穎達未完成書之修訂即逝世，到了高宗永徽二年，命尚書左僕射予志寧、右僕射張行成、侍中高季輔，依據原本的《尚書正義》加以增損，而後才頒布於天下，因此其中內容，已別於孔穎達在世時的《尚書正義》。（原注出處於此曰：李振興《尚書學述·上》，頁37。）（頁167）

銘豐按：關於今本《尚書正義》的內容，與孔穎達存世時的《尚書正義》是否全盤等同，研究者固然可從比較著述者的生存年代，與孔穎達的言之鑿鑿，推論官修經典編審粗糙的可能成因，然而前後主事人物的遷變，並不表示「《尚書正義》引《世紀》」，與孔穎達所言的迥不相牟，就具有必然的因果關係。是以由此僅能輔助說明《尚書正義》確實可能存在前後版本的差異，至於「《尚書正義》引《世紀》」的名實不符，是否能全然的以人事代謝問題解釋，個人認爲此事仍需審慎思維。

〔註78〕銘豐按：程廷祚〈答儲敦夫問《尚書古文》書〉亦曰：孔穎達曰「江左咸遵皇甫謐之傳」，今不見其所據，不可信二。（《青溪集·續編》，卷七，頁382）

十八篇之《書》」，今詳《古文》之授受，而謐獨不與焉，是其間必
有大委曲者矣。任授受則人疑己作，而《書》以人輕矣。不任授受，
而人不知爲己作，而上冒安國之《古文》，斯《書》之行遠矣，此其
曲折之深意也。

〈謐傳〉云：「姑子外弟梁柳邊得《古文尚書》，故作《帝王世紀》。」
則《世紀》乃《古文》之羽翼也，冲、愉、柳，無能爲羽翼者，詳
著其授受，謐深知《古文》者，獨不任授受，是以知其乃作《古文》
者也。冲、愉未見《古文》，假以當姚方興証愉、柳耳，冲權力十倍
於賾，果有《古文》，當自陳朝，何待柳授之曹賾，於以獻上而施行
乎？則柳果何從而受也哉？

謐言「姑子外弟梁柳邊得《古文》」者，倒言之耳，因其倒言，是以
知《古文》，柳得之於皇甫謐者也。學者知西漢《古文》出孔安國之
手筆，而非夫子之正經，知東晉之《古文》，出皇甫謐之手筆，而非
安國之《古文》，則千年不決之公案，一旦而昭如矣！〔註79〕

同卷（三之一），「《帝王世紀》」條下則曰：

孔穎達引〈謐傳〉云：「姑子外弟梁柳邊得《古文尚書》，故作《帝
王世紀》，往往載孔傳五十八篇之《書》。」想其全書，必孔竅其門，
機括撮拈，根株悉尋，謐之心跡著矣。

自漢、三國、西晉人，未道及孔《傳》一字，況爲五十八篇作《世
紀》一書乎？二十五篇之《古文》成矣，《大序》作矣，五十八篇之
《傳》修矣，恐人不得其門而入，不知旨趣之攸歸，不得已而作《世
紀》也。……蓋亦不任授受《古文》，倒言受《古文》於梁柳之意又
異，而不害其爲同也。〔註80〕

整體而言梅鷟的考辨觀點良莠兼具。舉例來說，他舉出鄭冲若眞得《古
文尚書》豈有匿報朝廷的道理，這是很好的問題意識，因此梅鷟《尚書譜》，
卷三（三之二），就續之以「鄭冲。何晏同上《論語集解》考」，〔註81〕梅氏

〔註79〕《尚書譜》卷三（三之一），頁89。
〔註80〕《尚書譜》卷三（三之一），頁89～90。
〔註81〕銘豐按：姜廣輝先生〈梅鷟《尚書譜》的「武斷」與「創獲」〉，對於梅氏觀
點有極其愷切的認識：前文言鄭冲是東晉《古文尚書》授受譜系中的第一人。
梅鷟認爲鄭冲並未見過《古文尚書》，他第一個考證發現鄭冲曾參與何晏《論

在此討論文獻典籍之間的互動辨證，積極填補了推測「鄭沖有無匿報」之前的論證留白。

另外，梅鷟詮釋「皇甫謐」時，拆解文句重新組裝文義的手法也必須注意，梅氏眼中皇甫謐的能耐豈止位居傳承，身爲《古文尙書》的作者才是皇甫謐理所當然的身分，梅鷟爲了圓成立論，巧於顚倒《古文尙書》與《帝王世紀》的主從關係，以及調整皇甫謐與梁柳授受《古文尙書》的前後次序，凡此種種，都是極其大膽的想像，缺乏合宜的文獻足資證明。

經由上述臚列兩位辨僞派學者對於「皇甫謐」得《書》問題的闡釋，可以相對理解，程氏選擇處理《隋·志》與《尙書正義》中關於「皇甫謐」的歷史記錄，就是存在正本清源的考辨意圖，據此，再配合程廷祚以「永嘉之亂」，作爲《書》、《傳》湮滅的認知起點，〔註82〕程氏譜系的結構秩序燦然大

語集解》的撰作，並與何晏同進《論語集解》於朝。……這些都說明鄭沖當時並未見到晉人之〈泰誓〉與〈大禹謨〉，亦即未見到晉人之僞《古文尙書》二十五篇。然而閻若璩《尙書古文疏證》卷二認爲：鄭沖：「似授《書》在其暮年，與上《論語》時不同。上《論語》爲魏光祿大夫，在正始中，魏尙盛，此《書》出於魏、晉之間，安得預見之而載之《集解》?未可以是爲沖證，然則此《書》實始授自沖云。」這也只是閻若璩個人的看法。按照常理，鄭沖入晉後位居三公，如他此時得到一部《古文尙書》，亦是莫大之事，理應及時上獻朝廷。但他卻沒有這樣做，而是私相授受，數傳至梅頤始「獻上施行」。這也是使人難以理解，而不敢遽信的。」（頁36～37）

銘豐再按：雖然閻氏《尙書古文疏證》技術性的修正，鄭沖接收晚《書》的時間點乃在暮年，合理化鄭沖朝野行事的差別，然而閻氏說法，也相當程度取消了自身考辨《古文尙書》的正當性，試想，如果這個授受譜系的鄭沖並無可疑，那麼又該如何解釋鄭沖注解典籍的捨此去彼，更遑論將之對應與其他譜系人物的繼承關係，可見閻說明顯自毀考辨立基。

〔註82〕銘豐按：雖然程廷祚在《晚書訂疑·附今、古文《尙書》授受源流》，「晉孔氏《古文》」條，再次討論孔穎達與經史之間的離合關係，並且得出這樣的答案：案：孔氏《書》、《傳》授受，《正義》本之《晉書》，今本《晉書》無之。愚案：《新唐書》及《會要》、《隋書》，修於貞觀二年（628）至十年（636）（時與梁、陳、齊、周，五代同修），論撰有孔穎達，此《晚書》之始末所由得載也。《正義》修訂與之同時，故其言與《隋·志》同而加詳焉。《晉書》之修在二十年（646），其時無孔穎達（蓋已沒）。遂於「梅頤獻《尙書傳》」與「二十五篇」之出於何時皆從刊落，豈令狐德棻、李延壽等，雖並與二《史》之事，未幾而有聞其渺茫者，故不得已而闕疑於此與？抑《晉書》成於御撰，而出于文皇之獨斷，非史臣所得豫與？若穎達所謂《晉書》，則今不可得而見矣。（頁59～60）

銘豐再按：事實上程氏在此著重考察的是新舊《晉書》的相容性，換言之，他認爲孔穎達已作爲的部分並無爭議，因此程廷祚雖然將《隋·志》「梅頤、

備：

1. 永嘉之亂後

（1）伏《書》（歐陽、大、小夏侯《尚書》）與眞孔《書》（十六篇）
並亡。

（2）梅賾時獻僞孔《傳》。

（3）梅賾之後僞孔《書》出世。（僞孔《書》一，立《古文尚書》
博士）。

2. 南朝

（1）南朝劉宋‧元嘉之末，僞孔《書》別有卷帙。（僞孔《書》二）。

（2）梁陳：僞孔《書》與鄭注《書》並講。

3. 隋：僞孔《書》與鄭注《書》並行。

4. 唐：專用僞孔《書》與僞孔《傳》。

平心而論，《晚書訂疑》建構的《古文尚書》譜系，關於「永嘉之亂後」
與「南朝之前」的論述，雖然穩定度相對不足，甚至某些重大的環節無法自
圓其說，以致形成嚴重自我矛盾。〔註83〕然而程廷祚連環舉證渡江之後，東
晉不見《古文尚書》，以及裁斷「二十五篇」的延後現世，卻是值得深入討論，
特別程氏認爲藉由李顒《集解尚書》，就能證明「永嘉之亂」後，第一時間點
的東晉《尚書》傳承，不見二十五篇《古文尚書》，是以「東晉不見有晚《書》」
條下曰：

「二十五篇」與「孔氏五十八篇」之《傳》，皆非東晉所得有也，何
以言之？東晉有李氏撰《集解尚書》十一卷（見《隋‧志》，李氏字

始得安國之《傳》奏之」，視爲強化《尚書正義‧虞書》「（梅賾）於前晉奏上
其書而施行焉。」的總結，然而從二書著成時間而言，《隋‧志》成書於貞觀
十年（636），理應早於成書於貞觀十六年（642），頒行於永徽四年（653）的
《尚書正義》。是以程氏的敘事思維應與二書著成的時間先後無關，而是強調
孔穎達企圖以經史二部印證是事的徒勞無功。

〔註83〕 銘豐按：關於程廷祚《晚書訂疑》「永嘉之亂後」與「南朝之前」，譜系結構
合理性的鑑定，請見前章〈別於惠棟的唯闔是取——論程廷祚辨僞基準的不
與闔同‧梅頤獻《書》無據〉，個人於結語部分提到：程廷祚指出「梅賾獻《書》」
無據，確實可讓研究者重新思量此事是否合理，只是單一的質疑，勢必需援
引確鑿的文獻與之對應。這些模糊空間，雖然符合程氏自謂「晚《書》來歷
不明」，與《晚書訂疑》若干立論。同樣顯示他面對這個問題的困境，與其他
辨僞派的學者殊無二致。（頁133～136）

長林，江夏人，爲本郡太守）。其書所解乃漢之僞〈泰誓〉，又每引
孔安國《注》，此見穎達《疏》中。若謂渡江之初孔《書》已出，則
顯爲《集解》時必無取於僞〈泰誓〉，安國既爲二十五篇作《傳》矣，
何由復有僞〈泰誓〉之《注》？此東晉不見晚《書》與《傳》之確
證也。

愚向疑梅賾無獻《古文》之事，賾之所獻豈二十九篇之僞《傳》乎？
又《史記·舜本紀》「敎胄子」，胄作「䄾」，《注》引孔安國曰「䄾、
胄，聲相近」，此今本所無，亦僞《傳》也。

或曰：安知孔氏曾爲二十九篇作《傳》，而幸存於永嘉以後，故賾得
而獻之，僞之其不可乎？曰：其目不著於《漢·志》，而馬、鄭諸儒
未見，有引其說者，則僞無疑也。

或問：《隋·志》既云闕〈舜典〉，則《史記》注所引，無乃妄乎？
愚曰：不然。〈舜典〉之闕在（劉）宋代孔《書》全出之時，否則
二十八字不得遲至齊建武中方出而補之矣。此時賾所獻二十九篇之
孔《傳》，又廢不行，事之原委，爲隋、唐間人所刊削，而其書則
唐初猶存，故注《史記》者得而引之。穎達蓋亦有疑於李顒之書，
而悍然不求其故，誠吾所不解矣。然則何以有徐仙民之音也？曰：
李顒猶未見二十五篇，曾仙民以簡文孝武時人，而能爲之音乎？其
假託不待言矣（徐仙民《尚書音》有二十五篇，見《經典釋文》）！

〔註84〕

程廷祚的提問動機，來自孔穎達處理李顒時，對於李顒實質引《書》狀況的
不求甚解。〔註85〕程氏認爲孔穎達每於《尚書正義》徵引李顒《集解尚書》，
偏偏李顒釋讀《尚書》，往往不離僞〈泰誓〉與孔安國《注》，而李顒生存年

〔註84〕《晚書訂疑》，頁25。
〔註85〕銘豐按：程廷祚〈答儲敦夫問《尚書古文》書〉亦曰：曩疑孔《傳》與「二
十五篇」，未必同時而出，以《隋·志》云「東晉豫章內史梅賾，始得安國之
《傳》奏之」。「二十五篇」蓋又於其後，先出者安國之《傳》，且非今之孔《傳》
也。何以明之？李顒亦東晉人，其《集解尚書》，有漢武帝所得之〈泰誓〉，
而每引安國之解，穎達用以爲疑。夫顒在梅賾之後而取僞〈泰誓〉，是不見「二
十五篇」也，引安國之解僞〈泰誓〉，是梅賾所獻之孔《傳》，非今之孔《傳》，
而其經文篇第仍同於馬、鄭者也，晉末猶然，則彼據晉《舊史》，始托於鄭沖、
皇甫謐等者，其荒唐謬悠不待辨說而自明矣，不可信五。（《青溪集·續編》，
卷七，頁383）

代的東晉，正好就是孔穎達認爲《書》、《傳》的業已現世，如此一來，形勢明顯不利於孔穎達，這正是程廷祚點出孔穎達「悍然不求其故」的所在緣由，程氏要問的是，這個簡而易見的矛盾，孔穎達爲什麼會視若無睹？

事實上關注孔穎達發言者，辨僞派的程廷祚並非首位，明代梅鷟也曾經參與過討論，《尚書譜》，卷之二（二之一），「李顒《集注尚書》」條下曰：

> 孔穎達曰：「李顒於僞〈泰誓篇〉，每引『安國曰』，計安國必不爲彼僞《書》作《傳》，不知顒何由爲此言？」〔註86〕

> 梅鷟按：……西漢《古文》僞也，東晉《古文》亦僞也。但〈泰誓〉、十六篇實出於安國，安國故爲作《傳》，不獨安國作《傳》，至杜林、賈逵、馬融、鄭玄等，猶相繼作《傳》不已，今反曰「安國必不爲彼僞《書》作《傳》」。二十五篇之《古文》東晉方出，西晉、三國、兩漢，所未之有之見者，而一旦僞爲安國〈敘〉、《傳》與《古文》忽然而突出，此晉人之姦詐巧譎，而穎達誤以爲眞，而不知西晉以前儒者皆爲逸《書》，況安國哉！斯不亦見其思之顛繆乎？

> 余因知晉人冒安國之《古文》，而又假安國之〈序〉《傳》者，亦以安國曾傳〈泰誓〉、十六篇於西漢時故也，不述安國之舊業人不信之矣！微李顒所引，則安國之舊業，又爲晉人，穎達一切沉沒之矣！其誰知之？今爲李顒答曰：「當顒世止見安國，有〈泰誓〉、十六篇《傳註》，計安國必不能逆見晉時《古文》，不知穎達何爲倒道而言？」余則以爲，使穎達因李顒所引，更考安國所作之《論語傳》，庶幾臨難之覆，其得發乎？〔註87〕

比對《尚書考異》與《尚書譜》，可以發現梅鷟考辨《古文尚書》的邏輯基點屢屢前後不一。〔註88〕既然梅鷟在此已經設定「西漢《古文》」乃是僞作，就

〔註86〕銘豐按：梅鷟行文轉引《尚書正義・泰誓自序》，頁278。

〔註87〕《尚書譜》，卷之二（二之一），頁82～83。

〔註88〕銘豐按：關於梅氏邏輯基點的初步釐清，拙作《惠棟《古文尚書考》研究》提到：「藉由考察梅鷟對於上述四部正史的評論，就《古文尚書》而言，可以發現梅鷟抱持的孔安國本《古文尚書》與梅賾本《古文尚書》皆僞的邏輯基點，都缺乏論證的過程。換言之，梅鷟考辨《古文尚書》的立論前提，並不是自史實歸納而來的紮實考據，而是一種預設立場。梅鷟先行假設了兩本《古文尚書》皆是僞作的結論，因此上述四部史實的材料，對梅鷟來說，都只能存在一種作用，就是替梅鷟自身的說法服務，這樣游談無根的辨僞方法，讓梅鷟對於司馬遷的史德疑信相參，打從一開始就認定張霸在漢代有大費周章

代表梅氏分析孔穎達處理李顒的發言時，不應無端提出，「僞〈泰誓〉」與「十六篇」出於孔安國之手，雖說其目的乃爲證明自杜林以降迄於鄭玄的注《書》系統乃是紹繼孔安國，可是梅鷟忽略了西漢與東漢的《古文》系統，原已存在「十六」與「二十四」，篇數的各不相屬，加諸〈泰誓〉的存佚本已頗多紛爭，在這個情況下，梅鷟居然可以不假思索的賦予孔安國撰著「僞〈泰誓〉」的身分，其作法實在令人費解。

　　兩度同步列舉程廷祚與梅鷟處理「皇甫謐」與「李顒」的思維邏輯，目的在於呈現不同的作者面對相同文獻，差異化解讀的現象可以具體說明，若是文獻互證沒有達到有機連結的說服力道，那麼，就算同屬相對多數認同的辨僞考辨，也不能免於理智檢驗的價值判準。

　　程廷祚以西晉時的「皇甫謐」無得《書》《傳》，與東晉「李顒」無徵《書》《傳》，立論《古文尚書》二十五篇並非兩晉產物，這麼一來，啓動認證晚《書》斷代的實質程序必然順勢後延，故「晚《書》見於宋元嘉以後」條下曰：

> 然則晚《書》之出果何世乎？曰：江左之初，所得者二十九篇之僞《傳》也，以李顒《尚書集解》知之，五十七篇（內闕〈舜典〉）與《傳》不出於梅賾所獻，又嘗自晉太興四年（321），歷百三十餘年至宋元嘉之末（453），考而知之。

> 范蔚宗撰《後漢書》論贊極多，未見有引用晚《書》者，其〈西羌傳〉中言〈舜典〉「竄三苗」，而不言〈禹謨〉「征苗事」。徐廣《史記音義釋》所載《尚書》，常引皇甫謐之語而不及孔《傳》。又裴松之注《三國志》，於其文用《尚書》者，率援鄭《注》爲訓，間引馬氏而亦不及孔《傳》，使其時孔《書》已出，不容於不見。若見之而

的進行僞造《古文尚書》之事。這一樁有關僞造《古文尚書》作者的認定，則與梅鷟《尚書譜》，卷二（二之一）『孔安國專治《古文》譜』條相左：「吾意安國爲人，必也機警了悟，便習科斗文字積累有日，取二十九篇之經，既以古文書之，又日夜造作《尚書》十餘篇雜之經內，又裂出正經數篇以爲伏生老耄之誤合。始出欺人，曰：家有《古文尚書》，吾以今文讀之。是始以《古文》駕今文而取勝，終以今文定《古文》而徵實，其計可謂密矣！曾弗思聖祖哲孫曷嘗反古道、革時制，自食其言也哉！」（《尚書譜》，頁79）小結上述諸語，梅鷟《考異》關於《古文尚書》「邏輯基點」的考辨，似乎不夠嚴謹。如果贊同梅鷟視兩本《古文尚書》皆僞的觀點，試問如何能解釋晉世《古文尚書》的僞造者，何以汲汲營營的企圖復原一部梅鷟視之爲僞作的漢代《古文尚書》？由此看來，梅鷟《考異》的思維，確實存在若干問題。（頁47～48）

不以爲據，則其不信於孔，有必然矣。此三君子皆終於元嘉之世者也。至松之子駰爲《史記集解》，則居然引用安國之說，而其後屬辭之家稍稍徵引。

如宋明帝，詔用〈禹謨〉（「反道敗德」）、〈仲虺之誥〉（「矯誣上天」）。蕭道成〈九錫文〉及〈策命〉，用〈允征〉（「火炎崑岡，玉石俱焚」）、〈泰誓〉（「弼予一人，永清四海」）、〈禹謨〉（「臨下以簡，御眾以寬」）。順帝禪位詔，用〈蔡仲之命〉（「皇天無親，惟德是輔，民心無常，惟惠之懷」）。〈王微與江湛書〉，引〈咸有一德〉（「任官惟賢才」）。顏延之〈赭白馬賦〉，用〈禹謨〉（「惟德動天」）。顧愷之〈定命論〉，引〈禹謨〉（「惠迪吉」）。謝莊奏，用〈禹謨〉（「罪疑惟輕」，又「眚災弗經」）。徐爰表，用〈禹謨〉（「神宗」）。〈禮志〉，引〈五子之歌〉（「若朽索之馭六馬」）、〈武成〉（「一戎衣而天下定」）。齊武帝詔，用〈湯誥〉（「兆民允殖」）。王儉對文惠太子，引〈太甲〉（「奉先思孝，接下思恭」）。又〈褚淵碑〉文，用〈周官〉（「建官惟賢」）。王融〈曲水詩序〉，用〈說命〉（「罔弗同心，以匡厥辟，又沃朕心」）。〈禮志〉蕭琛議，引〈伊訓〉（「祇見厥祖」）。

若斯之類，頗見篇章，梁代尤盛，故王儉《七志》、阮孝緒《七錄》俱載其目，安國〈自序〉亦入《昭明文選》，而晚《書》之出於元嘉，相與刊削其始末，後代習而不察，梅氏所獻遂無有知其非今日之《書》者，豈不重可歎哉！（案：馬融《忠經》、諸葛亮《心書》，皆引晚《書》中語，二書出于後代，假託明矣。）〔註89〕

程廷祚綜覽文獻，提出「劉宋‧元嘉之末（453）」作爲界定晚《書》面世的時間下限，程氏的立論依據源自東晉迄於劉宋不見晚《書》的資料統計，自此之後晚《書》現世，可是程廷祚卻謂此景況爲「稍稍徵引」？最主要的原因，仍然與孔穎達的陳述密不可分，因爲《隋‧志》曰：「梁、陳所講，有孔、鄭二家，齊代唯傳鄭義。」據此，程氏揭舉僞《古文尚書》，歷經劉宋、蕭齊、蕭梁的傳布起伏，由於這是隸屬於歷史軸線的命題，是以程廷祚除了引經據典，更增列史籍傳志，「南北二史之證」條下曰：

或曰：然則宋、元諸儒之論，其無所見乎？

〔註89〕《晚書訂疑》，頁25～26。

曰：非無所見也，有所見而不得其故，則不足以服信晚《書》者之
心，亦徒爲一闋之市，而不能以取信于天下矣。吾今綜《史》、《漢》
之遺文，稽眾家之紀錄，以核《隋・志》與孔穎達所言而詳究之，
然後知兩漢稱晚《書》者，皆與伏生篇數同，而無所謂安國之《書》。
梅賾所奏之僞孔《傳》雖不可考，而元嘉以後晚出之二十五篇，江
左未嘗信其爲眞《古文》而立於學官，此灼然可見而無疑者也。至
於託始鄭冲、皇甫謐，或謂王肅私見孔《傳》，乃無用之單詞孤證。
而隋、唐間人執之以號令後學，言語譸張刺謬往籍，其智識下於晉
宋儒者遠矣。

又考《南史》，惟梁代山陰孔子袪稱明於晚《書》，其撰述不可見。
餘儒鮮有爲《尚書》之學者。《北史・儒林傳》云：「齊時儒士罕傳
《尚書》之業，徐遵明以下，皆以鄭康成所《注》相授，下里諸生，
略不見孔氏註解。武平末（570〜576），（武平，後主緯年號）劉光
伯、劉士元始得費甝（梁博士）《義疏》，乃留意焉。」學者更以二
《史》考之，則晚《書》之所由來，或亦得其髣髴矣乎！〔註90〕

程廷祚所謂「宋、元諸儒非無所見也」，指的是朱熹「孔《書》至東晉方出，
前此諸儒皆不曾見，可疑之甚！」以降的主流看法，〔註91〕程氏認爲前代大
儒們無所見的部分在於「不得其故」，用現代的學術語言解釋，就是他認爲這
些學者們的研究方法，缺乏以問題意識爲導向的核心認知，由於程廷祚曾於
《晚書訂疑・自序》提過：「蓋晚《書》之可疑，在於來歷不明，而諸儒不能
言其所以然，致使議論沸騰，能發之，而不能定也。」（頁18）由此可知，「南
北二史之證」的前段論述與程氏〈自序〉理路的一脈相承。

〔註90〕《晚書訂疑》，頁26〜27。
〔註91〕銘豐按：關於朱子疑《古文書》的考證整理，可參見閻若璩囑其子閻詠輯錄
之《朱子古文書疑》。再者，程廷祚於《晚書訂疑・自序》，對於所謂的「大
儒社群」，亦已明確指涉：《尚書》今所謂《古文》者最爲晚出，然自隋、唐
至前宋，無人言其可疑，至吳才老、朱晦菴，始起而議之，厥後元吳幼清爲
《纂言》，明郝仲輿著《辨解》，焦弱侯定《古本》，皆刊落二十五篇而弗錄，
或亦失之過矣。夫二十五篇之《書》，平正疏通，乍觀無一言之違於理道，而
其爲前古書、傳所稱引者，視伏《書》爲尤多，又奚以見其可疑也？若謂可
疑者文從字順異於伏《書》，則伏《書》之中亦不皆詰曲聱牙也。且周穆王而
下暨秦穆公之同時，其文載於《左》、《國》者眾矣，未嘗與〈呂刑〉、〈文侯
之命〉、〈秦誓〉同其體制，豈彼皆可疑乎？（頁18）

後續，程廷祚例舉南北二《史》，程氏史部線索的提出，有效輔證了《隋·志》登載晚《書》的南朝傳承乃是有所本，據此，再回溯「《隋·志》與《正義》之誣」，可以相對驗證，程廷祚之所以會有條件的相信《隋·志》的「梅賾獻《傳》」，就是因為存在著《晉書·荀崧傳》的「立《古文尚書》博士」，〔註92〕可與孔說參證。

然而也是因為孔穎達說法的模糊斷裂與參考文獻的嚴重不足，因此形成程氏譜系在「永嘉之亂後」與「南朝之前」的重大建構瑕疵，兩廂對照，可知程氏參酌孔穎達觀點的取捨標準，乃是立足於文獻互證的基礎，這種證據原則的處理方式，雖然得以讓程廷祚快速的將孔穎達諸般說法作出價值判斷，可是這個準則的提出，並不代表就一定會有助於實質論證，因為不夠充分的證據條件，往往極易導致研究成果成為偏頗受限的片面之詞。

那麼，程廷祚又是如何以《隋·志》「至隋，孔、鄭並行，而鄭氏甚微」的直線敘事，處理南朝之後與李唐之前伏《書》與偽孔《書》的合流問題？按照程氏的認定，東晉全然不見三家《書》，而保留鄭《書》最早的乙部記錄，則是以《隋·志》為準，程廷祚以《隋·志》作為認知基礎搭配之前累積的論述成果，程廷祚據此闡釋與推論二《書》的離合關係，「《隋·志》與《正義》之誣」條末曰：

> 至二十五篇則出于賾之後，其實未可得知。而在南朝疑別為卷帙，不與伏《書》、鄭《注》相混，何以知之？以〈志〉云：「梁、陳所講，有孔、鄭兩家。至隋亦孔、鄭並行。」與孔穎達所謂鄭《注》篇數，與夏侯、歐陽三家並同者知之。

> 蓋伏《書》幾少孔《書》之半，其不能並講並行，理之易明者也。殆因孔《傳》初出，篇數本與鄭氏不相遠，而其餘二十五篇之《書》，又學者肄業所不及，故鄭之與孔得以並講並行，直至唐代而後廢邪！〔註93〕

由於晚《書》二十五篇於南朝乍然現世，因此程廷祚《晚書訂疑·自序》「來歷不明」的說法確實有所依據，相形之下，伏《書》系統雖然歷經永嘉災厄，

〔註92〕《晉書·荀崧傳》卷七十五：「《古文尚書》，孔氏。」引文出自臺灣商務印書館影印故宮《文淵閣本四庫全書》第256冊：《晉書·荀崧傳》，頁256～243右下。

〔註93〕《晚書訂疑》，卷一，頁24。

直到南朝始以鄭《注》面目復興，本身卻依然擁有極鮮明的辨識度，這裡推導出一個必須澄清的問題，亦即每當兩《書》並舉的時期，各自卷數的多寡就不能不進行確認。

　　程廷祚著眼於此，以孔穎達「鄭《注》篇數，與夏侯、歐陽三家並同」為口實，此時鄭《注》雖為「三十四篇」，實際上扣除篇目分合的部分，總體還是符同於伏《書》的「二十八篇」，在這個前提下，程廷祚卻認為「伏《書》幾少孔《書》之半」，換言之，程氏譜系中，南朝時期的第二部偽《古文尚書》，總體數量就是晚《書》「二十五篇」，加上非伏非鄭系統的孔氏今文《尚書》「三十三篇」，共為「五十八篇」。〔註94〕

　　為了銜接李唐時期專用偽孔《書》、《傳》的最終結果，以及「孔、鄭並講」不見衝突的歷史記錄，程廷祚提出孔氏今文《尚書》「篇數本與鄭氏不相遠」，因此兩部源流不同的今文《尚書》，在程氏眼中豈只篇數相近，應該是連內容也相差無幾，否則何以不見彼時學者加以非議？

　　那麼，如果再將篇數的相容性納入討論，是否會增加程廷祚說法的變數，惠棟《古文尚書考》「辨《正義》四條」的第一條，就是代表不同考辨視角的切入：

> 《正義》曰：「伏生本二十八篇，〈盤庚〉出二篇，加〈舜典〉、〈益稷〉、〈康王之誥〉，凡五篇為三十三篇。加所增二十五為五十八。」
> 案：漢元以來《尚書》無所謂三十三篇者。二十八篇者，伏生也。三十一卷者，歐陽也。（蓋〈盤庚〉出二篇，加〈太誓〉一篇，故三十一。一說：二十八篇之外，加〈太誓〉析為三篇。）二十九篇者，夏侯也。（依伏生篇數增〈太誓〉一篇。）三十四篇者，馬、鄭也。（〈盤庚〉、〈太誓〉皆析為三篇，分〈顧命〉「王若曰」以下為〈康王之誥〉，故三十四。）
> 梅氏去〈太誓〉三篇，（梅既去〈太誓〉，則止有三十一篇。）而分

〔註94〕銘豐按：程廷祚〈答儲敦夫問《尚書古文》書〉亦曰：夫安國所增，《史》、《漢》亦有作「十餘篇」者，然則亦可曰「十餘卷」乎？穎達欲以張霸「二十四篇」，應孔《書》「二十五篇」之數，又以「二十四篇」為「十六卷」，應《史》、《漢》「十六篇」之舊聞，如此則晚《書》之出，人皆信為漢朝中秘所固有矣。其巧於彌縫，可謂能人所難，而不知周張虛誕，卒難以欺識者。夫劉子駿之譏群儒，曰：「以《尚書》為未備。」使誠有二十五篇，則伏《書》直闕其半矣，而但曰「未備」，何耶？不可信三。（《青溪集·續編》，卷七，頁382）

〈堯典〉、〈皋陶謨〉，爲〈舜典〉、〈益稷〉二篇，于是有三十三篇之
文，是其謬耳。且五十八篇既因於《別錄》，其中增多二十五篇，又
不與班氏〈藝文志〉相應，(〈藝文志〉止十六篇，出〈九共〉八篇
爲二十四，此鄭氏《書》也。) 進退皆無據也。〔註95〕

由此看來，惠棟與程廷祚雖然同屬辨僞派，然而各自細部的考辨論述卻還是
存在不同的思考模式，程廷祚此處的解釋相當程度是依順孔穎達的脈絡，面
對惠棟的秉筆直書兩者並無衝突，因爲篇數不牟是可徵的歷史事實，惠棟根
本性的作法與程廷祚還原孔說的歷史條件，基本上還是符應惠棟序《晚書訂
疑》，所言之「可謂助我張目者矣」的互補價值。

　　當毛奇齡理所當然的將隋唐文獻，視爲傳承《古文尚書》譜系的正確載
體，就代表追究何以致之的研究進路，應從探索《古文尚書冤詞》的內在理
路著手，不可牽強附會，斷爲毛奇齡與閻若璩的意氣之爭。檢視其時辨僞派，
著重考訂序列兩漢《尚書》史料的作法，隋唐文獻的缺席乃是不爭的事實，
因此辨僞派內部選擇性詮釋文獻的運作機制，就不足以對外說服護眞派接受
《古文尚書》確係僞作的結論。

　　毛奇齡顯然已經務實評估過閻若璩考辨《古文尚書》的實際成績，他應
當深切了解，護眞派想在相同的考辨起點，形成一套與辨僞派相抗衡的論述
已無可能，可以合理推論，毛氏自此即有意識的趨避與閻若璩的正面交鋒，
轉而挾持後起的隋唐文獻，建立屬於護眞派的考辨優勢，毛奇齡據此另起爐
灶反推逆證，力主《古文尚書》存世史有明徵。

　　無可諱言，毛氏《古文尚書冤詞》相當程度確實是背反辨僞派考辨機制
的產物，事實上，當時代晚於毛奇齡的程廷祚開始敏銳感知《古文尚書冤詞》
自成一格的考辨思路，其間透露的學術訊息，就是代表接續形成「程毛異時
對話」的歷史條件已臻具足，與此同時，必然也將順勢帶出兩派據之對話的
隋唐文獻，究竟具備多少可信度的問題意識。

　　毛奇齡的作爲是否純屬蓄意以假亂眞，本需精密思辨，由於多數的考辨
學者絕對眞僞的觀念根深蒂固，極易導致後起者門徑未窺即據毛氏品格爲口
實，往往忽略《古文尚書》考辨課題完整納入隋唐文獻之後，確實可能產生
的連動效應。是以當辨僞派的程廷祚開始正視《古文尚書冤詞》，標舉《隋·
志》關於《古文尚書》的「篇數」、「安國作《傳》」、「梅賾獻《傳》」等記錄

〔註95〕《古文尚書考》，頁 59。

皆為前史所無，除了矛頭直指毛奇齡，實際上此一異時對話更重要的學術價
值，在於程廷祚藉由毛氏《古文尚書冤詞》，合理取得重驗隋唐文獻的正當性，
這既是程廷祚平議毛奇齡《古文尚書》考辨學的經營，後續，同時具有補足
《晚書訂疑》整體攻防策略的功能。

　　由此可知，「程毛對話」在清初《古文尚書》考辨學史的最大意義，在於
前代護真派學者的考辨反撲，警醒後代辨偽派學者必須省思自家前輩處理文
獻材料的不足；同時後代辨偽派學者，又執此深化並叩問前代護真派學者的
持論矛盾。是以這段異時辨證的往復歷程，可以說具備了兩派考辨學家看似
立場分明，事實上考辨手法卻是潛藏相互啟發與交流的特徵。

第三章　漢宋概念的朱熹情結

第一節　如臨深淵──漢宋交融的視域重疊

　　清代《古文尚書》考辨思潮的蓬勃興起，有賴學者對於歷史文獻的縝密考據，與得益前輩同儕論述成果的傳承啓迪。至於確認孰爲左右《古文尚書》考辨理路的外緣變數，則有待清末皮錫瑞，明確的將漢宋學術的認知概念，導入《古文尚書》考辨課題，始見專門討論。

　　因此個人將以皮錫瑞，審理清初閻若璩與毛奇齡的《古文尚書》考辨專著，所據之撰述完成的《尚書古文疏證辨正》與《古文尚書冤詞平議》，並聯繫皮錫瑞相關著作。說明時至清末，何以皮錫瑞會以漢宋概念，作爲自身考辨《古文尚書》行文布局的立論核心。並接續探討，何以透過皮錫瑞對於《古文尚書》的考辨，即能將清代偏原本於單線陳述，缺乏有機統整的考據學史，析離成爲研究方法與學術概念的對應辨證。

　　是以本文的討論重點，即爲深入分析皮錫瑞關於漢宋概念的界定，就其自身《古文尚書》考辨學史的內部建構而言，對於皮氏相關考辨見識的裁斷，究竟會產生何種關鍵的影響力？就外部來說，學術概念與考據方法之間存在的辨證張力，又型塑了何種面貌的《古文尚書》考辨模型？簡言之，本文所欲深究處理的，即是漢宋概念與皮錫瑞《古文尚書》考辨學史之間的互動制約，以及漢宋概念在清代《古文尚書》考辨學史中的意義嬗變。

　　個人以下將依次說明，徵引皮錫瑞《尚書古文疏證辨正》與《古文尚書冤詞平議》時，處理相關文獻的方式。後續引文部分之所以會再三重覆，實

是個人在多方探索文本後，發現皮錫瑞的思考論證，充滿了游走於辨僞與護眞之間，兩者皆可共存的思維邏輯。

換言之，關於皮錫瑞自身考辨學理的闡釋，就算是不同主題的討論，例如「漢宋認知的視域重疊」與「眞僞模糊的敘事空間」。兩個主題彼此之間，語意表達的糾結與敘述文句的重疊，膠著情況所在多有。是以兩種本該涇渭分明的考辨立場，皮錫瑞對此，竟然也無法以一種壁壘分明的處理態度截然二分。

是以就算後續非爲同一主題的辨證，相同的引文亦會交相流動，多所重覆。這種重覆徵引的慣性，從《古文尚書冤詞平議‧自序》所言，《古文尚書冤詞》「與《尚書古文疏證》互有得失，其是非可對勘而明」，已然顯示作者皮錫瑞，也無法完全裁切自身論述《尚書古文疏證辨正》與《古文尚書冤詞平議》時的區隔立場。

然而這種由此見彼，彼此寓寄的情況，也充分的反應了清末《古文尚書》考辨學史的特殊屬性，必須就此重新定義。雖然這將會導致，研究者對於皮錫瑞《尚書古文疏證辨正》與《古文尚書冤詞平議》各自的內在理路，再也無法以清初以來眞僞分明的論述傳統歸納統整。然而此亦爲研究者兼論皮錫瑞的《尚書古文疏證辨正》與《古文尚書冤詞平議》時，必須因應客觀條件，重新打造的學理認知。

綜觀明清以來，關於《古文尚書》考辨學史的建構論述，可謂族繁不及備載。而其中考辨方法的邏輯基點究竟是如何生成？以及辨僞舉證的舉證效力如何有效評估，咸信這是歷代關注《古文尚書》考辨課題的研究者們，一組無可迴避的大哉問。

而著手解決這兩個問題的重要關鍵，個人並不認爲這個重大的提問，可以單憑彙整清初之前，幾位先行者考辨《古文尚書》的成績，即可獲得明確的洞察與理解。這是因爲《古文尚書》的考辨軸線，實際上橫亙了整個的中國經學思想史，換言之，單憑明清時期幾個後設意義的典範探究，並無法有效的解決這組棘手的問題。

由於明清時期《古文尚書》考辨學史的討論場域，乃是整體考辨活力最爲活躍的歷史階段。因此關於考辨《古文尚書》方法論的探索，在明代中期，已有梅鷟著述《尚書考異》與《尚書譜》企圖釐訂，清初閻氏《尚書古文疏證》也有「根柢」與「枝節」等等考辨心得的提出。與此同時，與辨僞一派

的論點，背道而馳的護眞論述，亦相對應運而出，如陳第與毛奇齡等人，均
爲箇中翹楚。

　　事實上這也只是一個較爲系統的開端，他們的考辨成績，並不能代表可
以完整的解釋，所有考辨《古文尙書》可能遭遇的難題。換言之，即是因爲
取樣的樣本數，較之整體的考辨藍圖，仍然有著明顯的不足，因此這些少數
的考辨典範，雖然看似具有積極開創的價值，然而將樣本數限制於前清之前，
其考辨論述的局限，顯然無法因應實際解決問題的需求。

　　這也是爲什麼研究者，不能因此以《古文尙書》的絕對眞僞論述的形成，
作爲考辨前提，企圖簡化這個課題。個人認爲適度的避簡就繁，反而有助於
研究者拓展相關思維的論述能力。而首先必須正本清源的，即爲前述考辨方
法的邏輯基點，究竟從何而來的重大議題。

　　由於清初以來的辨僞與護眞學者，各自對於《古文尙書》的傳承歷史，
存在無可轉圜的堅持，對於他們而言，絕對眞僞的界線不容逾越。因此，在
這個歷史階段，學術社群與個別學者，對於《古文尙書》考辨方法論中所呈
現的邏輯基點，到底存在何種差異性的討論，就無法從這種涇渭分明的考辨
立場，獲得即時有效的釐清。

　　以今視昔，這當然是一種當時的研究者，身處局部歷史情境的必然，其
實無可厚非。然而隨著時間軸線往後的再三推移，考辨著述的大量累積，終
究使得前述邏輯基點，究竟是如何生成的提問，終將令後世學者無可迴避，
考辨《古文尙書》的論證循環於此，終於得以首尾相應。

　　清末的皮錫瑞，正是因於此種歷史時刻的關鍵轉折，得以立足於整體《古
文尙書》考辨學史的歷史制高點，俯視歸納考辨前賢們，如何以各自的著述，
或者明確自覺，或者潛藏隱晦，表達他們因爲思維《古文尙書》考辨方法的
邏輯基點，所隨之呈現紛至沓來包羅萬象的學術觀點。據此，清末的皮錫瑞
方能憑藉足夠的歷史條件，爲考辨《古文尙書》的形勢消長，作出較爲精準
的初步總結，故《古文尙書冤詞平議·自序》即曰：

　　　毛大可檢討《古文尙書冤詞》，八卷。世傳爲駁《尙書古文疏證》而
　　　作。予觀其書，亦不盡然。

　　　……夫《古文尙書》，並非由朱子始疑之。檢討欲爲平反，必據有鐵
　　　案，乃其所執爲左證者，惟《隋書·經籍志》。《隋·志》，唐初人作，
　　　其時崇信僞《孔》，立學官，作《義贊》，史官所采，皆左袒僞學之

徒。檢討乃據一家之言，偏斷兩家之獄，豈能反南山不移之案，以鳴千載不白之冤乎？

《尚書》一經，自東漢《古文》汩之於前；東晉《古文》假之於後。宋以來又各枒異說，至今紛紛，莫衷一是。或據宋儒之說，以駁東晉《古文》。或據東晉《古文》，以駁宋儒之說。或據東漢《古文》，以駁東晉《古文》與宋儒說。未有能守西漢今文之學，以決是非正得失者。

矧在明末，經義湮晦。以閻徵君之精核，攻《古文》猶用宋儒之說。其餘郝、梅諸君所批駁，多不得要領。偽《古文》雖當罪，而罪之不得當。宜檢討為之負罪而稱冤也。

檢討是書，佳處在不用宋儒新說。如「武王封康叔」、「周公留後」之類，其弊則在專信偽《孔》，並伏《傳》、《史記》，亦加訾議，與《尚書古文疏證》互有得失，其是非可對勘而明。予於《尚書古文疏證》，既為辨正，乃於是書，更作《平議》。冀以持兩家之平焉。

首先，皮錫瑞認為毛氏《古文尚書冤詞》之作，不盡然全為《尚書古文疏證》而來，這個說法的提出，雖然初步已經有別於清代學界以降約定成俗的看法，〔註1〕然而因為皮錫瑞的語焉不詳，所以這段話獨立來看，仍然是種未臻精確，事實上屬於尚未進入思辨層次的一家之言。在此，我們無妨暫時先視這種皮錫瑞意識到的後設觀點，乃是一種企圖脫離歷來考辨對立的歷史窠臼，嘗試核實解決問題的學術態度，卻因為歷史條件的不足，以致思維依然受限的表現。

持平而論，若非因為閻若璩的辨偽觀點，對於毛奇齡的護真作為啟發良

〔註1〕 皮錫瑞這個說法，可與拙作《惠棟《古文尚書考》研究》頁113相互參照：「毛奇齡的《尚書古文冤詞》，乃是與《古文尚書》辨偽一派立場對壘的護真代表。毛氏《古文尚書冤詞》在康熙年間業已刊行，學人皆曰毛氏《古文尚書冤詞》乃是針對閻氏《尚書古文疏證》。《四庫全書·冤詞提要》即言「及閻若璩作《尚書古文疏證》，奇齡又力辨以為真。」又毛氏《西河合集》卷二十亦有〈與閻潛丘《尚書疏證書》〉，毛奇齡持「鄙意謂《尚書疏證》總屬難信」的態度。閻氏示於毛氏的《尚書古文疏證》，究竟是幾卷本？今已不可知。毛奇齡著述《古文尚書冤詞》的動機，固然與不認同於當時疑偽思潮有關，而閻氏《尚書古文疏證》的刺激，固然也對毛奇齡起了相當程度的作用。然而兩者卻是不必然存在絕對的對抗關係，而後起惠棟《古文尚書考》的考辨立場，對於毛氏《古文尚書冤詞》會有其見解，也在事理之中。」

多，因此閻若璩專注於梳理兩漢文獻的作為，遂得以肇致毛奇齡選擇以唐逆漢，別創蹊徑，成就《古文尚書冤詞》觀點的生成。以今日的學術眼光視之，這種互動似乎只能得到一種解釋，亦即護真派對於辨偽派的回應，乃是因為辨偽派觀點的刺激，故與之頡頏的護真派不得不然的突圍策略。

可是，如果我們將皮錫瑞《古文尚書冤詞平議‧自序》的首段陳述，合流後續皮氏所執：「檢討乃據一家之言，偏斷兩家之獄，豈能反南山不移之案，以鳴千載不白之冤乎？」就能察覺他是以這兩段話的相互挽合，表述他平議毛氏《古文尚書冤詞》護真作為的價值判準，實際上這已是屬於異時考辨論述的積極性創造，皮錫瑞嘗試藉此，讓《古文尚書冤詞》擺脫長久以來，多數清代學者視《古文尚書冤詞》為寇讎的心態，皮錫瑞的用心自不待言。

換言之，清初以來，辨偽與護真兩派習以為常的對壘，一向爭鋒相對的《古文尚書》真偽派別，原本兩種背道而馳的論述立場，其間判若雲泥的歷史定位，在清末皮錫瑞看來，卻是自有另一番見解。

皮錫瑞在此提出了一個前所未有的考辨觀點，他顯然認為，所謂的「鳴千載不白之冤」的先行者，不是單指辨偽派的閻若璩，畢生對於舉證《古文尚書》造假問題的不遺餘力，而是連毛奇齡這位護真戰將，亦應當列為替《古文尚書》造假鳴冤的驍勇先鋒之一。皮錫瑞的論點看似驚世駭俗，矛盾叢生，因此適當的還原，皮錫瑞之所以言之成理的思考原點，即為解決問題的重要關鍵。

這裡要處理的第一個問題，即是皮錫瑞於《古文尚書冤詞平議‧自序》所延申而出的考辨總結，這覆蓋清代近三百年的考辨論述，何以是配置於護真派毛奇齡的《古文尚書冤詞平議》，而非是歸功於辨偽派閻若璩的《尚書古文疏證辨正》？再者，皮錫瑞於此若是把閻若璩的考辨功績無限上綱，順理成章的將閻若璩，標舉為創建清代《古文尚書》考辨學史不可取代的巨擘，豈非更加理所當然？

易言之，皮錫瑞若將一切清初以後，關於考辨《古文尚書》所有根源性與制高點，鉅細靡遺的學術討論，全然歸結為深受閻若璩這位考辨宗師的啟發，豈非更為合宜？可是皮錫瑞在此卻選擇了與清代學界認知完全相反的路徑，何以故？在此，我們必須先列舉皮錫瑞的對於《尚書古文疏證》的見解以作對照，《尚書古文疏證辨正‧自序》曰：

> 國朝《尚書》之學，始於閻百詩徵君，自《尚書古文疏證》書出，

而《古文・孔傳》之僞，如秦越人洞見五臟癥結，使學者不爲僞《書》所惑，厥功甚偉。

惟徵君生當國初，其時漢學方萌芽，於古今文家法，未盡曉然，亦間惑於先人之言，引宋人臆說，詆斥古義，有僞孔本不誤，而徵君以爲誤者，非特無以服僞孔之心，且左袒僞孔者，將有以藉口。

徵君嘗駁《朱子集注》曰：「輕議先儒，其罪小；曲徇先儒，而俾聖賢之旨，終不明於天下後世，其罪大。」余竊居罪之小者而已。錫瑞學識淺陋，奚敢觝排前哲。顧嘗謂徵君，能辨《古文・孔傳》之僞，而未識今文《尚書》之眞。《尚書古文疏證》一書，向有重名，治《尚書》者，奉爲圭臬，不爲辨正，恐疑誤後學。乃竊比於徵君之駁朱注，而自居於罪之小者焉。

關於這篇序文的解讀，可以有很多面向的切入。在此個人將先就皮錫瑞立論發揮的有限加以闡釋。皮錫瑞於此將閻若璩考辨《古文尚書》的成就，基本定調爲「自《尚書古文疏證》書出……使學者不爲僞《書》所惑，厥功甚偉」。

後續皮錫瑞雖然以雙線並行的漢宋概念，闡釋閻若璩治理《古文尚書》的不足，然而《尚書古文疏證辨正》的全體行文，卻幾乎都是以集中漢學概念爲核心的討論。是以皮錫瑞此一起論的設定前提，與實際的文本實踐甚有落差。基本上這也反應了他評論閻氏功績的偏重。此處的意在言外，即在於皮錫瑞以漢學概念的提出，鋪陳後續《尚書古文疏證》根本性的考辨失誤。

由此觀之，閻若璩所建構的《古文尚書》考辨學史，讓皮錫瑞倚仗憑恃，放言高論的，從來就不是學界咸信認同，已然約定俗成的論點與論據，而是皮錫瑞欲以撼動《尚書古文疏證》看似已成定論的舉證，並由此乘隙搜羅《尚書古文疏證》考辨方法邏輯基點認知的不足。

皮錫瑞將這種看似褒美，實則針砭的筆法，應用於評論《尚書古文疏證》，積極目的即是要引領並強調，皮氏自身對於漢學認知的正確無誤。在此，皮錫瑞對於漢學定義的賦予，及其如何藉此與《古文尚書》考辨方法的邏輯基點，進行有機的辨證，就顯得饒富意趣。

這個問題的釐清，可由皮錫瑞《尚書古文疏證辨正》謀篇定名的思維邏輯一窺究竟。皮錫瑞對於評論《尚書古文疏證》，所使用的語詞是「辨正」，既然需要有「辨」，方能得其「正」，就代表皮錫瑞與閻若璩考辨《古文尚書》的邏輯基點，有著根本性的背道而馳，若非如此，則皮錫瑞必然完全俯首認

同閻若璩的考辨成果，又何必以「辨正」的態度目之？

　　因此皮錫瑞以清末之時，視清初之昔，敏銳察覺兩人對於漢學概念的認知差距，皮錫瑞並且深刻明白，因於他考辨方法邏輯基點的選定，與閻氏《尚書古文疏證》大相逕庭，所以由此延申出的《古文尚書》考辨結構，自然就不可能跟《尚書古文疏證》的論述主軸若合符節。

　　因此認知皮錫瑞如何藉由清代《古文尚書》考辨學史的制約，探索漢學概念的生成，這乃是具體理解清代的經典實踐結合研究方法的實踐，一條極佳的觀照路徑。皮錫瑞認為由於學術史是漸進式的積累，才得以讓漢學概念，從清初的漢學初萌，直抵清末時的發展底定，且再將之運用於《古文尚書》考辨學史，方能得以站穩正確的考辨起點。

　　然而這裡牽涉到一個很重要的問題，亦即清代學術史中漢學概念的屬性，對於皮錫瑞而言，究竟是被「發現」而來？抑或是被「發明」而出？因為這兩種理解模式的不同，將會主導漢學概念意義的形成。

　　皮錫瑞顯然認為，當他「發現」閻若璩《尚書古文疏證》所執的漢學概念，已經足以讓他聚焦檢討考辨《古文尚書》，應當具備怎樣的核心意識，亦即邏輯基點的精準確立，即能讓考辨結果具備充分的說服力，在這個認知前提下，閻若璩的《尚書古文疏證》，顯然不具備其他可供論述的空間。

　　換言之，皮錫瑞對於《尚書古文疏證》論述開展性的肯定，亦僅止於從考辨起點的相對正確，而非周密無虞。因此在皮錫瑞眼中，《尚書古文疏證》只能據此引導出不甚嚴密的論證。然而《尚書古文疏證》考辨《古文尚書》的開創性，卻是深值嘉許，若非如此，皮錫瑞也不會道出「厥功甚偉」的評語。

　　然而因於客觀歷史條件的未臻成熟，遂使閻氏初始起步的考辨認知局促一隅，皮錫瑞之所以認為，閻若璩考辨《古文尚書》的見識「恐疑誤後學」，恐怕也是因於他認為閻氏的漢學概念，有管見豹窺之嫌。

　　換言之，皮錫瑞認為閻若璩確實發現了漢學概念實際應用於《古文尚書》考辨，此一經典實踐的有效聯結，然而皮錫瑞認為閻若璩這樣初步的考辨嘗試，仍然不足以讓《古文尚書》的造偽居心圖窮匕見。因此皮錫瑞認為唯有正確的理解漢學概念的全貌，並且對於漢學概念再發現，也才能真正究竟的解決考辨《古文尚書》，這個高難度的學術課題。

　　那麼，接續衍生的命題，即為何者才是正確無誤的漢學概念？皮錫瑞認

為分判古今家法，乃是處理辨偽派內部，巨大矛盾紛爭的不二法門。這到底是否是建立於閻若璩考辨觀點之後的後出轉精，值得深入討論。故《古文尚書冤詞平議·卷上》即曰：

> 平曰：《尚書》，有今、古文之分，人人知之，而至今未有一人，能分別不誤者。兩漢立學，皆用伏生今文，孔壁《古文》，罕傳於世。至東漢，衛、賈、馬、鄭，《古文》之學漸盛，其原出於杜林。蓋亦孔壁《古文》，而不無小異。

> 至東晉偽《古文》出，唐初，崇信立學，孔沖遠見其篇目，與馬、鄭異，遂強謂馬、鄭為今文，近人知孔說謬矣。而又惑於《漢·志》所云，「遷書多《古文》說」，乃以《史記》所載，皆屬《古文》。而無以處馬、鄭與《史記》異者。又強謂馬、鄭為今文，陳樸園，專治今文，而亦不分伏、鄭，集糅今古。夫《史記》用歐陽《尚書》，明屬今文，乃必以為《古文》。馬、鄭傳杜林《尚書》，明屬《古文》，乃必以為今文。則謂未有一人能分別今、古文者，非過論也。〔註2〕

皮錫瑞在此，一反清初惠棟，對於閻氏《尚書古文疏證》深入爬疏兩漢文獻，唯閻是取的認同態度。此處的「至今未有一人，能分別不誤者」，除了明指時至清末，無人可以勝任因考辨《古文尚書》，進而辨析今古文差異性的工作。

再者，間接的否定閻氏《尚書古文疏證》考辨兩漢文獻，至高不移的功績，亦是弦外之音。必須注意的是，皮錫瑞雖然同時評論《尚書古文疏證》與《古文尚書冤詞》，然而截自序文為止，皮錫瑞對於整體《古文尚書》考辨的重大表述，皆是依附於《古文尚書冤詞平議》之下。換言之，關於閻氏《尚書古文疏證》的討論空間，在皮錫瑞價值天平的衡量中，居於相當弱勢的地位。

構成皮錫瑞眼中，關於閻氏《尚書古文疏證》的學術討論，在清末的對話空間極度壓縮的歷史成因，乃是因為清代多數的學者，過分推崇與揚舉，唯一一個可以選擇的考辨典範。亦即將閻氏《尚書古文疏證》的思辨模式，僵化凝固，成為考辨《古文尚書》的最高範式。因緣於長久的膠著於同一種切入視角，導致探討《古文尚書》真偽的考辨活力由此消散不存，這種不再存有交互位移與思辨攻防的考辨機制，必然絕對會產生考辨力道的疲乏。而

〔註2〕《古文尚書冤詞平議·卷上》，頁1a。

後出轉精的治學契機一旦失去，其實從閻氏《尚書古文疏證》的考辨規則，開始廣爲學界遵循時，已然注定。

第二節　如履薄冰──眞僞模糊的敘事空間

　　然而凡事總有例外，與清初惠棟同期的程廷祚，正是一位與清末皮錫瑞，在考辨心態方面相映成趣，並且亦是清代學界，首位選擇同時與閻若璩與毛奇齡對話的考辨學者。

　　程廷祚於其時，分別撰有〈《古文尚書冤詞》辨〉與〈《尚書古文疏證》辨〉，皆收錄於程氏的《青溪集》。程廷祚與皮錫瑞考辨《古文尚書》的思維邏輯，雖然橫跨將近三百年，然而兩位考辨學者的思路屬性，卻是呈現驚人的相似性。程廷祚先《古文尚書冤詞》後《尚書古文疏證》的書寫秩序，考量的乃是毛奇齡與閻若璩的考辨見解，與自身的考辨觀點，究竟有多少部分密切符應。是以〈《尚書古文疏證》辨〉即曰：

> 山陽儒者，潛丘閻氏，有《尚書古文疏證》一書，余曩爲《晚書訂疑》，求之弗獲。丙子（乾隆廿一年，1756）季夏，家蕺園（程晉芳）始攜至金陵，時余書已成四載（乾隆十八年，1753）矣。
>
> 讀之數日方竟，嘆其指抉痕瑕，摘發幽隱，能令作僞者駭服於既往，而袒僞者，雖欲爲之辭而不得。快哉斯書！使得見於前，則《訂疑》之作，可以已也。〔註3〕

程廷祚認爲，如果在他考辨著作《晚書訂疑》完成之前，即有機會披覽求之不得的《尚書古文疏證》稿本，那麼己身《晚書訂疑》的問世，應當可以懸置勿論。在此可以想見閻氏《尚書古文疏證》的考證魅力，在當時是如何的讓程廷祚心悅誠服，並且使得程廷祚毅然決然的萌發，取消自身的立言之心。

　　話雖如此，程廷祚後續仍然以連環篇幅，演繹他不與閻同的思辨起點，此舉雖然與惠棟唯閻是取的認同態度形成強烈對比，可是總的來說，〈《尚書古文疏證》辨〉接續開展而出的論述，諸如「邏輯基點的部分謀合」、「二十五篇非出於魏與西晉」、「梅賾獻《書》無據」、「眞孔安國《古文》非二十四篇」、「《尚書古文疏證》不足舉隅」等等的回應，在與惠棟唯閻是取價值取向的對比之下，已可見程廷祚考辨《古文尚書》，嘗試走出不與閻氏《尚書古文

〔註 3〕《青溪集》，頁 78。

疏證》雷同的學術風格。

此舉乍看與惠棟的唯闔是取背道而馳。然而程廷祚當時對於挑戰閻氏《尚書古文疏證》整體的權威地位，仍然無法構成足夠的翻轉力量，使之顛覆閻氏《尚書古文疏證》的經典範式。因此程廷祚〈《尚書古文疏證》辨〉結語所言及的「乃其書美中不足者」，看似是程廷祚對於閻氏《尚書古文疏證》單純的求全責備。

然而檢驗〈《尚書古文疏證》辨〉具體的論述成果，可以想見，程廷祚於此已然深刻察知，己身對於閻氏《尚書古文疏證》操作策略攻守的有效性，並不足以撼動閻氏《尚書古文疏證》的歷史定位。固然此番局限，跟程廷祚與閻若璩，同屬辨偽一脈的倫理制約有關。巧合的是，後世繼起的皮錫瑞，也於《尚書古文疏證辨正‧自序》中，表達了相同的倫理困境的制約，皮氏曰：

> 徵君嘗駁《朱子集注》曰：「輕議先儒，其罪小；曲徇先儒，而俾聖賢之旨，終不明於天下後世，其罪大。」余竊居罪之小者而已。錫瑞學識淺陋，奚敢舩排前哲。《尚書古文疏證辨正‧自序》

在學術真理的面前，倫理的秩序該當如何有效的維繫，方能立於不墜？而在倫理秩序的前面，學術的真理又應當如何不卑不亢的申述，才算進退合宜？這乃是在中國經學思想史的積累進程裡，因應時移世易，必然會對應產生，並且是所有取法乎上的研究者，無可迴避的大哉問。當研究者知覺自身的研究見解乃是獨出機杼，如其有冒犯前賢的疑慮時，應該如何審慎合宜的發聲，不致於造成過分的唐突先儒，這每每導致多數的學者，往往因此謹小慎微，屢屢念茲在茲，並且內化為制約外在表達，強烈的自我審查機制。

而這種對待前輩學者，亦步亦趨的禮敬態度，於學派氛圍一脈相承的情況下，影響力往往無以復加。然而此種倫理意識的規範，倘若再複合個別研究者主體認知的必欲申張，那麼，因於兩者間不可避免的內在緊張性，必然會形成研究論述的質變，則該項研究成果的成效，應當如何適度評估，就值得深入討論。在〈《尚書古文疏證》辨〉中，可以見證程廷祚，是以如何紆迴的處理方式，曲折的抵達他的論述目的，〈《尚書古文疏證》辨〉曰：

> 嗚呼，《尚書》之厄至矣！隋、唐以來，乃使三卿田和之禍，發于聖經，猶謂天下有儒乎？閻氏發憤千載之下，承臨川、京山之遺烈，攻擊不遺餘力，誠曠世之豪傑也。惟于晚《書》所出之時代，誤信

> 前籍，不遑深考。而晚《書》所憑之深險，復不能察其幻變之跡而
> 伐其謀，乃其書美中不足者，故辨之如此云。〔註4〕

程廷祚這位著手評論閻氏《尚書古文疏證》的先行者，對於閻氏《尚書古文疏證》的核心論點，並沒有作出太大幅度的調整，而是專注於枝節部分的再三修正。〈《尚書古文疏證》辨〉提出閻氏《尚書古文疏證》，所謂「晚《書》所出之時代，誤信前籍，不遑深考」的重大結論。顯示他間接認同閻氏《尚書古文疏證》梳理兩漢文獻的用力甚深。在此，程廷祚雖然企圖提出與閻氏《尚書古文疏證》並駕齊驅的立論，然而，其心有餘力不足的窘困，已是顯而易見。

　　因此程廷祚就此另闢考辨戰場的具體實踐，就是如其所言，聚焦隋唐文獻以茲討論。而這樣的考證延申，勢必需要在閻氏《尚書古文疏證》之外，另行尋找對話的對象。在這個需要另覓與閻氏《尚書古文疏證》各擅勝場的競試者，並且不能隔斷學術史論述的前提下，與閻氏《尚書古文疏證》同時的毛氏《古文尚書冤詞》，其護真作為的邏輯基點，就受到程廷祚異常的重視，即是這樣的學術衡裁，豐富了後續程廷祚《晚書訂疑》的著述。於此，毛奇齡的學術形象於焉轉換，毛氏再也不是清代《古文尚書》考辨學史中，無的放矢的麻煩人物，而是具備能與閻氏《尚書古文疏證》相提並論，重要的學術價值。

　　因此欲探討程廷祚何以重毛輕閻，此一歷史事實形成的可能原因，將程廷祚的〈《尚書古文疏證》辨〉與〈《古文尚書冤詞》辨〉交互比對，似乎是一條有較有可能解決問題的途徑。換言之，詳細疏理〈《尚書古文疏證》辨〉與〈《古文尚書冤詞》辨〉的考辨見解，與其後續產生的連動效應，確認究竟是誰，給予程廷祚思辨意識不與閻同的啟示，相信答案已經昭然若揭。

　　程廷祚專注於探索〈《古文尚書冤詞》辨〉的「唯據《隋志》」，並將辨證的戰線延長，擴充至《晚書訂疑》，遂讓程廷祚對於《隋志》登載史料的合理性，不殫繁瑣的進行再三的學術拷問，這也成為程廷祚整體考辨論述最精彩的部分。而辨偽與護真兩派異時交流的對話機制，於此遂初步完成。

　　回應前文對於皮錫瑞所提出的學術叩問，皮錫瑞之所以對於《古文尚書冤詞平議‧自序》積累甚深論述，相信皮錫瑞的想法與清初的程廷祚殊無二致，他們兩位都在毛氏的《古文尚書冤詞》中，找到了雄辯滔滔的說話位置。

〔註4〕《青溪集》，頁85～86。

又或者，歷史規律的弔詭之處，在於欲全面呈現清代《古文尚書》考辨學史，原來只有調整視辨僞派單方立場，正確無誤的一言堂論述，重新正視長久以來被貶損嘲謔的毛氏《古文尚書冤詞》，方能重啓《古文尚書》的考辨活力。讓《古文尚書》考辨學史的傳承，從側面的偏頗，改頭換面，有了較爲平衡的呈現。

在此，清末的皮錫瑞與清初的程廷祚，都不約而同的認爲清代《古文尚書》考辨學史的完整討論，亦當納入毛氏《古文尚書冤詞》，必須將之與閻氏《尚書古文疏證》等量齊觀，因爲毛氏《古文尚書冤詞》亦爲重現《古文尚書》考辨生機的重要文本。而程廷祚與皮錫瑞，究竟是如何看待《古文尚書冤詞》作者毛奇齡，與其創生的《古文尚書》考辨著述，程廷祚與皮錫瑞對於兩人的取捨標準是否等同，值得深入比較研究。

首先，從知人論世的理解方式談起。以此探尋個別作者的學術性格，是如何支配其考辨論述的完成。程廷祚評論毛氏《古文尚書冤詞》考辨作爲的重點，著眼的正是毛奇齡的考辨《古文尚書》的治學態度，〈《古文尚書冤詞》辨〉曰：

> 《尚書》孔《傳》顯于隋、唐之際，至宋而朱晦庵疑之。元、明以來，議者日眾。近蕭山毛氏奇齡作《古文尚書冤詞》，博引極辨，欲以鉗天下之口。

> 然余嘗平心求之，孔《書》之罅漏痕迓實難磨滅，非疑議者之得已也。……毛氏惟據隋之《經籍志》……《隋志》既知《古文》亡于永嘉，又知賈、馬、鄭氏所傳唯二十九篇，乃附會《大序》之言，以貽誤于後，亦可異矣。余不曉毛氏何以不察，而信之之深也。

> ……要之，孔壁所得，既已散亡，今之二十五篇雖最晚出，授受不明，然經傳之所以援引，網羅畢具，使十六篇而在，或亦爲未能遠過，興廢繼絕之謂何，而可輕議哉！近代考辨過當，毛氏起而救之，惜其自掩厥目，謂人不見有衛經之心，而自蹈於不知言之譏也。〔註5〕

程廷祚評論毛奇齡的護眞考辨，意緒甚爲激昂，〈《古文尚書冤詞》辨〉乍讀之下，可以感覺程廷祚似乎已於第一時間，即將毛奇齡的護眞考辨一筆抹殺。程廷祚之所以會有這樣的閱讀反應，只是因爲一時的意氣陡生。

〔註5〕《青溪集》，頁74～78。

　　程廷祚的〈《古文尚書冤詞》辨〉還不算眞正觸及毛氏《古文尚書冤詞》的內在理路，雖然〈《古文尚書冤詞》辨〉指陳毛氏《古文尚書冤詞》的不足，用語甚爲嚴峻，乍看句句在理，然而這種點淺嘗輒止的評論方式，並不是客觀心理狀態的申論。程廷祚在〈《古文尚書冤詞》辨〉撰述完成後，自身對此必然也有所覺察，因緣如此，故程廷祚後續著作《晚書訂疑》時，於〈自序〉方能接續道出：

> 蓋晚《書》之可疑，在於來歷不明，而諸儒不能言其所以然，致使議論沸騰，能發之，而不能定也。近代蕭山毛氏爲《古文尚書冤詞》，徵引甚博，力闢先儒之論，志存矯枉，而復失之過。余曩曾爲文以正之矣，而未盡也。今復爲《晚書訂疑》三卷，以質諸好。

此處程廷祚的「爲文以正，而未盡也」，說明的正是前述筆者舉證，程廷祚自覺〈《古文尚書冤詞》辨〉對於毛氏《古文尚書冤詞》的論斷猶爲不足的憑據。也是因於考辨《古文尚書》的論述場域，由〈《古文尚書冤詞》辨〉過渡至《晚書訂疑》，毛氏《古文尚書冤詞》的存在，對於辨僞派所產生的積極意義於爲成立。

　　這既是程廷祚與毛奇齡，考辨《古文尚書》異時對話的軸線轉移，亦是證明何以清初程廷祚《古文尚書》考辨學史的建立，必須倚重毛氏《古文尚書冤詞》護眞觀點的提出。而清末皮錫瑞的《古文尚書冤詞平議》，其無獨有偶的考辨見識，更是遙契了清初程廷祚《晚書訂疑》的考辨立意。這即是皮錫瑞與程廷祚考辨作爲相同之處。

　　將皮錫瑞與程廷祚的異時考辨，其中相同的對話對象，與幾近一致的發言動機析離而出，可以發現考辨《古文尚書》方法論中邏輯基點的形成，往往因於辨僞與護眞兩派考辨立場的涇渭分明，所以研究者如果只是單向度的處理，兩派各自考辨《古文尚書》的邏輯基點，那麼，想呈現流動雙向的考辨對話狀態，就不是單單高舉認同閻氏《尚書古文疏證》的考辨成績，就能攝受無餘。

　　因此究竟該如何具體的呈現，清代《古文尚書》考辨學史中這個極其複雜的面向。以及據此承認，考辨《古文尚書》方法論中，邏輯基點的起迄具有強烈的不確定性。尤有甚者，乃至承認就是因爲《古文尚書》考辨課題，存在這個巨大模糊的敘事空間，所以終將釀就，考辨《古文尚書》方法論中邏輯基點的多元生成。

　　換言之，藉由將原本處於《古文尚書》考辨學史邊陲位置的毛氏《古文

尙書冤詞》，召喚回復，使其成爲核心的考辨意識，就此即能定位與完成，關於考辨方法邏輯基點，具有雙向往復屬性的完整認知。

藉由這樣改弦易轍的操作手法，才能讓辨僞與護眞兩派同時體認，邏輯基點的認知互動，將會如何深刻的影響考辨結果的得失。而當時的兩派考辨眞僞，其中立場分明的堅持，與針鋒相對，無可轉寰的學術爭論，似乎因此解決了許多學術爭端。然而事實上，因於這種考辨對立，反而導致考辨空間的巨幅限縮，反而讓整體《古文尙書》考辨學史內在理路的走向選擇有限。從會合兩者絕對眞僞的立論起點，卻始料未及的加深了依違兩可的考辨空間，辨證張力的暗潮洶湧，自不待言。

當清末的皮錫瑞，面對《古文尙書》考辨學史邏輯基點屬性的裁斷，究竟是只能選擇唯閻是取？又或者，在唯閻是取之外，辨僞派是否可能會願意選擇開放自身的考辨場域，進而廣納護眞派的考辨論點。雖然此舉的反作用力甚爲強烈，極有可能造成辨僞派，因此更加盲目的固守自身的考辨觀點，因此對於護眞派考辨《古文尙書》的積極性創造視若無睹。

這種因爲辨僞派對於護眞派考辨觀點的一無所知，導致對於對手的考辨策略，缺乏根本性的理解思維，是以完全無法應對，護眞派持其考辨方法的邏輯基點操戈入室，是以辨僞派只能流於謾罵敷衍。又或者，還有另外一種可能，皮錫瑞深知在他的世代之前，上述應當純粹客觀的學術討論，充滿理想卻勢均力敵的學術氛圍從未得到實現，因此整體的清代《古文尙書》考辨學史，從來沒有因此達到其應有的學術高度。

而何種考辨結果，才是清代《古文尙書》考辨學史的眞實面貌？初步檢驗的方法，可以從清代辨僞與護眞兩派，現存考辨著述數量的多寡著手。清代對於《古文尙書》疑僞並且發聲的學者多達 113 位，而主張《古文尙書》爲眞的學人，卻僅僅只有 37 位，論述比例的差異懸殊可見一斑。

換言之，隨著閻氏《尙書古文疏證》宗師地位的確立，因而導致的思辨制約，中斷了清代《古文尙書》考辨學史後出轉精的可能。這當然是現代研究者治理清代《古文尙書》考辨學史，因爲學術文獻的資訊相對容易搜羅周全，所能得出的判斷結果。

由此再反觀的程廷祚與皮錫瑞異時考辨觀點的別出心裁，就顯得彌足珍貴。而對於前述清初程廷祚重毛輕閻的研究取向，有了第一重學術成因的認識，方能接續討論，一樣是重毛輕閻的取捨，那麼皮錫瑞考辨學理的衡量，

與程廷祚有何差異？

從皮錫瑞的《古文尚書冤詞平議·自序》，已經可以見到皮錫瑞對於前賢考辨《古文尚書》，論述積習的規律的歸納統整，《古文尚書冤詞平議·自序》曰：

> 《尚書》一經，自東漢《古文》汩之於前；東晉《古文》假之於後。
> 宋以來又各枒異說，至今紛紛，莫衷一是。或據宋儒之說，以駁東
> 晉《古文》。或據東晉《古文》，以駁宋儒之說。或據東漢《古文》，
> 以駁東晉《古文》與宋儒說。

皮錫瑞之所以會有這樣的治學高度，牽涉到的是時至清末，考辨《古文尚書》方法論中邏輯基點的的多元觀點，已然勢所難免，同時並現的學術趨勢。就客觀條件而言，因為已經積累了大量前人的論辨，因此皮錫瑞當時身處的學術環境，已然是一個考辨《古文尚書》新的歷史起點。

就主觀層面來說，這當然是皮錫瑞治學敏銳程度的表現，當皮錫瑞試圖進入，自清初以來綿延不輟的《古文尚書》考辨場域，他可以選擇完全的依順與接受辨偽派的考辨論述，特別是自閻氏《尚書古文疏證》考辨權威的無遠弗屆，據此得出四平八穩，毫無爭議的學術定論。倘若皮錫瑞只做得出這樣的學術抉擇。那麼，皮錫瑞治理《古文尚書》考辨學史的成就，就毫無建樹可言，也不值後世的研究者加以重視。

皮錫瑞這一段對於清代《古文尚書》考辨學史的初步總結，代表的是他對於清末之際，辨偽與護真兩派攻防觀點認知順序的編排。皮錫瑞在以清理前代歷史斷代的考辨討論為起點的認知下，列舉了在他之前，清代《古文尚書》考辨學史形成的幾種考辨論述型態。分別有第一種：以宋儒的觀點駁斥東晉晚《書》的來歷不明。或是據此相應而來的第二種思維邏輯，其意義為：其實東晉的晚《書》正確無虞，反而是宋儒譁眾取寵，標新立異。

上述第一種辨偽派的思維方式，以今日的研究眼光來看，仍然停留於平面層次的學術討論。而第二種的思維方式，乍看似乎只是護真派的毛氏《古文尚書冤詞》，對於辨偽派觀點不夠理性的反撲。然而無可諱言，護真派此一觀點的提出，確實有效涵攝了辨偽派考辨思維的不足，也間接促進了辨偽派內部的有識之士，考辨《古文尚書》創造性思考的產生。

而前面兩種考辨《古文尚書》的思考模式，相當程度來說，其實都合乎學術史軸線正反辨證的必然，雖然這兩種對立的看法，也因此導致了部分清

代學者考辨《古文尚書》，人云亦云，不甚深思的價值取向。

而第三種的思考方式，認為只有東漢的《古文尚書》，乃是唯一真實的傳承，在這個前置條件下，清儒們屢屢藉為口實的宋儒議論與東晉晚《書》的現世，其實皆尚未真正觸及考辨《古文尚書》邏輯基點的核心意識。

嚴格來說，也是因於閻氏《尚書古文疏證》為清代的《古文尚書》考辨學史，專門量身打造了一套新的學術認知，雖然閻氏《尚書古文疏證》考辨典範形成的同時，也讓清代《古文尚書》的考辨活力與日俱增，然而典範的僵固，遂使得後續考辨《古文尚書》的清代學者，由此產生了考辨思維的怠惰。而第三種考辨《古文尚書》的思考方式，已是清代考據方法複合學術概念，應用於《古文尚書》考辨學史，此一經典實踐具體討論的開始。

何以故？與其說皮錫瑞在第三種考辨方式的表述裡，著重的還是前述兩種學者們考辨觀點的攻防，毋寧說皮錫瑞想追根究底的，其實就是考辨《古文尚書》最根本的問題，亦即定位孰為真《古文尚書》存在的歷史座標。然而也不能因為第三種觀點，有對於考據方法與學術概念進行複合的操作，就因此斷然否定前面兩種思維模式，全然不存與邏輯基點相關的討論。

平心而論，雖然考辨《古文尚書》邏輯基點的定義因人而異，然而與嚴謹的真《古文尚書》，存在歷史座標的確立相比，無論是宋儒對於晚《書》是否有無「文從字順」與「聱牙詰屈」的爭議。又或是《隋書·經籍志》，究竟信實與否的問題，這兩種被清代《古文尚書》考辨學者所充分吸收，並據之放大議論的考辨起點，由於後續學者們於此缺乏深化的考述，所以從未算是真正觸及漢代真《古文尚書》存世與否的核心討論。

前面的兩種見解，與第三種的看法相較，都屬於相對片面的立證。在此必須指出，皮錫瑞這三種考辨順序的書寫安排，並不是清代《古文尚書》考辨學史中，真實事件的發生次序。固然朱熹對於晚《書》的存疑，確實授之以柄予辨偽派，這確實也是清代《古文尚書》考辨學史的建構開端。

然而第二種思維方式的「或據東晉《古文》，以駁宋儒之說」。與第三種思維方式的「或據東漢《古文》，以駁東晉《古文》與宋儒說」。應當順序對調，前者是毛氏《古文尚書冤詞》據以為好的考辨策略，後者則是閻氏《尚書古文疏證》考辨《古文尚書》的整體作為。就問世時間而言，應當是閻先毛後，方為準確。

以這個實際的考辨狀況，反思皮錫瑞的《古文尚書冤詞平議·自序》，何

以需如此編排的原因？答案應當是，如果皮錫瑞按照實際的發生狀態，逐一按照時間的發生次序敘述，那麼就無法緊接其後，在《古文尚書冤詞平議·自序》中，提出己身所彙整，關於《古文尚書》的考辨論點。個人認為，皮錫瑞考量的，必然是因為將再第三種考辨見解的提出後，會引導出更深層的學術討論。

　　換言之，關於皮錫瑞前面三種，對於清代《古文尚書》考辨學史考辨樣態的鋪陳，與出場次序的安排，其積極目的即是為了讓自身考辨《古文尚書》的見解，能在清末的《古文尚書》考辨學史中，找到了一個足以與清代學界接續對話，並且舉足輕重的位置，唯有樹立這個精確的思考前提，方能理解皮錫瑞《古文尚書冤詞平議·自序》層次分明的書寫用心。

　　而皮錫瑞在此，藉由清代的《古文尚書》考辨學史，揭示了一個重要的歷史事實。亦即漢學概念在清代學術史中，從來不是單獨的存在。此一學術概念必須成為某一種研究方法的內在理路，方能互為表裡，具體可行。如此一來，清代學術史中的「考據」，也才能成「學」。因此，後續皮錫瑞的《古文尚書冤詞平議·自序》，就是以閻氏《尚書古文疏證》「未有能守西漢今文之學，以決是非，正得失者」表彰己見。

　　皮錫瑞的此番見解，雖然是平議《古文尚書冤詞》，可是仍然必須結合《尚書古文疏證辨正》的文本一併討論。因為皮錫瑞《古文尚書冤詞平議·自序》所言之《古文尚書冤詞》：「與《尚書古文疏證》互有得失，其是非可對勘而明」的立論，正好說明《古文尚書冤詞》與《尚書古文疏證》互通有無的屬性始終存在。

　　而兩者之間，學術辨證流動不居的特質，正是反應了個人接續所要處理的問題。亦即究竟透過皮錫瑞建立《古文尚書》考辨學史的歷程，可以將清代考據學中的研究方法與學術概念如何有效析離。以及據此確認異時認知的漢宋概念，特別是關於朱熹情結的認知，又將會對於明清時期不同階段，不同學者，所建構的《古文尚書》考辨學史，產生何種支配制約的意義。

第三節　如水赴壑——朱熹情結的認知生成

　　清末皮錫瑞的《尚書古文疏證辨正》與《古文尚書冤詞平議》，乃是繼清初程廷祚之後，第二位將閻若璩與毛奇齡，考辨《古文尚書》的著作相提並

論，並且著述行世的學者。由於皮程二氏生存年代的相去久遠，是以此一世代差異，將無可避免的分岐，兩人考辨《古文尚書》的切入視角與處理模式。

特別是以皮錫瑞的考辨著述作為論述主體，以此照鑑在皮錫瑞之前，辨偽與護真的清代學者，如何接受與轉化漢宋概念，將之應用於自身《古文尚書》考辨學史的建構，這是一個值得深入省思探討的學術問題。在此，個人對於皮錫瑞之前的考辨學者與考辨見解，在論文中所安排的出場次序，將以對比兩造，理解漢宋概念的最大差異，作為優先考慮。皮錫瑞的《尚書古文疏證辨正・自序》提到：

> 惟徵君生當國初，其時漢學方萌芽，於古今文家法，未盡瞭然。亦問惑於先人之言，引宋人臆説，詆斥古義，有偽孔本不誤，而徵君以為誤者。非特無以服偽孔之心，且左袒偽孔者，將有以藉目。

皮錫瑞論斷清初的閻若璩，因為歷史條件的不足，因此對於漢學的今文與古文家法無法分判清楚。再加上沒有充分的甄別前人的考辨見解，並且過分的遵信宋人的臆説，以致於將宋人的誤判，據為無訛的確證。皮錫瑞認為閻若璩這種根本性的錯誤，不但沒有辦法徹底說服學界晚《書》確係偽作，更有可能造成讓誤解晚《書》正確無誤者，一個辨偽派授人口實的理由。

皮錫瑞以漢學概念的認知匱缺，直指閻若璩考辨《古文尚書》，對於今文與古文差異問題的不曾深思。皮錫瑞步步為營的對於漢學作出了完整的定義。皮錫瑞認為的漢學，其實就是今文學。這個說法的提出，相較於後閻若璩時代的多數學者，對於閻氏《尚書古文疏證》「根柢」部分，無分今文與古文的全盤接受，清末的皮錫瑞，確實觀察入微，他讓《古文尚書》考辨學史，由此開啓了一個新的討論起點。

再者，「先人」與「宋人」的指稱，相較於皮錫瑞對於漢學渾厚學術背景的發言，在此並未形成一種學說，一個學派，或者是完整的學術社群，而是零星帶出的存在。話雖如此，可是皮錫瑞卻認為，如果學者的辨偽舉證，似是而非，仍然會造成辨偽問題的混淆視聽。

由此可知，清末學界處理梅本《古文尚書》心理認知的層次，已經不是停留於指出梅本《古文尚書》是全真或是全偽的問題，而是已經具備對於梅本《古文尚書》的整體文句，其實是真偽夾雜的共識。借用閻氏《尚書古文疏證》的話來說，皮錫瑞顯然認為閻氏《尚書古文疏證》的辨偽「根柢」，具有重大的錯誤，必須重新定位。對比清初程廷祚眼中閻氏《尚書古文疏證》

的存在，〈《尚書古文疏證》辨〉曰：

> 閻氏發憤千載之下，承臨川、京山之遺烈，攻擊不遺餘力，誠曠世
> 之豪傑也。惟于晚《書》所出之時代，誤信前籍，不遑深考，而晚
> 《書》所憑之深險，復不能察其幻妄之跡而伐其謀，乃其書美中之
> 不足者，故辨之如此云。〔註6〕

程廷祚的〈《尚書古文疏證》辨〉，對於閻氏《尚書古文疏證》的整體評論，
並不包括閻若璩處理兩漢文獻的部分，而是聚焦於隋唐文獻的登錄不實，因
此程廷祚的〈《尚書古文疏證》辨〉，對於東晉晚《書》的來歷不明就著墨甚
深。歷來辨偽派對於《古文尚書》考辨學史的建構，大致可以分成兩個部分，
一是對於兩漢文獻的疏理，其主要目的，在於確證真《古文尚書》的傳世有
據。其二為定讞東晉晚《書》的罪證確鑿。如此一來，《古文尚書》考辨學史
的論證循環就能首尾相應。

　　然而要將《古文尚書》的考辨工作，作到充分的鉅細靡遺，網羅殆盡，
就算傾盡個別學者的畢生精力，也難以達到這樣的治學成績。因此，閻氏《尚
書古文疏證》考辨《古文尚書》的貢獻，就整體《古文尚書》考辨學史的建
構而言，仍屬偏執一端。這也是為什麼程廷祚的〈《尚書古文疏證》辨〉察覺
到有機可趁，卻也因為程廷祚歷史條件的不足，比如說他對於學術概念的認
識，就及不上皮錫瑞深刻。

　　因此程廷祚就無法即時有效的將《古文尚書》考辨學史的操作與漢宋認
知複合，導致〈《尚書古文疏證》辨〉的發揮空間有限。是以程廷祚〈《尚書
古文疏證》辨〉的書寫策略就此改弦易轍，〈《尚書古文疏證》辨〉的評論方
向自此再與兩漢文獻無涉，而是改換對話的對象，與另選對話的文獻，程廷
祚開始追蹤《古文尚書》考辨學史，置入隋唐文獻後的連動效應。

　　可是考辨視域的轉移，並不代表辨偽的問題會變得相對容易處理。即是
因為如此，故〈《尚書古文疏證》辨〉方於後續道出：「惟于晚《書》所出之
時代，誤信前籍，不遑深考，而晚《書》所憑之深險，復不能察其幻妄之跡
而伐其謀」。程廷祚認為孔穎達關於晚《書》的傳承記錄《正義》既不可信，
同出一手的《隋書‧經籍志》，自然必須一併存疑。而後世對於晚《書》的現
世與認證，其單向資訊的接收，皆來自於隋唐時期經學權威孔穎達的一鎚定
音。

〔註6〕《青溪集》，頁 85～86。

　　因此當程廷祚選擇改變操作視野，就將無可避免的直攖其鋒。清初的程
廷祚由此順勢而出，藉著〈《尚書古文疏證》辨〉昭告學界，深耕兩晉與隋唐
的文獻，乃是突破辨偽派局限的唯一出路。由此可見，程廷祚欲彌補閻氏《尚
書古文疏證》舉證與論證的不足，其思維邏輯，仍是考據文獻的路數。相形
之下，皮錫瑞考辨《古文尚書》的辨偽認知，確實已經明確的縮合了學術的
概念。

　　皮錫瑞後續又以「引宋人臆說，詆斥古義」，初步表達自身，看待宋學概
念應用於《古文尚書》考辨的屬性。宋學概念在此乃是負面定義。從整體論
述比例來看，《尚書古文疏證辨正》所賦予的宋學概念仍屬片面，那麼如果再
將皮錫瑞的論述場域，轉換至對於毛氏《古文尚書冤詞》的平議，那麼宋學
概念的負面定義，是否會因此再強化，或者是力道更為減弱？皮錫瑞《古文
尚書冤詞平議・自序》即曰：

> 有明一代，專以宋學取士。其於宋儒之說，如刪《孝經》、改《大學》、
> 去《詩・國風》，皆奉為科律，莫敢異議。獨檢討起而爭之，在當時
> 實能言人所不敢言，不可謂非豪傑之士。惟檢討之才，長於辨駁，
> 務與朱子立異，而意見偏宕，遂有信有所不當信，疑所不當疑者。
>
> 朱子信《儀禮》是也，檢討因其為朱子所信，乃謂三《禮》之中，《儀
> 禮》最下，所訂喪禮，肆意抨擊。朱子疑《古文尚書》，亦是也。檢
> 討因其為朱子所疑，乃大聲疾呼，為《古文》鳴冤。橫暴先儒，痛
> 詆同時攻駁《古文》之人。以曲護黎邱之鬼，皆由意見偏宕使之然
> 也。

皮錫瑞評論毛奇齡的治學理念，可謂褒貶兼具。在清末的皮錫瑞看來，毛奇
齡「在當時實能言人所不敢言，不可謂非豪傑之士」。可是毛奇齡強勢的治學
態勢，對於前輩學者絕對性的橫眉冷對，所見則是有錯有對。皮錫瑞特別指
出毛奇齡對於朱熹的異代爭論，已經脫離了治學態度務需客觀中正的持平立
場。而皮錫瑞更歸結指出，因為毛奇齡「務與朱子立異」，所以導致毛氏治學
「意見偏宕」。皮錫瑞在此對於毛奇齡，投射出了一種複雜交加的認知情感。

　　析論清末學者皮錫瑞，建構《古文尚書》考辨學史的發言，可以發現，
如果說朱熹代表的是宋學之中的宋儒，那麼朱熹對於晚《書》的質疑，就毛
奇齡的護真立場而言，確實應當引起毛奇齡大張旗鼓的攻擊。可是對於辨偽
派來說，朱熹質疑《古文尚書》與今文《尚書》，文本存在的諸多差異，卻是

讓辨偽派如獲至寶，辨偽派以此證明朱熹的學術眼光確實獨到。

可是在這裡，辨偽派認知的朱熹，是否如同護真派一樣，朱熹也是宋學之中的宋儒？如果辨偽派認知的朱熹，也是宋學之中的宋儒。那麼，皮錫瑞《尚書古文疏證辨正・自序》所言閻氏《尚書古文疏證》「亦閒惑於先人之言，引宋人臆說」，這段話就代表當皮錫瑞提出負面定義的「宋人」與「宋儒」時，就已經過濾了朱熹。

而當皮錫瑞不認同毛奇齡因為朱熹質疑晚《書》，而「為《古文》鳴冤」，即將朱熹建構成為質疑聖經，譁眾取寵的宋代學者時。也就代表皮錫瑞在《古文尚書》考辨學史所肯定的朱熹，並不隸屬於清代學者務反宋學所認知的朱熹，而是單指清代《古文尚書》考辨學史的朱熹。面對這種因為選擇機制的運作而形成的矛盾，皮錫瑞其實心知肚明。即是因為如此，因此皮錫瑞方會道出：「顧當時經學方萌芽，考證尚未博，不知宋儒疑諸經非是，而疑《古文尚書》則是。」〔註7〕

因此清末的朱熹形象，究竟朱熹是考辨《古文尚書》的宋代先行者？還是無的放矢，毀棄聖經的先驅？這是皮錫瑞將漢宋概念導入清代的《古文尚書》考辨學史後，首先會產生的第一個認知歧異。這也是所有探索清代《古文尚書》考辨學史的研究者們，緊接而來必須面對，原本約定俗成，以為是以單一身分存在於學術史的人物，在落實個別經典課題的實踐後，竟然發現必須承認，該學術人物的存在，竟是多重相互矛盾的樣態。

關於皮錫瑞對於朱熹形象的再議，從《古文尚書冤詞平議》可以見到更進一步的討論，皮錫瑞《古文尚書冤詞平議》又曰：

> 平曰：朱子以東晉方出，前此未見，疑《古文》為偽，自是卓見。
> 惜蔡仲默，不守師說，兼注偽《書》，幸能分今、《古文》，猶可考見
> 真偽。
> 元、明以來，專守朱學，經藝荒蕪，此《莊子》，所謂「暖姝」者，
> 檢討譏之，是也。特不當以此論《古文尚書》。〔註8〕

前述所及，關於皮錫瑞對於朱熹學術形象的選擇性詮釋。或者說，皮錫瑞的辨偽派立場，對於朱熹學術形象的權衡取捨，從皮錫瑞的這段發言可以察覺，由於皮錫瑞反對株守朱學，因此他認同了毛奇齡與自己同聲一氣的部分，亦

〔註7〕《古文尚書冤詞平議》，頁2b。
〔註8〕《古文尚書冤詞平議》，頁18a。

即反對清代學界，特別是關於經學研究，已被朱學壟斷的現象。

　　然而毛奇齡評論朱熹質疑晚《書》的作為，皮錫瑞則是繼《古文尚書冤詞平議・自序》後，再度表達了強烈不予認同的態度。朱熹的學術形象，在皮錫瑞的操作策略中，由此至彼的位移，再再都顯示清代《古文尚書》考辨學史的建構，在漢宋概念的介入後，確實是不能用當今學界固有的認知，據之得出毫無辨識度的論述結果。

　　而一樣是評價清代《古文尚書》考辨學史裡的宋代朱熹，辨偽派的皮錫瑞對於朱熹的學術定位，又是否為了對應護真派毛奇齡的全然反對，因此採取了不加思索，全盤擁護的立場？答案顯然並非如此，《古文尚書冤詞平議》接續四處，提及對於朱熹的疑《書》見解的議論，其一為晚《書》與今文，易讀與難讀的對應問題：

> 朱又曰：《書》凡易讀者，皆《古文》。難讀者，皆今文（此說出自吳棫。云增多之《書》，皆文從字順。非若伏生之《書》，詰曲聱牙云云。然棫說，不過如此。自朱氏指出，且題為偽，而世遂遵信之）。

> 又曰（一作蔡沈語）：「漢儒以伏《書》為今文，而謂安國之《書》為《古文》。」以今考之，則今文多艱澀，而《古文》反平易。何故？或以為今文，自伏生女子口授壘錯時，失之。則先秦古書，所引之文，皆已如此。恐其未必然也，或以為記錄之實語難，工潤色之雅詞易好。故〈訓〉、〈誥〉、〈誓〉、〈命〉，有難易之不同，此為近之。《書》體無難易之分。惟〈典〉、〈謨〉渾穆。〈頌〉、〈命〉龐和。〈訓〉、〈誥〉通晢。〈誓〉、〈誡〉峻激。

> 每以體製分平險。蓋廟堂之上，高文典冊，自與示師告眾者不同。故有謂〈盤庚〉、〈大誥〉，義直意曲，樸鍥與寡莽，兼而有之。且亦時代升降實使之然。《左傳》簡整，而《國策》悍曼。大、小〈雅〉至變後，則其詞反險奧歷落，與前迥異。是以〈禹誓〉、〈甘誓〉，尚自坦緩。至商、周加之，以桀縱之氣。韓愈所云：「〈周誥〉、〈殷盤〉，詰曲聱牙。」專指商、周言。非無謂也。今不分體製，不辨時代，單以古文、今文較量難易。且謂今文艱澀，而《古文》平易。是豈《古文》中無〈盤庚〉、〈大誥〉、〈多士〉、〈多方〉耶？抑豈今文自〈盤庚〉、〈大誥〉諸篇外，並無〈堯典〉、〈皋謨〉、〈洪範〉、〈無逸〉所云平易者，參其間耶？

夫二十八篇中，有難有易。則五十八篇中，亦有難有易。不必難者
屬今文，易者屬《古文》也。且此難易者，非伏、孔兩家故爲之也。
乃欲借難易以見眞僞，遂謂此艱澀者，或是伏生女子口授失之，將
謂此〈盤庚〉、〈大誥〉諸篇，是伏生女子口授時，改文換句，有脫
落差誤，故艱澀耶？此孩孺之言也。伏生有壁中原本，竹冊儼然。
且又先教之齊魯之間。又教張生。又教歐陽生。然後老而教鼂錯。
非無本之言，可以洵口得失也。老翁、少女，縱或多誤，豈有《古
文書》出，參訂考讐，不更正者。

若謂紀實之言難工，潤色之詞易好。則總欲冤誣《古文》。謂今文是
眞，是紀實，故難工。《古文》是假，是潤色，故易好。則不惟無妄
之冤，不足置辨。且未聞古來《書》評，有以今文之詞爲不工，《古
文》之詞爲工好者。若然，則但論工拙已耳！何問難易。且此非儒
者之語也。

儒者讀經，當論理，不當論文。即欲論文，亦當論其文之近于理者。
而難易工拙，總可勿論。故孔穎達曰：「《古文經》雖晚始得行然，
其詞富而備，其義弘而雅，故復而不厭，久而愈亮，江左學者，咸
悉祖焉。」其說甚善。

明陳第惡梅鷟攻《古文》之急，爲之作辨，雖第亦寡學，自坐謬誤，
不足以灑冤。然其說有云：「夫《書》之所以貴眞，以其得也，足以
立極也。所以惡其僞者，以其失也，不足以垂訓也。今自天子、公
卿、大夫、士、庶人，服習《古文》，而皆犁然，有裨于治理。乃不
求其精，而反苛責之，區區疏跡之間，不亦過乎。」又曰：「二十五
篇，其旨奧，其文卑，而高近，而彌遠，幽通鬼神，明合禮樂。故
味道之士，見則愛，愛則玩，由繹而浸淫諷咏，而服習擬議。以身
化裁，以政定事功。而成疊疊矣。孰是《書》也，而可以僞疑之乎？」
此眞儒者之言。〔註9〕

皮錫瑞《古文尚書冤詞平議》其二所言，仍是延續申論朱熹對於晚《書》與
今文，兩者易讀與難讀的對應問題，《古文尚書冤詞平議》續曰：

平曰：朱子，以平易易讀疑《古文》，自是墻論，其說，出吳才老。

〔註 9〕《古文尚書冤詞平議》，頁 24a～24b。

而朱子名重於吳才老，才老所著《書稗傳》十三卷，今皆不傳。朱子世所遵信，故世但以爲說出朱子，而不知才老開其先，其勢然也。

檢討欲翻《古文》平易之案，而曲爲之解，然〈堯典〉、〈皋謨〉等篇，雖平易，較之〈禹謨〉、〈胤誥〉、〈太甲〉、〈說命〉、〈微子之命〉等篇，全然排偶，迥然不同。

今文與僞《古文》，判然兩體，不待智者而後辨也。朱子引或說，以爲今文是伏生口授時失之，此說非是。檢討駁之，明快可喜。然朱子已疑，其未必然矣。又引或說，紀錄潤色，訓、誥、誓、命云云。是以訓、誥爲紀錄，以誓、命爲潤色也。朱子於安國《傳》，直斥其僞。於《古文》，猶爲調停之說。

曰：「《書》有二體，有極分曉者，有極難曉者。」

又曰：「《尚書》，諸命皆分曉，蓋如今制誥，朝庭做底文字，諸誥皆難曉，蓋是時與民下說話，後來追錄而成之。」

閻百詩《古文疏證》，嘗引經文，駁詰之矣。此引或說，意正相似，猶在疑信參半之際。檢討不引爲將伯之助，反爲倒戈之攻，謂其冤誣《古文》，以爲今文是眞，是眞紀實，《古文》是假，是潤色，則未得朱子之意，而誤以援兵爲敵兵矣。

僞《古文》多空言，江左學尚清談，故加崇尚。北學篤實，猶宗鄭《注》，孔《疏》不求實據，全是浮詞。陳第所云，尤屬時文家，評八股之漏習。檢討喜其同己，推爲儒者之言，其所見，亦陋矣。若但以其有稗治理，遂以爲眞聖經，則郢書燕說，亦足治國，豈郢書，亦眞聖經耶？

朱又曰：「豈有數百年，壁中之物，不訛損一字者（吳澄云：夫千年古《書》，最晚乃出。而字畫略無脫誤，文勢略無齟齬，不亦大可疑乎）。」

又曰：「《書》凡易讀者，皆《古文》。伏生所傳，皆難讀。夫伏生口授，如何偏記其所難，而易者，全不能記也（蔡沈云：伏生背文暗誦，乃偏得其所難。而安國考定于科斗《古書》，錯亂磨滅之餘，反專得其所易。則有不可曉者）。」

孔壁出《書》，距始皇焚書時，雖及百年，而簡漆不易損，公然完具，事未可知，此固不足爲眞僞辨者。但其所訛損之數，在諸書已明言之。其正《書》所損，則《漢志》明云：「〈酒誥〉脫簡一。〈召誥〉脫簡二。」簡若干字，脫若干字是也。其它逸者所損，則《書序》明云「其餘錯亂摩滅，弗復可知」是也。是訛損脫誤，開載甚明。已則不知，而反咎古人，以無隙之際，古人不受也。

且《論語》、《孝經》與《書》同出。同是百年壁中之物，《論語》不訛損，世未嘗疑。何獨至《書》而疑之？如謂今文難讀，則伏壁所藏，曾不止此。散失之餘，偶得此數，原非擇其難者而讀之。

如曰記其難，而忘其易。則必所讀者多篇，而所記者，止此數，則可云記此忘彼。今伏生于二十九篇之外，未聞有讀之，而忘之者也。且〈堯典〉、〈臯謨〉並非難讀。何以讀之，而公然不忘，則非易者偏忘，而難者偏記，亦可知矣！

且伏生何必記耶？夫此二十九篇者，非竟亡其書。而心記之口誦之也。據《史記・儒林傳》明云：「伏壁所藏《書》，僅求得二十九篇。」而其餘亡失。伏生即以此二十九篇，教授于齊魯之間，則此二十九篇，有壁本矣！既有壁本，則依本教授，何必強記。況伏生無口授事，在《史》、《漢》傳志，並無此說。惟安國《大序》有云：「伏生年九十，口以傳授。」然後有「口授」二字。

而其後衛宏定《書古文序》，則又云：「伏生老不能正言，使其女傳言教錯，而齊人語與穎川各異。錯所不知者，凡十二三，略以其意屬讀而已。」則又增「伏女傳言」一事。于是作《隋書》者，亦載「口授」二字，于〈經籍志〉中。則是「口授」二字，出自孔《序》。

朱氏既疑孔《書》是僞《書》。孔《序》是僞《序》。而「口授」二字，偏信僞《書》、僞《序》之所言。而以此相難，則竊賊言以詰賊。賊有不掩口，而胡盧者乎？〔註10〕

欲持平檢視宋代朱熹對於整體《尚書》易讀與難讀的發言，就必須先暫時撇開朱熹經學宗師的身分，與移除因爲研究者自身特定的治學立場，導致閱讀反應文不對題的情況發生。亦即嘗試回復朱熹對於古、今文《尚書》難易程

〔註10〕《古文尚書冤詞平議》，頁 26a～28a。

度的發言，其原始的表態意義。

　　對比後世辨偽與護眞的學者，對於朱熹發言不斷的引申詮釋，可以發現朱熹對於晚《書》所傳達的看法，往往淺嘗輒止，其於後續並無任何深化的說明。而辨偽與護眞的學者，之所以能長篇累牘的論述，兩者最主要的區別，就是在於後世兩派的學者，具備了明確的《古文尚書》考辨意識。

　　而考辨意識的有無，與考辨方法是否精當，除了取決於考辨者個人閱讀文獻的敏銳程度。再者，是否有將學術理念的研究方法導入《古文尚書》考辨課題，例如本文強調再三的漢宋認知，就是造成異代學者考辨作法差異懸殊的學理所在。而這也是分辨宋代與宋代以後的學者，質疑晚《書》立論起點的最大分野。

　　在重重剝離後代學者，對於朱熹發言的誤讀與贅讀之後。可以這樣認為，實際上朱熹的發言，就是一位身為熱愛並且熟稔經學的讀者，對於全本《尚書》的文句難易不一，思考後所產生的典型的閱讀反應。可是不管是朱熹，或者是朱熹之前的吳棫，在宋代存有這樣思考邏輯的學者可謂少之又少。

　　因為要構成認知全本《尚書》的組成文句確有殊異，並且引發強烈存眞去偽的思辨動機，並非是單從經部入手，即可完全掌握。事實上完整的經學研究，必須會通文學的語言、哲學的思辨、與歷史的軸線於其間，而在任一者身上，都可見證到其與另外兩者的和諧共存。

　　以《古文尚書》考辨課題的操作策略為例，朱熹顯然只能就全本《尚書》，敍事語言的不一致性發聲。而朱熹這些相關的表達，因為缺乏歷史軸線的哲學思辨，所以始終無法引導朱熹，更進一步的邁向解決問題的出口。因此朱熹只能起迄有限的，聊表自身對於全本《尚書》的閱讀心得。至於朱熹這個行為模式的成立，究竟是有意識的？還是無意識的？這是一個值得深入分析推理的問題。如果說朱熹質疑晚《書》的發言，乃是有意識的無意深入處理晚《書》的眞偽問題，那麼朱熹的思維必然存在更為深層的原因。

　　易言之，這也是為什麼不能用「你為何不深入研究」的指責邏輯對待朱熹，因為對於朱熹而言，雖然朱熹理學思維的道統觀，需要以歷史軸線貫穿，譬如朱熹對於《古文尚書·大禹謨》「人心惟危，道心惟微；惟精惟一，允執厥中」的虞廷十六字異常珍視，並據此建立了堯、舜、禹、湯、文、武、周公、孔子的理學傳承譜系。

　　可是當朱熹面對考辨《古文尚書》的疑難，一樣是需要運用史觀統整的

思考方式才能進行處理，朱熹明顯的沒有比照思維理學的方式辦理，也沒有
依此建立能夠貫通古今，利便上下求索的《古文尚書》考辨軸線。

　　當然，在此也可以將朱熹質疑《古文尚書》的思維理路何以戛然而止，
作出另外一種可能的推論。即如皮錫瑞《經學歷史》所言：「蔡《傳》不從師
說，殆因其序以傳心爲說，傳心出虞廷十六字，不敢明著其僞乎！」（《經學
歷史》頁 235）亦即宋儒奉爲理學圭臬的「虞廷十六字」，就是出自朱熹覺得
易讀的《古文尚書》。

　　換言之，如果朱熹以子之矛，攻子之盾，那麼必然危及朱熹自身建構的
道統傳承。如果兩權相衡取其輕，在不能與道統傳承自相矛盾，又不能違背
自身的學術良知的前提下，當朱熹面對《古文尚書》難易解讀的問題時，朱
熹便選擇了以一個普通讀者的身分，接連的發表了在後世看來，或者覺得聊
備一格，無關痛癢。或者覺得信口雌黃，無中生有，與質疑晚《書》有關的
言論。

　　追根究底，這當然都是與朱熹刻意迴避，不正面指出晚《書》二十五篇
的正文有造假的問題有關。這是因爲朱熹內心交戰所產出的複雜意念，遂導
致自身質疑晚《書》的見解能發而不能定，並且使得宋世以後的《古文尚書》
考辨學家，因此對於朱熹質疑晚《書》的定義層級，由此眾聲喧嘩。

　　因此皮錫瑞《古文尚書冤詞平議》其三的評論，即爲對於朱熹因辨別晚
《書》寡言，是以未能坐實晚《書》的整體罪證。而朱熹接續對於晚《書》
最大尺度的懷疑，其實還是周旋擺蕩於整體《尚書》的《大序》與《小序》，
膠著於文氣究竟是重厚？還是卑弱的問題。皮錫瑞並且同時提出毛奇齡的護
眞作爲，亦未能對症下藥，反而讓自身的見解與朱熹淪爲沆瀣一氣。《古文尚
書冤詞平議》續曰：

　　平曰：朱子，以不損一字疑《古文》，未足箝執其口。檢討所説，亦
　　未盡是。

　　劉子政所校〈酒誥〉、〈召誥〉脫簡，是以中秘《古文》，校三家今文，
　　脫簡，乃今文脫簡。檢討欲尊《古文》，乃不引此，爲《古文》無譌
　　損之證，反誤以爲今文脫簡，誣《古文》。是尊《古文》，而時毀之
　　矣。僞孔《傳》，亡〈舜典〉一篇，是故爲殘缺，使人不疑之意。朱
　　子與檢討，皆未及知者。

　　檢討辨伏生無「口授」事，最是。「口授」之説，出於衛宏，衛榮古

衞今，枘爲傳言教錯之說。僞孔《大序》，乃言「口以傳授」，此僞
孔襲衞說，非衞襲孔說也。朱子，以孔《序》攻孔《書》，由習而不
察，未考孔《書》故耳。

朱又曰：「《尚書》，孔安國《序》，非西漢文章。先漢文字重厚，今
《大序》，格致極輕，是魏晉間人作（此《大序》）。」又曰《小序》，
決非孔門之舊。伏生時無此文。且其文甚弱，亦不是先漢文字，只
似後漢末人（此《小序》）。〔註11〕

皮錫瑞的「朱子，以不損一字疑《古文》，未足間執其口」，所指的即是前述
所及，朱熹不斷於外圍環繞，不授人以柄的發言態度。皮錫瑞在此已然明確
的意識到朱熹質疑晚《書》作法的隔靴搔癢。

只是讓皮錫瑞深感好奇的，必然是以宋學大儒朱熹的經學見識，怎麼可
能屢屢說出這種未能直搗問題核心的粗淺言論？因此皮錫瑞必然想要從朱熹
後續議論晚《書》的言辭中，找尋更多的蛛絲馬跡，藉此明確的佐證朱熹確
有質疑晚《書》之舉。然而皮錫瑞的處心積慮，既是注定了徒勞無功，也小
覷了朱熹處理晚《書》爭議的能力。

皮錫瑞的《古文尚書冤詞平議》其四，即是緊接於《書序》問題的提出，
說明毛奇齡對於《書序》，只存在部分正確的理解，已然算是猶有可取。只是
相對於皮錫瑞在此無法突破朱熹的模糊論述，更加彰顯皮錫瑞的力不從心。
《古文尚書冤詞平議》即曰：

平曰：朱子疑《書大序》是也，而並及《小序》，則未諦。

檢討據《史記》引《書序》，謂先漢已有之，非後漢人所爲，證據精
塙。然《書序》，有今、古文之異，《史記》所載，是今文。馬、鄭
所載，是《古文》。《古文書序》，有〈舜典〉，又以〈君奭〉，在「周
公歸政後」說，皆可疑。而《史記》引《序》，無可疑者。漢今、古
文家，自伏生及馬、鄭，皆以《序》爲孔子所作，宋人疑之，近人
反宋儒之說，復加崇信。予謂當一以《史記》，所引《今文序》爲正，
則可信爲孔子作矣。《漢・志》「上斷唐虞」云云，與僞《序》，同是
僞孔襲《漢・志》，非《漢・志》用《序》言。鄭君《書贊》，有「科
斗書」之文，並非僞《序》之注，烏得據此，以爲漢人曾注僞《序》？

〔註11〕《古文尚書冤詞平議》，頁 28a～28b。

或曰：《序》云：「承詔作《傳》，《傳》畢，會國有巫蠱事，不復以
聞。」此則偽也，何也？以安國未嘗遭巫蠱事也。按：〈漢武帝紀〉
「征和元年，巫蠱起」。而《史記》一書，則終之太初之年。其〈自
序〉，有云「述黃帝以來，至太初而訖」，是也。乃《史記·世家》，
已云「安國，爲今皇帝博士，至臨淮太守，早卒」。則在「太初年」，
已無安國其人矣。乃自「太初」至「征和」，相去八年，中間越「天
漢」「太始」二號，而後巫蠱起，而謂安國遭巫蠱事，信乎？此非偽
乎？〔註12〕

至於皮錫瑞後續所搜尋與議論的《書序》問題，細審朱熹的論點，可以發現，
朱熹始終沒有逾越自身的論述路線。換言之，所謂文句的難易與文氣的重弱，
看似振振有詞，實則具有非常濃厚的唯心傾向。而朱熹一路保持了對於晚《書》
爭議之事，看似有感而發，實則緘默未言的立場，至此已是不言可喻。而清
代的《古文尚書》考辨學者，不管是護眞還是辨偽，是擁護宋學，還是信從
漢學，朱熹質疑晚《書》的籠統論述，卻是鮮少有學者可以迴避。

第四節　如影隨形——相互制約的牽動支配

　　連帶評論與全盤收錄，宋代朱熹對於晚出《古文尚書》的質疑，雖然是
首見於辨偽派的閻氏《尚書古文疏證》，然而個別學者，對於考量朱熹出場秩
序的安排，還是有所差異。因此在總結與界定，清末皮錫瑞評論朱熹學術見
解的屬性之前，仍然必須正本清源，從閻氏《尚書古文疏證》對於朱熹的考
辨定位談起。並將討論軸線，順勢的延伸至同屬辨偽派的惠棟《古文尚書考》
與程廷祚的《晚書訂疑》，據此分析清初辨偽三大家的朱熹認知情結。

　　閻氏《尚書古文疏證》在卷一的第一條：「言兩漢《書》載《古文》篇數
與今異」，即有提及，因爲《尚書》傳本從古文轉寫至隸書，導致孔本《古文
尚書》產生「錯亂摩滅弗可復知」的問題，因此閻氏《尚書古文疏證》於此
處，即藉機帶出「又何怪吳氏、朱子及草廬輩，切切然議之哉！」諸語。雖
然閻氏今本《尚書古文疏證》條目的寫定順序，無法完全以卷次的先後認定。
然而閻若璩關注朱熹懷疑晚《書》的發言，卻是白紙黑字，於文有據。

　　固然閻氏《尚書古文疏證》從卷一就開始就取用朱熹，即是具有幫助自

〔註12〕《古文尚書冤詞平議》，頁 29b～30a。

身《尚書古文疏證》考辨正當性背書的意味。而關於朱熹對於晚《書》的議論，在《尚書古文疏證》八卷中的徵引更是屢見不鮮。特別至《疏證‧卷八》的第一百十四條，就臚列朱熹質疑東晉晚《書》的專論。閻氏《尚書古文疏證》八卷本的全本，對於朱熹的屢屢提及，與《尚書古文疏證》附錄，即閻若璩囑託其子閻詠，所輯存的〈朱子《古文書》疑〉，兩者更是首尾相映，呵成一氣。閻氏《尚書古文疏證》徵集朱熹質疑晚《書》見解的用意，從閻詠〈《尚書古文疏證》後序〉的說明，可見一斑：

> 家大人徵君先生著《尚書古文疏證》若干卷，愛之者爭相繕寫，以為得未曾有，而怪且非之者，亦復不少。

> 徵君意不自安，曰：「吾為此書，不過從朱子引而伸之，觸類而長之耳，初何敢顯背紫陽，以蹈大不韙之罪？」因命詠取《語類》四十七條、《大全集》六條，彙次成編，名《朱子古文書疑》，就京師刻以行世。

> 告詠曰：「夫破人之惑，若難與爭於篤信之時，待其有所疑焉，然後從而攻之可也。此歐公語也。歐公又言，孔子者，萬世取信，一人而已。余則謂，朱子者，孔子後取信一人而已。今取朱子之所疑告天下，天下人聞之，自不必盡篤其信，所謂有所疑，然後出吾《尚書古文疏證》以相示，庶其有悟乎！」詠歎其循循善誘，不驟以彊人，故亦不敢旁溢一語，即錄以為序。

與閻氏《尚書古文疏證》的言必稱朱熹相較，後起的惠棟《古文尚書考》與程廷祚的《晚書訂疑》，雖然一樣是對於《古文尚書》進行辨偽，然而惠棟《古文尚書考》從上卷的〈孔氏《古文尚書》五十八篇〉迄於〈辨《尚書》分篇之謬〉，惠棟對於朱熹質疑晚《書》之事，並未如同閻氏《尚書古文疏證》一樣的未念茲在茲，惠棟《古文尚書考》僅僅於〈辨《正義》四條〉之二，略微提及「梅氏偽《書》，如吳才老、朱晦菴、陳直齋、吳草廬、趙子昂，皆能辨之，但不知鄭氏二十四篇，為孔氏真《古文》耳」。〔註13〕

　　惠棟反而是在欣見閻氏《尚書古文疏證》五卷本的抄本之後，有感於閻氏《尚書古文疏證》「其論與予先後印合」，因此才於上卷的卷末，謄錄了十五條的「閻君之論」，而在第九條與第十五條的部分，才略微提及朱熹對於東

〔註13〕《古文尚書考》，頁 59，

晉晚《書》之所疑，這兩段文字分別爲：

第九條

至唐初貞觀始依孔爲之疏。而兩漢專門之學頓以廢絕。是使此書更信于世者，孔穎達也。朱子分《經》與《序》爲二，以存古制，一則曰安國僞《書》，再則曰安國僞《書》。而爲之弟子者，正當信以傳信，疑以傳疑，乃明背師承，仍遵舊說，是使此書終信于世者，蔡沈也。

經此三信，雖有卓識定力，不拘牽世俗趣舍之大儒，如臨川吳文正公之《尚書敘錄》，實有以成朱子未成之志者，而世亦莫能崇信矣。蓋可嘆也夫！蓋可嘆也夫！（今本《尚書古文疏證》，卷二，第十七條「言安國《古文》學源流眞僞」）〔註14〕

第十五條

朱子于《古文》嘗竊疑之，至安國《傳》則直斥其僞，不知《經》與《傳》固同出一手也。（今本《尚書古文疏證》，卷八，第一百十四條「言朱子於《古文》猶爲調停之說」）〔註15〕

惠棟的《古文尚書考》，關於閻氏《尚書古文疏證》對於朱熹質疑晚《書》的肯定，基本上這也是間接引述，惠棟自身並不直接觸及與朱熹有關的歷史記錄。由此可見惠棟《古文尚書考》，對於朱熹抱持著聊備一格，不甚重視的態度。

造成這種情況的原因，雖然有可能是因爲閻氏《尚書古文疏證》的抄本於此不全，然而通觀惠棟《古文尚書考》的整體論述，這是朱熹唯二兩次的露面。換言之，閻氏《尚書古文疏證》對於朱熹質疑晚《書》的肯定，並沒有因此啓發惠棟，堆疊肯定朱熹質疑晚《書》的論述。然而藉由惠棟《古文尚書考》的著錄，竟意外的揭露第十五條的「閻君之論」，實則出自於上述刊本《疏證・卷八》，第一百十四條的「言朱子於《古文》猶爲調停之說」，其文曰：

朱子於《古文》嘗竊疑之，至安國《傳》，則直斥其僞，不知《經》與《傳》，固同出一手也。其於《古文》，似猶爲調停之說。

〔註14〕《古文尚書考》，頁69～70。
〔註15〕《古文尚書考》，頁70。

曰《書》有二體，有極分曉者。有極難曉者。又曰：「尚書諸命皆分曉。蓋如今制誥，是朝廷做底文字。諸誥皆難曉，蓋是時與民下說話，後來追錄而成之。」愚請得而詰之，曰：《尚書》諸命皆易曉，固已然。所爲易曉者，則〈說命〉、〈微子之命〉、〈蔡仲之命〉、〈畢命〉、〈冏命〉，皆《古文》也，故易曉。至才涉於今文，如〈顧命〉、〈文侯之命〉，便復難曉。《尚書》諸誥皆難曉，固已然。所謂難曉者，則〈盤庚〉、〈大誥〉、〈康誥〉、〈酒誥〉、〈召誥〉、〈洛誥〉皆今文也，故難曉。至才涉於《古文》，如〈仲虺之誥〉、〈湯誥〉，便又易曉，此何以解焉？

豈誥出於成湯之初者易曉，而出於盤庚以後，及周初者，難曉耶？豈命出於武丁、成湯之際者易曉，而出於平王之東者難曉耶？不特此也，〈顧命〉出於成王崩。〈康王之誥〉出於康王立，相距才十日，以同爲伏生所記，遂同爲難曉，尚得謂命易曉耶？不特此也，〈周官〉，誥也，出於成王。〈君陳〉，命也，亦出於成王，相距雖未知其遠近，以同爲安國所獻，遂同爲易曉，尚得謂誥難曉耶？論至此，雖百喙亦難解矣！」

這則意外的對證，除了恰恰說明了今本《尚書古文疏證》，從卷一至卷八的撰述排次，確實不是隨順時間推演的書寫方式，而是已被與貼近閻氏《尚書古文疏證》整理刊行的相關人士進行重製。再者，其實《疏證‧卷八》的第一百十三條「言疑古文自吳才老始」，也同樣顯示了閻氏《尚書古文疏證》，對於宋代《古文尚書》考辨學史的認知。換言之，不管惠棟在當時有無目睹閻氏的全本《尚書古文疏證》，就惠棟《古文尚書考》引用朱熹文獻的權衡取捨而言，提及朱熹疑《書》部分的寥寥數語，顯然意喻了惠棟的對於朱熹的態度。

雖然這是因爲惠棟《古文尚書考》徵引閻氏《尚書古文疏證》，出人意表的揭露抄本問題的學術貢獻。然而不能忽略的是，從閻氏《尚書古文疏證》對於朱熹質疑晚《書》之事的頻繁徵引，直到惠棟《古文尚書考》對於閻氏《尚書古文疏證》不殫煩瑣的「間附閻說」，甚至達到了唯閻是取的強烈認同。

這個學術歷史的轉折意義在於，清初的閻若璩對於朱熹質疑晚《書》之事的充分接受，確實側面反映了皮錫瑞再三強調，清初學界對於漢宋概念的認知，確實如其《尚書古文疏證辨正‧自序》所言：「惟徵君生當國初，其時

漢學方萌芽」，對於漢學初生現象，所得出的歷史定格畫面。

　　既然皮錫瑞認定清初時是漢學初萌，那麼相對來說，彼時閻若璩自身的宋學認知，又是停留於在何種理解程度的歷史階段？從閻氏《尚書古文疏證》對於朱熹的疑《書》諸語的申論，再對照皮錫瑞於《古文尚書冤詞平議》清理朱熹疑《書》說法的行動。可以想見，這代表了清末皮錫瑞與清初閻若璩的朱熹認知雖然有志一同，內心卻皆衡裁朱熹的認知猶為不足，皮錫瑞與閻若璩的異時見解足堪遙契。

　　如果這是清末堅實立場的漢學家皮錫瑞，對於閻氏《尚書古文疏證》的靡然信從朱熹，所傳達的學術省思。那麼，時代稍後於閻氏《尚書古文疏證》的惠棟《古文尚書考》，對於閻氏《尚書古文疏證》的朱熹認知情結，又是抱持著怎樣的學術品評標準？

　　事實上，閻氏《尚書古文疏證》對於朱熹說法的接受，並沒有辦法讓繼之而起，對於「閻君之論」充滿認同感的惠棟，得以愛屋及烏，並且完全無條件的以茲包容。這是因為閻氏的《尚書古文疏證》，已然泯沒了漢宋認知不可逾越的界限，完全衝擊了惠棟漢學至上的治學法則。因此要讓惠棟毫無芥蒂的認同，閻氏《尚書古文疏證》收納朱熹質疑晚《書》之事，對於治學方法高度標榜漢學旗幟的惠棟來說，實在是強人所難。

　　因此檢閱惠棟《古文尚書考》，對於當時所見的閻氏《尚書古文疏證》，相關考辨論點的擷取與探討，可以發現，惠棟《古文尚書考》關於閻氏《尚書古文疏證》見解的取用處理，顯然刻意迴避了閻氏《尚書古文疏證》與朱熹之間，確實曾經存在過深刻的對話關係。

　　惠棟於未見閻氏《尚書古文疏證》之前，極盡所能的疏理兩漢文獻；於既見閻氏《尚書古文疏證》之後，並未因為閻氏《尚書古文疏證》的厚愛朱熹，就對於朱熹質疑晚《書》的發前人所未言全盤收用，多所著墨。惠棟《古文尚書考・序》的思考邏輯，正是這樣明確的陳述了惠棟一家之言的《古文尚書》考辨學史的傳承路徑：

> 孔安國《古文》五十八篇，漢世未嘗亡也。三十四篇與伏生同，二十四篇增多之數，篇名具在。劉歆造《三統曆》、班固作《律曆志》、鄭康成注《尚書序》，皆得引之。特以當日未立於學官。故賈逵、馬融等雖傳孔學，不傳逸篇。
>
> 融作《書序》亦云：「逸十六篇，絕無師說。」（十六篇內，〈九共〉

九篇，故二十四。）蓋漢重家學，習《尚書》者皆以二十九篇爲備。
（伏生二十八篇，〈太誓〉後得，故二十九。劉歆移書太常曰：「抑
此三學，以《尚書》爲備。」臣瓚曰：「當時學者，謂《尚書》唯有
二十八篇，不知本有百篇也。」三學謂《逸禮》、《尚書》、《左傳》。）
于時雖有孔壁之文，亦止謂之逸《書》，無傳之者。（服虔《左傳解
誼》，以《毛詩·都人士》首章爲逸詩，以未立於學官故也。）然其
書已入中秘，是以劉向校古文，得錄其篇，著于《別錄》。至東京時，
唯亡〈武成〉一篇，而《藝文志》所載，五十七篇而已。（劉向《別
錄》，五十八篇。）其所逸十六篇，當時學者咸能案其篇目舉其遺文，
雖無章句訓故之學，翕然皆知爲孔氏之逸《書》也。

或曰：「《古文》出于晉世，若兩漢先嘗備具，何以《書傳》所引〈大
甲〉、〈說命〉諸篇，漢儒群目爲逸書歟？」曰：「今世所謂《古文》
者，乃梅賾之《書》。非壁中之文也，賾采摭傳記作爲《古文》，以
紿後世。後世儒者，靡然信從，于是東晉之《古文》出，而西漢之
《古文》亡矣。」

孔氏之《書》，不特文與梅氏絕異，而其篇次亦殊。愚既備著其目，
復爲條其說于左方，以與識古君子共證焉。〔註16〕

再者，惠棟序文於程廷祚的《晚書訂疑》時，也存在同樣的一以貫之的思考
方式，其〈序〉曰：

程子緜莊《晚書訂疑》成，其同歲生惠棟爲之序曰：

孔沖遠，唐初大儒，少通鄭氏《尚書》，及爲國子博士，數進忠言，
侍講東宮，面折不諱，意其爲篤學而有直節之士也。乃受詔撰《尚
書義贊》，自爲矛盾，棄鄭氏而用僞孔氏。

夫《尚書》自膠東庸生而下至鄭康成，人知爲孔氏《古文》，歷兩漢
四百年來無異議。及晉永嘉，值經典喪亡，乃有豫章內史梅賾，僞
造二十五篇，託之孔氏以傳世。沖遠素習鄭義，久著直節，豈不能
力爭于上？前已曲意希指，又明知鄭氏師祖孔學（此語見《堯典·
正義》），反以鄭所述二十四篇爲僞，深文周內，且與《百兩》同科。
此書既出，箸爲定論。

凡本《正義》者，謂之異端，當時即有識其僞者，孰敢從而辨之哉！宋、元、明諸儒，斥僞孔氏者不少，然皆惑于二十四篇僞《書》之說，不能得眞《古文》要領。于是學者紛如，或以鄭氏爲今文，以僞孔氏爲《古文》。或以二十八篇爲今文，以二十五篇爲《古文》，樊然散亂，莫所折衷。

棟自少疑之，稍長，反覆于《堯典・正義》，見所載鄭氏二十四篇之目，恍然悟孔氏逸《書》具在，因作《古文尚書考》二卷。及讀縣莊之書，宛如閉門造車，不謀而合轍。蓋後人尊信僞孔氏者，以周、秦所引逸《書》，盡在二十五篇之內，而不知其僞，正坐是耳。縣莊既糾其謬，又爲分疏其出處，使僞造者無遁形，可謂助我張目者矣！

唐人尚詩賦，沖遠通經，不聞以詩賦傳，而經義又復矛盾如此。縣莊兩舉制科，實兼詩賦、經義之長，固今日之通才也。余學萬不逮縣莊，而叢殘著述，獨能與之同趣，是則余之幸也夫！

惠棟序文《晚書訂疑》時，對於吳棫、朱熹以降的宋儒考辨觀點稍稍讓步，然而還是止於貶多於褒的陳述，惠〈序〉即曰：「宋、元、明諸儒，斥僞孔氏者不少，然皆惑于二十四篇僞《書》之說，不能得眞《古文》要領。」據此已經可以這樣認定，惠棟在其《古文尚書》考辨學史的建構中，認爲宋代朱熹的考辨觀點，並沒有從兩漢文獻正本清源。換言之，惠棟基於朱熹所見，並沒有跟自己相同，因此惠棟已經有意識的取消了宋代朱熹考辨《古文尚書》的成就，從「朱熹」其名的再三消失可見一斑。

　　是以惠棟《古文尚書考》建立的《古文尚書》考辨學史，從兩漢生根，不只將朱熹質疑甚深的隋、唐文獻問題置若罔聞，尤其甚者，更將居中銜接的宋代朱熹的歷史存在感完全截斷。因此惠棟《古文尚書考》的書寫結構，就這樣的，逕自從兩漢文獻的考辨起點，毫無認知阻礙的橫跨，直抵清初閻氏《尚書古文疏證》的考辨成果。

　　惠棟《古文尚書考》面對閻氏《尚書古文疏證》的考辨典範當前，他的漢學理念，支配他作出的選擇，竟然是意外的讓清初《古文尚書》考辨學史中的辨僞派，完成了首度考辨典範的轉移。亦即，惠棟通過他的《古文尚書考》，居然讓清初以後的主流學界，對於閻若璩考辨《古文尚書》的認識，從原本閻氏《尚書古文疏證》認同朱熹質疑晚《書》成績的愛不釋手，以致稀釋與瓜分了閻氏《尚書古文疏證》自身的辨僞成就。

　　惠棟此舉遂讓後世絕大多數的學者，從此捨朱就閻，改換凝視的目光，強力聚焦於惠棟《古文尚書考》以漢學理念的策略，重新將閻氏《尚書古文疏證》內在理路的歷史組成結構改頭換面，使得閻氏《尚書古文疏證》本身已經具足學術高度的考辨成就，毫無阻隔的橫空出世。

　　然而也是因於惠棟《古文尚書考》過於鍾愛與抬舉閻氏《尚書古文疏證》的考辨成就，因此惠棟《古文尚書考》不殫繁瑣的徵引「閻君之論」與備載「間附閻說」，〔註17〕導致惠棟之前與惠棟之後，一切清代學者的《古文尚書》考辨成就，最終似乎都只能見樹不見林的歸流於閻氏《尚書古文疏證》。

　　惠棟此一操作策略的積極意義，除了前述所及，促成了考辨典範的徹底轉移。然而惠棟此舉還是存在消極的性質，因為惠棟不止是失去了即時澄清梅鷟《尚書考異》、《尚書譜》與閻氏《尚書古文疏證》，在辨偽舉證部分前後重出的關係，也因此混淆與延後了梅鷟考辨成績的現世時機。話說回來，當惠棟面對閻氏《尚書古文疏證》，此一清初《古文尚書》考辨典範的泰山北斗，惠棟猶然能強力堅持自身的治學信念，其忠於自我的治學態度，可謂盡在不言中。

　　因此辨偽派的惠棟，雖然對於閻氏《尚書古文疏證》極度擊節讚賞，而惠棟《古文尚書考》乍看之下，似乎是對於閻氏《尚書古文疏證》充分直觀的唯閻是取，〔註18〕然而經由上述思辨過程的條陳縷析，可以得出閻氏《尚

〔註17〕　銘豐按：個人於拙作《惠棟《古文尚書考》研究》，曾將惠棟對於閻氏《尚書古文疏證》的評價，初步定位為「唯閻是取」，當時對於「唯閻是取」是這樣定義的：
　　　　按：所謂「唯閻是取」，筆者以為惠棟寫作《古文尚書考》時，其內容所提到與《古文尚書》相關的辨偽資料書目甚夥，但是除閻氏《尚書古文疏證》結構尚稱完整（多達99條），其他諸家與閻氏相較不免顯得零落破碎，加上惠棟「其論與予先後印合，……閻君之論可為助我張目者」的說法，相當程度的顯示了惠棟「唯閻是取」的價值取向，這也形成惠棟寫作時另一層的認知障礙。因此筆者認為《古文尚書考》「梅鷟曰」之所以只有三則出於《考異》（其中〈太誓上〉1之1「梅、閻並出」），最大的原因取決於惠自身因為歷史條件的局限，造成認知上過份聚焦於閻若璩，導致忽略去考察梅鷟的貢獻。」（頁26，注25）
〔註18〕　銘豐按：惠棟《古文尚書考》「唯閻是取」的價值取向，也無可避免的局限了自身的考辨空間。亦如《惠棟《古文尚書考》研究·第四章《古文尚書考·卷下》的辨偽舉證·辨偽舉證的證據效力·結語》所言：惠棟《古文尚書考·卷下》的「辨偽舉證」，經過筆者的擇要整理，可以發現其證據效力，相對於《古文尚書考·卷上》，關於考辨方法的「邏輯基點」與「推理辨證」，可謂

書古文疏證》對於惠棟《古文尚書考》，所產生的治學感召與影響的效應，基本上還是屬於第二義的文獻考據。

由於兩人治學理念根本性的相異，遂讓惠棟的《古文尚書考》對於閻氏《尚書古文疏證》，只能採取部分的有條件的認同。這也正是說明閻氏《尚書古文疏證》整體的考據功力，雖然對於清代學界來說，可以稱得上是魅力無窮。可是說到底，究竟還是不敵惠棟自身，對於漢學理念的情有獨鍾，畢竟漢學理念，乃是指導惠氏三代治學，顛撲不破的最高原則。

那麼與惠棟同時，互為學友的程廷祚，所建構的清初《古文尚書》考辨學史，又是如何定位朱熹的疑《書》見解？有別於惠棟《古文尚書考》處理朱熹，以及對於朱熹背後龐大的宋學氛圍，因為惠棟自身堅持的漢學理念，所展現的堅壁清野，異乎尋常的絕決。

程廷祚的《晚書訂疑》與《青溪集》，對於朱熹的疑《書》形象，或者說清初漢學家在清初《古文尚書》考辨學史，所刻意斷裂抹去的宋學譜系。程廷祚則是展現了對於歷史傳承的再三尊重。程廷祚的作法，顯示了自身治學風格的自由寬容。

是以〈《古文尚書冤詞》辨上〉，即以朱熹的疑《書》見解，作為《古文尚書》考辨學史譜系的開山祖師，〈《古文尚書冤詞》辨上〉曰：

> 《尚書》孔《傳》顯于隋、唐之際，至宋而朱晦庵疑之。元、明以來，議者日眾。近蕭山毛氏奇齡作《古文尚書冤詞》，博引極辨，欲以鉗天下之口。然余嘗平心求之，孔《書》之罅漏痕迸實難磨滅，非疑議者之得已也。〔註19〕

又《晚書訂疑·自序》，亦是持有相同的看法，《晚書訂疑·自序》即曰：

> 《尚書》今所謂《古文》者，最為晚出，然自隋、唐至前宋，無人言其可疑，至吳才老、朱晦菴始起而議之，厥後元·吳幼清為《纂言》，明郝仲輿著《辨解》，焦若侯定《古本》，皆刊落二十五篇而弗錄，或亦失之過矣。

失色不少。筆者認為惠棟這四組的考辨之所以會失誤頻頻，源於多數舉證的證據效力相對薄弱，尤其是惠棟對於所徵引前輩學人的研究成果，特別是關於「閻若璩曰」，惠棟都沒有極力甄別良窳，以致於惠棟時而誤解閻說，時而以閻說之非為是，這些粗糙的推理辨證過程，當然都不可能讓惠棟《古文尚書考·卷下》的辨偽舉證，產生太多加分的作用。（頁146）

〔註19〕《青溪集》，卷四，頁79。

夫二十五篇之《書》，平正疏通，乍觀無一言之違於理道。而其為前
古書、傳所稱引者，視伏《書》為尤多，又奚以見其可疑也？若謂
可疑者，文從字順，異於伏《書》，則伏《書》之中，亦不皆詰曲聱
牙也。

且周穆王而下，暨秦穆公之同時，其文載於《左》、《國》者眾矣，
未嘗與〈呂刑〉、〈文侯之命〉、〈秦誓〉同其體制，……若才老、晦
菴者，吾未見其不得已也。豈彼皆可疑乎？〔註20〕

而《尚書通議‧自序》，與前面兩則敘述的差異，則是在於程廷祚已經開始評
論了朱熹的治《書》的整體成就，《尚書通議‧自序》曰：

漢、魏之《傳》、《注》，至唐而後俱亡。《正義》之作，訓詁惟宗。
孔《傳》以亂為真，不知其繆。宋、元以來，林、薛、朱、呂、金、
吳數十家，雖頗以義理發揮，而得其要領者鮮。或疑經有脫誤，則
輕為移置，草盧尤甚。此又前儒不敢出也。〔註21〕

至〈《尚書私學》序〉時，程廷祚則是更進一步的關注到，清末皮錫瑞的《古
文尚書冤詞平議》一樣熱衷討論的問題，亦即朱熹疑《書》的見解，是否稱
得上周密無虞。〈《尚書私學》序〉曰：

南宋以來，儒者多致疑于晚出之《書》。然率以文辭體制，與伏生《書》
有異為說。夫《書》之真偽，豈必系此？則其所見抑末矣。余素持
議，獨在於來歷之不明，常恨不能起古人而問焉。〔註22〕

又〈答儲敦夫問《尚書古文》書〉的論述分量，則已經完全不亞於皮錫瑞《古
文尚書冤詞平議》，對於朱熹疑《書》見解的再議。事實上，將此文視為程廷
祚討論朱熹疑《書》見解的專論，亦不為過。〈答儲敦夫問《尚書古文》書〉
曰：

夫《古文尚書》自唐貞觀編訂《正義》以後，四百年中無或異議。
宋室南渡，吳才老、朱晦翁始起而疑之，其說遂有當於學者之心。
至元，草盧吳氏著《纂言》，經加刊削，明郝氏之《辨解》、焦氏之
《古本》，皆無二十五篇，久矣哉！

足下所云《古文》無地以立椎者，不自今日始矣！弟才識不逮先儒

〔註20〕《青溪集》，卷六，頁152。
〔註21〕《青溪集》，卷五，頁155。
〔註22〕《青溪集‧續編》，卷二，頁313。

萬萬，然生平不肯隨人俯仰，非信於心安於理者不言也；非確然有證於古，亦不言也。《古文》於吾何怨？先儒之用，大師如彼，今猶必窮追深而後快於心哉？其說有在。

曩見西河毛氏之《冤辭》而有感焉，念《古文》誠有崩城隕霜之痛，而謗污非所應得，則從而為之申雪，非烈士仁人之所當力任乎！

於是旁求書傳，上自先秦，下逮江左，凡單詞片語有關孔、伏之源流，如足下之所謂確有據信者，竭探索之勞以務必得，非一日矣。凡此乃欲求立椎之地以與《古文》，非包藏禍心而欲與之構難也。

豈知探索愈久而痕瑕愈見；求其可信者愈力而愈以無徵，雖至單詞片語可以勉強枝語，而亦莫為之用，乃嘆宋、元諸君子之識力誠有過於前人者，而惜乎未得其要領也。

吳才老曰：「增多之《書》皆文從字順，非若伏生之《書》詰曲聱牙。」四代之中頓分二體。

朱晦翁曰：「《書》凡易讀者皆《古文》，豈有數百年壁中之物不訛損一字者？」

又曰：「伏生所傳皆難讀，如何伏生偏記其所難，而易者全不能記？」

又曰：「孔《傳》並《序》皆不類西漢文字，氣象與《孔叢子》同是一手偽書。」

吳草廬曰：「梅賾所增二十五篇，體制如出一手采集補綴，雖無一字無所本，而平緩卑弱殊不類於先漢以前之文，夫千年《古書》最晚乃出，而字畫略無脫誤，文勢略無齟齬，不亦大可疑乎！澄斷斷然不敢信此二十五篇之為《古書》，則是非之心不可得而昧也。」
明人所言略同。

諸先生之言不為無見，而猶以為未得其要領。何也？夫伏《書》之中，未嘗無文從字順者。又人情於難讀者多加以意，而易讀者忽焉。亡於伏而存於孔，安知非職是故？至若壁中文字略無訛損脫誤，又安知非鬼神善守之以補經之缺乎？是皆可為《古文》說也。

而不能為《古文》說者，獨在於來歷之不明。則諸先生皆言之未詳，而《訂疑》之作豈弟之得已哉！夫欲求《古文》之來歷者，當自十六篇始。《史記·儒林傳》云：「孔氏有《古文尚書》，而安國以今文

讀之，因以起其家，逸《書》得十餘篇，蓋《尚書》滋多於是矣。」
其《書》終漢世未得立，東京學者謂之「逸《書》」，不知亡於何時？
[註23]

程廷祚的〈答儲敦夫問《尚書古文》書〉，相較於前述所及，皮錫瑞《古文尚書冤詞平議》難以突破朱熹模糊論述的窘境，程廷祚則是已經以「諸先生之言不為無見，而猶以為未得其要領」，解決了自身論述這樁公案，斷絕所有因為不當討論前代考辨學者，導致學術紛擾歧異發生的可能。程廷祚正是以這種言簡意賅的方式，處理了清初學者對於清初以前的《古文尚書》考辨學人，所遭遇的種種，因為考辨晚《書》過度以人為本，進而導致倫理難題的認知制約。

必須注意的是，程廷祚以吳棫、朱熹的說法「遂有當於學者之心」，合理解釋了宋代以後，整體《古文尚書》考辨社群的學者，何以對於吳棫與朱熹發言的見獵心喜。程廷祚並且以吳澄的《書纂言》，郝敬的《尚書辨解》，焦竑的《古本》，等等元、明學者編輯全本《尚書》時「皆無二十五篇」的取捨標準，說明吳棫與朱熹質疑晚《書》的說法，在宋代以後與清代之前確實有啟發部分辨偽學者的思維，以及發揮了它的影響效力。

只是程廷祚在此所舉的三個例子都過於極端，因為在歷來《古文尚書》考辨學史的建構中，關於考辨晚《書》論述空間的拓展，從來就不是一個可以從極端討論真偽的問題動機，達到積極甄別晚《書》真偽的考辨目的。

再者，吳澄、郝敬、焦竑，這三位學者，從來就不具備宋代朱熹的學術高度與學術地位。再進一步的釐清程廷祚的立論，可以發現，即是因為程廷祚對於晚《書》從文句的組成，到歷史的溯源，都真偽夾雜的真實存在狀態，保持了持平的態度，也才得以讓後世研究者，見證《古文尚書》考辨課題，在全真與全偽之間，其實具有無數可能的排列組合與討論層次。

然而程廷祚〈答儲敦夫問《尚書古文》書〉，所創造的積極性論述的貢獻，在於程廷祚處理吳棫與朱熹的見解不僅僅是平心而論，更是作出適當的肯定，並且又恰如其分的，縮小簡化了吳棫與朱熹考辨見解的分量，不致於造成無限上綱與過度的解讀。可見程廷祚確實不同於惠棟的《古文尚書考》，用連帶及之的漠視態度逕自處理。

雖然吳棫與朱熹見解的有限，讓諸多學者與之面對時，所能掌握的立論

優勢，看似已然山窮水盡疑無路，然而程廷祚所提出的「要領說」，遂使得吳棫與朱熹淺嘗輒止的考辨思維，及其創造的考辨迷障，得以順利的撥雲見日。「要領說」，可謂成功的還原了吳棫與朱熹考辨議論的本來面貌，並且轉移了原本勢不可免，後代學者必須慣性的對於吳棫與朱熹發言的錙銖必較。

程廷祚並且再以學術制高點的視野，正式昭告清初的《古文尚書》考辨學界，晚《書》最大的可疑之處，即是在於晚《書》身世的「來歷不明」。雖然程廷祚的這個說法，可以看出相當程度，也有可能是獲益自朱熹：「孔安國經最亂道，看得只是《孔叢子》等做出來，某嘗疑孔安國《書》，是假《書》，孔《書》至東晉方出，前此諸儒皆不曾見，可疑之甚。」（《朱子語類‧卷七十八《尚書》一）的啟發。

換言之，程廷祚時移世易的考辨思維，他顯然是認為應該被追蹤定位的，應當是推論真《古文尚書》於兩漢時期，現世與亡佚的各個時間點，以及東晉晚《書》在失而復得之前，究竟存在多少歷史由來的正當性。凡此兩端的討論，才是程廷祚所認定，考辨《古文尚書》的要領之所在。而非是斤斤計較於吳棫與朱熹，到底對於晚《書》發表了多少的議論，程廷祚就是用這種思維方式，建構了程氏自身的《古文尚書》考辨學史。

畢竟如前所述，不管是朱熹所引用的吳棫考辨見解，或是朱熹自身的考辨申論，兩人的言論都是只是處於一種普通讀者的閱讀反應，並不符合後世學界，對於治學標準，特別是研究方法的普遍性要求。

換言之，因為後世多數考辨學者的不甚深思，不只誤入了吳棫與朱熹心理狀態自說自話的敘事歧途，考辨學者們又以自身的治學立場，強勢介入吳棫與朱熹的發言討論，並且據之不厭其煩的反覆加工，所得到的研究效力，往往適得其反，不盡人意。追根結柢，後世的學者普遍都陷入了對於吳棫與朱熹認知情結的迷思。

話雖如此，從清初迄於清末，清代學界看待吳棫與朱熹，質疑晚《書》的態度。或者說，吳棫與朱熹質疑晚《書》的發言，對於清代考辨學者的啟發，除了上述所一一列舉，辨偽派的閻若璩、惠棟、程廷祚之外。事實上在清初之後，吳棫與朱熹質疑晚《書》發言的有效性，學界已逐漸知覺，並且逐一的指出。於其時，無論是內府的四庫館臣，或是民間的大家宿儒，都留下了相當多的討論記錄，《尚書古文疏證‧四庫提要》即曰：

　　自吳棫始有異議，朱子亦稍稍疑之。吳澄諸人本朱子之說，相繼抉

> 摘，其僞益彰，然亦未能條分縷析，以抉其罅漏。

> 明梅鷟始參考諸書，證其剽剟，而見聞較狹，搜采未周。至若璩乃
> 引經據古，一一陳其矛盾之故，《古文》之僞乃大明。

> 所列一百二十八條，毛奇齡作《古文尚書冤詞》，百計相軋，終不能
> 以強辭奪正理。則有據之言，先立於不可敗也。

四庫館臣在此，即是從吳棫對於晚《書》的「始有異議」，迄於朱熹的「稍稍疑之」，簡單幾筆，就將時至乾隆末年，學人們的認知朱熹情結從容的帶過。藉由經學思想史的角度見微知著，宋代學者考辨晚《書》，完全只依靠直觀學術情感的一意孤行，已經不符合清代學界智識主義取向的嚴格要求。

因此就算是明代中期，梅鷟的《尚書考異》與《尚書譜》，已然具備「參考諸書，證其剽剟」，關於辨僞方法的考鏡源流。然而在四庫館臣眼中，梅鷟的學術見識，因爲「見聞較狹，搜采未周」，與閻氏《尚書古文疏證》相較，顯然就不可能成爲閻氏《尚書古文疏證》旗鼓相當的對手。

這也是清代最高等級的學術機構，對於閻氏《尚書古文疏證》所行使的官方認證。四庫館臣對於閻氏《尚書古文疏證》溢於言表的認同，雖然是一種相對比較後的結果，然而無可否認，這卻也是即時促使閻氏《尚書古文疏證》的考辨典範，得以巍峨聳立，重要的外緣推手。

相較於清代中期官方單位的率先發聲，對於閻氏《尚書古文疏證》的多方肯定。民間學者對於吳棫與朱熹，兩人位於《古文尚書》考辨學史的座標位置，以及學術分量的的輕重，也開始迥異於清初學者的處理態度，開始產生了其他思維選擇的考量。顧廣圻於嘉慶壬申年（17年，1813年）〈校定《尚書考異》序〉即曰：

> 《尚書》二十五篇之《古文》，東晉方出。經唐時以列於《五經正義》。
> 先後數百年間，儒者罔覺爲僞。自南宋吳氏棫昌言攻之，下逮今日，
> 而著書抉別其罅漏者輩出，明旌德梅氏鷟其一也。

> 予嘗求得鷟所撰《考異》讀之，歎其絕有佳者。蓋元吳氏澄雖有「采
> 輯補綴，無一字無所本」之論，而羅列書傳以相證驗，實至鷟乃始
> 近密。……且夫學問之道，無窮者也。

> 是故有若梅氏此書，之不知孔壁眞《古文》逸十六篇，而誤信《正
> 義》，指作張霸《百兩》之類，俟閻氏正之；而梅氏、閻氏皆不知

眞《泰誓》，伏、孔皆有。即《史記》所載、鄭康成所注之類，又
俟惠徵君棟之《古文尚書考》出，而後正之。然則凡其得之失之，
皆一一不相掩，而梅氏此書，自無妨與閻、惠並行，以待後學之博
觀也。〔註24〕

顧廣圻的〈校定《尙書考異》序〉，對於吳棫與朱熹質疑晚《書》發言的衡裁，
相較清初學者，確實有所不同。顧廣圻在此直接了當的，完全取消了朱熹質
疑晚《書》歷史地位的存在。

顧廣圻其人，是清代中葉著名的文獻學家，精熟校勘、目錄。顧廣圻對
於梅鷟《尙書考異》的校定，固然稱得上學有專攻。可是更必須注意的是，
顧廣圻透過更爲濃厚的清代漢學背景（亦即顧廣圻青年時期師承江聲，算是
惠棟的再傳弟子），所據之以論定的《古文尙書》考辨學史，相當程度來說，
算是承繼了惠棟對於朱熹質疑晚《書》發言的不予置評。至於顧廣圻對於梅
鷟的肯定，則是更回歸到學術專業，較之四庫館臣，學術視野則顯得更爲寬
闊。

同樣是加諸序言於《尙書考異》，與顧廣圻同期的孫星衍，則於翌年以反
襯的筆法，看似讓吳棫與朱熹繼續留名於《古文尙書》考辨學史，實際上孫
星衍也運用了考據學的思路，重新評估了吳棫與朱熹的考辨地位。孫星衍於
嘉慶癸酉（18年，1814年）〈《尙書考異》序〉即曰：

《尚書》二十九篇之外，有張霸僞《書》，自漢時已罷黜，不傳於世。
後有晉梅賾之廿五篇，并託孔安國《序》、《傳》，謂之《古文》，六
朝已來不能識別。《水經注》、《北堂書鈔》等俱引其文。唐傳仁均、
僧一行至以僞〈胤征〉、〈五子歌〉詞，考辨曆法。而孔氏穎達竟列
爲《五經正義》。

梅氏僞《書》矯誣五帝、三王，疑誤後學，實經學之一厄。至宋吳
氏棫及朱晦庵，始覺其非眞。朱氏疑《古文》易讀，言《書傳》是
魏、晉間人作，託安國爲名，似與《孔叢子》同出一手，尚不能探
索證據，折服人心也。

明梅氏鷟創爲《考異》，就僞《書》本文，究其揑撼錯誤之處，條舉
件繫，加總論於前，存舊文於後。於是閻氏若璩推廣爲《尙書古文

〔註24〕《尚書考異、尚書譜》，頁77～78。

疏證》。惠氏棟、宋氏鑒皆相繼辯駁。世儒方信廿五篇孔《傳》之不可雜於二十九篇矣。然其書自唐列於學官，不敢公言廢斥……明人性靈，爲舉業所汨，一代通經之士甚少，惟以詞章傳世。如梅氏之守經據古，有功聖學，足稱一代名儒，不可使後學不見其書。〔註25〕

孫星衍在此，則是以朱熹「尚不能探索證據，折服人心也」，評定朱熹質疑晚《書》發言的分量。再對比孫星衍序於文末，對於梅鷟的學術評價「如梅氏之守經據古，有功聖學，足稱一代名儒，不可使後學不見其書」。由此可見，在整體《古文尚書》考辨學史中，考辨典範再三的升降移易，確實是與該時代的學術思潮具有密切關係。

而同樣是屬於洞悉學術的目光如炬，時間一樣定格於清代中期，卻是身處異域的韓國學者丁若庸，對於吳棫與朱熹質疑晚《書》的發言，竟然是與當時的清代學術社群的思考邏輯，呈現極其高度驚人的相似性。丁若庸《梅氏書平》曰：

> 昔余游學京師，竊聞師友，往往疑梅氏《尚書》二十五篇，文體卑順，心服其言。逮應講內閣，課至〈禹貢〉，遂遭大故。尚記乾隆壬子（乾隆57年，1792）之春，入侍于熙政堂，誦〈禹貢〉訖。睿獎隆洽，玉音諄復，時聖上潛心經籍，博詢時英，有《尚書》條問數百餘條，縷縷致意於《今文》、《古文》之辨。而賤臣寢苦在家，未有條對，至今吞恨。何者？聖人既沒，無緣質問此護聞也。

> 竊以梅氏之書，薈萃羣言，裒成一家，至言格訓，誠亦不少。然其蒐輯之時，如〈兌命〉、〈太誓〉，之本標篇名者，以之爲〈兌命〉、〈太誓〉，誰曰不可？至於《夏書》、《周書》，之但標時代者。《書》曰、《書》云之，原無標別者。分隸各篇，雜以偽言，苟成文理，以纂聖經之名。則凡慎思明辨者，在所研叢。

> 故朱子曰：「某嘗疑孔安國書是假書。」又曰：「孔《書》至東晉方出，前此諸儒，皆未之見，可疑之甚。」又曰：「《書》凡易讀者皆《古文》，難讀者皆《今文》。」又曰：「伏生口授，如何偏記其所難，而其易者全不能記也。」又曰：「豈有數百年壁中之物，不訛損一字者。」《語類》疑《古文》語，尚有四十餘條，今不盡錄。

〔註25〕《尚書考異、尚書譜》，頁75～76。

夫自漢、唐以來，篤好古經。未有如朱子者。豈其起疑於無疑，欲
毀無瑕之至寶哉？梅氏之書，誠有可疑，故朱子不得不疑之耳。況
德不孤，必有鄰。前乎朱子，有吳才老。棫後乎朱子，有吳幼清。
澄皆另有成書，痛辨其偽，攻梅氏，豈唯朱子已哉！

至蕭山毛氏奇齡之書出。其侮嫚詬詆，無復餘地。乃云《古文》之
冤，始于朱氏。而所著《古文尚書冤詞》，八卷。橫說豎説，累千萬
言。自言曰「我衛聖經」。言既如是，亦何必苦口力戰。以取毀經之
罵哉！但其本意，非衛聖經。凡朱子所言，務欲詆排，以自立幟，
名雖自鳴，志殊不正。凡秉心公平者，在所必辨。然其考據璀譎，
辯論豪快，非精研密核，未易折角。

且凡議讞之法，貴在平允，漢人所爲廷尉平是也。彼有何冤，謹譟
嘖薄，我本無事，應之以平，亦以逸待勞之義也。於是取朱子所以
起疑之端，平心訂議。名之曰《梅氏書平》。凡九卷。

基於此，即必須將異域學者丁若庸的《梅氏書平》，一併納入清代《古文尚書》
考辨學史的討論場域。丁若庸以「於是取朱子所以起疑之端」，總結了朱熹《語
錄》所有質疑晚《書》的疑難。事實上丁若庸的這句話，將朱熹質疑晚《書》，
能發而不能定的心理狀態，描述得非常精準，雖然丁若庸對於何以朱熹質疑
晚《書》，需如此小心謹慎的背後成因，缺乏後續的推論。然而丁若庸卻也沒
有因此跟多數清代學者一樣，誤入了認知朱熹迷途的不歸路。

特別值得一提的，則是丁若庸應對毛氏《古文尚書冤詞》的敬慎態度。
丁若庸認爲毛氏《古文尚書冤詞》的寫作特色在於「考據璀譎，辯論豪快，
非精研密核，未易折角」，丁若庸可以說充分掌握了毛氏《古文尚書冤詞》的
內在理路，在當時《古文尚書》考辨思潮幾乎凡毛皆反的趨勢中，丁若庸的
觀點相當難能可貴，與同時期遠在中國的清代學者程廷祚，選擇與毛氏《古
文尚書冤詞》理性對話的作法，可謂所見略同，各擅勝場。

而《古文尚書》考辨學史一路自清初以來，特別是時至清代中葉的考辨
學者，處理吳棫與朱熹列席文獻的方式，已使得宋代吳棫與朱熹質疑晚《書》
見解的不足，愈來愈與清代主流學界的考據思潮格格不入。

換言之，從清代考據思維萌生起點的《古文尚書》考辨譜系，在清初時，
吳棫與朱熹原本榮膺爲引領考辨風潮，篳路藍縷的《古文尚書》考辨開創先
驅，但是兩人於彼時，令眾多學者無法迴避的歷史價值，在清代中葉時已然

可見吳棫與朱熹，舊有的煊赫聲勢，已然疲態盡露，一蹶不振。

再承續著清代學者，迎接明代梅鷟《尚書尚異》的周折問世，梅鷟《尚書尚異》的現身，及其所引起的學術矚目，正好適時的填補了，吳棫與朱熹退出《古文尚書》考辨學史之後，所遺留的空缺位置。

換言之，原本在閻氏《尚書古文疏證》考辨典範之前，《古文尚書》考辨譜系中疑偽學者的列席，需上溯追蹤至宋代的吳棫與朱熹。然而，從顧廣圻與孫星衍抽換吳棫與朱熹的歷史存在，逕自置入了梅鷟的《尚書尚異》的做法，可以想見，漢宋概念在清代中葉《古文尚書》考辨學史中，已呈無法相容的水火之勢。

討論至此，已經可以開始正式分析一個非常龐雜困難的問題。亦即，除了以清末皮錫瑞的異時觀點，回溯比對清初的毛奇齡、閻若璩、惠棟、程廷祚等四人，共同存在的朱熹認知情結。據此分析個別學者，各自關於清代《古文尚書》考辨學史的建構，不管是攻擊朱熹的不遺餘力，或者是重視有加的強調朱熹，更或者是不予認同的視若無睹，又或者是回歸理性面的對待朱熹。

凡此種種關於認知態度的學理意義，是否足以支撐並且論證，清代《古文尚書》考辨學史與漢宋概念，確實存在交互影響，支配制約的關係？而要釐清這個問題前，則必須再度回歸皮錫瑞《古文尚書冤詞平議‧自序》的自白，此文因為漢宋認知連帶創造的視域重疊，與真偽模糊的敘事空間，大有討論的必要性。是以，在此就必須再度舉出《古文尚書冤詞平議‧自序》的表述，《古文尚書冤詞平議‧自序》曰：

> 毛大可檢討《古文尚書冤詞》，八卷。世傳為駁《尚書古文疏證》而作。予觀其書，亦不盡然。有明一代，專以宋學取士。其於宋儒之說，如刪《孝經》、改《大學》、去《詩‧國風》，皆奉為科律，莫敢異議。獨檢討起而爭之，在當時實能言人所不敢言，不可謂非豪傑之士。惟檢討之才，長於辨駁，務與朱子立異，而意見偏宕，遂有信有所不當信，疑所不當疑者。

> 朱子信《儀禮》是也。檢討因其為朱子所信，乃謂三《禮》之中，《儀禮》最下，所訂喪禮，肆意抨擊。朱子疑《古文尚書》，亦是也。檢討因其為朱子所疑，乃大聲疾呼，為《古文》鳴冤。橫暴先儒，痛詆同時攻駁《古文》之人。以曲護黎邱之鬼，皆由意見偏宕使之然也。

夫《古文尚書》，並非由朱子始疑之。檢討欲爲平反，必據有鐵案，
乃其所執爲左證者，惟《隋書・經籍志》。《隋・志》，唐初人作，其
時崇信僞《孔》，立學官，作《義贊》，史官所采，皆左袒僞學之徒。
檢討乃據一家之言，偏斷兩家之獄，豈能反南山不移之案，以鳴千
載不白之冤乎？

《尚書》一經，自東漢《古文》汨之於前；東晉《古文》假之於後。
宋以來又各枝異說，至今紛紛，莫衷一是。或據宋儒之說，以駁東
晉《古文》。或據東晉《古文》，以駁宋儒之說。或據東漢《古文》，
以駁東晉《古文》與宋儒說。未有能守西漢今文之學，以決是非正
得失者。

迄在明末，經義湮晦。以閻徵君之精核，攻《古文》猶用宋儒之說。
其餘郝、梅諸君所批駁，多不得要領。僞《古文》雖當罪，而罪之
不得當。宜檢討爲之負罪而稱冤也。檢討是書，佳處在不用宋儒新
說。如「武王封康叔」、「周公留後」之類，其弊則在專信僞《孔》，
並伏《傳》、《史記》，亦加訾議，與《尚書古文疏證》互有得失，其
是非可對勘而明。予於《尚書古文疏證》，既爲辨正，乃於是書，更
作《平議》。冀以持兩家之平焉。

首先要處理的問題，即是何以藉由皮錫瑞的《古文尚書冤詞平議・自序》，可
以啓發研究者，思考清代《古文尚書》考辨學史與漢宋概念，是否存在交互
影響，支配制約的關係。皮錫瑞在《古文尚書冤詞平議・自序》，將毛奇齡「務
與朱子立異」的作爲，理解爲毛氏治學「意見偏宕」的根源。

　　猶有甚者，皮錫瑞更將毛奇齡「務以朱熹立異」作法，解釋成毛奇齡《古
文尚書》考辨學史所定義的「朱熹」，乃是無條件的等同於毛奇齡對於「宋學」
與「宋儒」的否定。事實上，藉著皮錫瑞對於毛奇齡《古文尚書》考辨學史
的直接評論，恰恰也是了解皮錫瑞定義「朱熹」與「宋學」的最好時機。可
是在這裡，我們還是無法理解，對皮錫瑞而言，「朱熹」與「宋學」之間，是
否具有畫上等號的關係？

　　事實上討論至此，已可測知皮錫瑞於《古文尚書冤詞平議・自序》所討
論的對象，並不是僅僅局限於毛氏《古文尚書冤詞》，而是整體聲勢綿延不輟
的《古文尚書》考辨課題。因此要相對正確的解讀皮錫瑞的《古文尚書冤詞
平議・自序》，就必須親自跋涉過整個的《古文尚書》考辨學史，感受每個歷

史階段的前輩學者，如何用力甚深的涵泳其中，並且在這個饒富意興的經典實踐項目，滋養生生不息，並且樂此不疲的學術熱情。

而皮錫瑞正是藉由《古文尚書冤詞平議‧自序》，宏觀精細的繪製了一幀遠溯兩漢，迄於清末，生機盎然，充滿了學術性的往復辨證，屬於《古文尚書》考辨學史的長篇巨作。

再者，本文論述至此，雖然已經歷數了毛奇齡、閻若璩、惠棟、程廷祚，等等清初的《古文尚書》考辨學人，對於朱熹所懷抱的認知情結。而這些清初的學者，在宋儒朱熹面前的應對進退，取捨發言，往往都必須考量自身的治學理念，究竟是與朱熹的見解若合符節，又或者是大相逕庭。並且在這個論述的起跑點之前再三思考，謹小慎微自身所能掌握的考辨空間。

在此必須特別強調，因為朱熹的宋儒身分，基本上乃是多數清代學者，認為朱熹質疑晚《書》的原罪，所以藉由閻氏《尚書古文疏證》，對待朱熹疑《書》見解的取用流連，以及惠棟對於閻氏《尚書古文疏證》的朱熹典範，托樑換柱的行使策略，皆間接呈現清初以漢學取向為宗，考辨《古文尚書》的學者與宋學概念的認知互動，確實存在著不可言喻，依違模糊的論述空間。

然而不管是像閻若璩的倚仗前賢以自重，或者是如同惠棟，曲折隱晦的操作閻氏《尚書古文疏證》，有意的抹消朱熹的考據地位。對於建立清初《古文尚書》考辨學史而言，漢宋認知的討論，在清初時期，就如同樂曲裡面雙人圓舞曲的概念，是無論如何，都必須是呈現同時攜手共舞的平衡。

因此辨偽派學者漢學認知的身分，在這個學術氛圍中，支撐起所有考辨力道的前進向度。與此同時，宋學認知的角色，就只能被動的配合辨偽派學者的漢學認知，用後退的姿態，讓辨偽派學者盡情展現考辨優勢。因此，這也是為什麼當皮錫瑞只是單薄的指出，清初時期是屬於漢學初萌的歷史階段時，完全不足以相對的解釋宋學認知的存在向度。這種論述理路的不足，相當程度代表了清代的學者就算時至清末，依然始終無法真正客觀持平的，正視辨偽與護真兩派的考辨初衷及其考辨成果。

所以皮錫瑞對此已經有所意識，自己必須在辨偽派之外，不斷連帶的納入護真派的討論，方能讓整個考辨模型的論述結構得以相對完整。是以皮錫瑞必須正視護真派在清初《古文尚書》考辨學史擔綱的角色，以及指出護真派的作法，其實具有平衡整體考辨論述的功能。然而皮錫瑞的這個舉動，因於他強大漢代今文學治學立場的驅使，卻是反而更有可能加劇清初《古文尚

書》考辨學史，與漢宋概念之間難分難解的共生糾葛。

　　幸而皮錫瑞於後續的著作中，已經開始有意識的自我認知，自身漢宋概念結合《古文尚書》考辨的經典實踐後，必將會產生更難歸屬的混亂論述。因此他開始在《經學歷史》與《經學通論》，企圖作出必要的澄清。其中《經學歷史・經學變古時代》提到：

> 疑孔《傳》始於宋吳棫。朱子繼之，謂「某嘗疑孔安國《書》是假，《書序》是魏、晉間人作。《書》凡易讀者皆《古文》，伏生所傳皆難讀，如何偏記其所難而易者全不能記。」朱子所疑，眞千古卓識。蔡《傳》不從師說，殆因其序以傳心爲說。

> 傳心出虞廷十六字，不敢明著其僞乎！閻若璩作《古文疏證》，攻僞《書》、僞《傳》。毛奇齡爲古文作《古文尚書冤詞》。人多是閻非毛，實亦未可概論。閻攻僞《書》、僞《傳》極精，而據蔡《傳》則誤。毛不信宋儒所造事實，而一從孔《傳》，此則毛是而閻非者，學者當分別觀之。〔註26〕

皮錫瑞此處關於漢宋概念朱熹情結的發言，有三個明確的重點，即爲：

　　（一）朱子所疑，眞千古卓識。

　　（二）閻攻僞《書》、僞《傳》極精，而據蔡《傳》則誤。

　　（三）毛不信宋儒所造事實，而一從孔《傳》，此則毛是而閻非者。

　　然而皮錫瑞在此，還是無法將清代《古文尚書》考辨學史中的宋學概念徹底的負面表列，這是因爲他始終無法對於朱熹質疑晚《書》的貢獻視若無睹。因此惠棟《古文尚書考》完全捨朱就閻的作法，皮錫瑞就無法照章辦理。幸而皮錫瑞終於在結語時，指出了一個思考邏輯，亦即「學者當分別觀之」，皮錫瑞提出這個研究方法的主要目的，相當程度是爲了解套《古文尚書》考辨學史與漢宋概念之間的複雜糾結。

　　皮錫瑞極度肯定閻氏《尚書古文疏證》的辨僞成就，可是閻氏《尚書古文疏證》採信蔡《傳》的說法，卻是嚴重牴觸了皮錫瑞的學術底限。而雖然毛奇齡考辨《古文尚書》採取的是護眞的立場，可是毛奇齡反對朱熹質疑晚《書》的作法，卻又是與皮錫瑞的認同朱熹所爲乃是「千古卓識」認同感有所違背。再者，雖然毛奇齡所信從的是孔《傳》，皮錫瑞認爲孔《傳》雖僞，

〔註26〕《經學歷史》，頁235。

可是至少可信度，會比蔡《傳》來得眞實無虞。所以相形之下，皮錫瑞反而認爲此處是毛是而閻非。

這一段專門以《古文尚書》考辨課題爲核心的討論，乍看之下，似乎不只是指出毛奇齡護眞作爲的自相矛盾，連皮錫瑞爲了讓毛奇齡的護眞論述，能符合皮錫瑞最低的學術標準，皮錫瑞更是一再而再的變換自己的辨僞底限。這是一路以來，皮錫瑞爲了因應漢宋認知介入清初《古文尚書》考辨學史所產生的複雜糾葛，採取了「學者當分別觀之」的論述模式，意圖解決這個他始料未及的問題。

換言之，只要宋儒不具備明確質疑晚《書》的學術立場，就會被皮錫瑞圈入他所否定的宋學的範圍，這也是皮錫瑞審核宋代學者是否具備治學能力的首要條件。而毛奇齡信從孔《傳》的選擇，則是因爲皮錫瑞認爲總比閻若璩依從蔡《傳》來的好。按理說，皮錫瑞應該從嚴處理毛奇齡護眞作爲的自相矛盾，可是因爲蔡《傳》變數的加入，毛氏《古文尚書冤詞》的錯誤，在此反而變得無關緊要。

而後續的《經學通論》，〈論僞孔《經》、《傳》，前人辨之已明，閻若璩、毛奇齡兩家之書，互有得失，當分別觀之〉條，即又是另一個「學者當分別觀之」，卻是較之《經學歷史》更爲詳盡清晰，屬於皮錫瑞治學立場的再申論，其文曰：

> 歐陽、大、小夏侯，三家既亡。其後鄭、孔並行。至隋，鄭氏漸微。唐作《正義》，專用孔《傳》。至宋，吳棫始發其覆，朱子繼之曰：「孔安國解經最亂道，看得只是《孔叢子》等做出來，某嘗疑孔安國《書》，是假《書》，孔《書》至東晉方出，前此諸儒皆不曾見，可疑之甚。」
>
> 錫瑞案：朱子於孔《傳》直斥其僞，可謂卓識。而於《古文經》雖疑之，未敢明斥之，猶爲調停之說。曰《書》有二體，有極分曉者，有極難曉者，《尚書》諸命皆分曉，蓋如今制誥是朝廷做底文字，諸誥皆難曉，蓋是時與民下說話，後來追錄而成之，據此，是朱子以《傳》爲僞，於《經》猶有疑辭。故蔡沈作《傳》，仍存《古文》。然猶賴有朱子之疑，故蔡《傳》能分別今、《古文》之有無。
>
> 其後吳澄、歸有光、梅鷟，愈推愈密，嘗謂僞孔《古文》，上於東晉之梅頤，而攻《古文》漸有實據者，出於晚明之梅鷟。同一梅氏，而關僞古文之興廢，倘亦天道之循不斁。

至閻若璩、惠棟考證更精。至丁晏《尚書餘論》，據《家語‧後序》，定爲王肅僞作，《隋書‧經籍志》、孔氏《正義》，皆有微辭，唐初人已疑之，不始於吳才老，朱子，可謂搜得眞贓實證矣。毛奇齡好與朱子立異，乃作《古文尚書冤詞》，其所執爲左證，以鳴冤者，《隋書‧經籍志》也。《隋志》作於唐初，其時方尊僞孔，作義贊，頒學官，作《志》者即稍有微辭，何敢顯然直斥其僞，《志》所云，雖歷歷可據，要皆傳爲僞《書》者臆造不經之說。

孔《書》，《經》、《傳》一手所作，僞則俱僞，閻若璩已明言之。毛乃巧爲飾辭，以爲東晉所上之《書》，是《經》非《傳》，專以《隋志》爲證，使斯言出《漢‧藝文志》，乃爲可信。若《後漢‧儒林傳》，則已不可信矣。以范蔚宗作書之時，僞《書》已出，不免爲所惑也。況《隋志》修於唐初，在《古文》立學之後哉！

《古文尚書冤詞》一書，相傳爲駁閻若璩《尚書古文疏證》而作。案閻、毛二家互有得失，閻證《古文》之僞甚確，特當明末宋學方盛，未免沾染其說。夫據古義以斥孔《傳》可也，據宋人以斥孔《傳》則不可，閻引金履祥說：

以〈高宗肜日〉，典祀無豐於昵，爲祖庚繹於高宗之廟，其誤一也。引邵子書，以定或十年等年數，其誤二也。引程子說，謂武王無觀兵事，其誤三也。

駁〈武成篇〉，並以文王受命改元爲妄，其誤四也。

駁孔《傳》以居東爲避居，不爲東征，其誤五也。

信金履祥以爲武王封康叔，其誤六也。

信金履祥以〈多方〉爲在〈多士〉前，其誤七也。

知九江在潯陽，又引《水經》云：「九江在長沙，下雋西北」，未免騎牆之見，其誤八也解三江，亦以爲有二，與九江同，其誤九也。

信蔡氏說，以〈康誥〉屬武王，其誤十也。

移易〈康誥〉、〈大誥〉、〈洛誥〉，以就其說，其誤十一也。

謂伏生時未得《小序》，其誤十二也。

以金履祥更定〈洪範〉，爲文從字順，章妥句適，其誤十三也。

閻氏此等處，皆據宋人以駁古義，有僞孔本不誤，而閻誤者。蓋孔《書》雖僞，而去漢未遠，臆說未興，信宋人不如信僞孔。毛不信宋人，篤守孔《書》之義，以爲《尚書》可焚，《尚書》之事，實不可焚，今溥天之下，老老大大，皆有一武王戡黎，封康叔，周公留後，治洛黃故，在其胸中，此千古大冤大枉事。是則毛是而閻非者，學者當分別觀之，勿專主一家之說，但以今文之說爲斷，則兩家之得失明矣。〔註27〕

由於皮錫瑞《經學通論》初刻本的刊行時間，爲光緒三十三年丁未（1907）。而皮錫瑞自序《經學通論》的時間亦爲光緒丁未。因此《經學通論》乃是皮錫瑞治學生涯中最後一本，在他有生之年，由他親自校定，並且見證出版刊行的經學專著（亦即皮錫瑞卒於光緒三十四年己申，1908）。

皮錫瑞《經學通論》關於《尚書》的發言，基本上已經可以作爲皮錫瑞治理《尚書》的定見。而《經學通論》較之著述於前的《經學歷史》，皮錫瑞自身對於處理《古文尚書》考辨課題與漢宋認知，兩者之間形影不離的關係有了更爲斬釘截鐵的結論。特別是《經學通論》對於朱熹情結，《經》、《傳》問題，今文學，所採取的「學者當分別觀之」的研究方法，與《經學歷史》的推論步驟略微不同，分別是：

1. 朱子於孔《傳》直斥其僞，可謂卓識。而於《古文經》雖疑之，未敢明斥之，猶爲調停之說。

2. 孔《書》，《經》、《傳》一手所作，僞則俱僞，閻若璩已明言之。

3. 閻證《古文》之僞甚確，特當明末宋學方盛，未免沾染其說。夫據古義以斥孔《傳》可也，據宋人以斥孔《傳》則不可。

4. 閻氏此等處，皆據宋人以駁古義，有僞孔本不誤，而閻誤者。蓋孔《書》雖僞，而去漢未遠，臆說未興，信宋人不如信僞孔。毛不信宋人，篤守孔《書》之義。

5. 是則毛是而閻非者，學者當分別觀之，勿專主一家之說，但以今文之說爲斷，則兩家之得失明矣。

首先，皮錫瑞確實是已將《古文尚書》考辨學史的宋學概念，徹底的負面表列，這一點合觀《經學歷史》與《經學通論》後，已經無庸置疑。皮錫

〔註27〕《經學通論》，頁82～84。

瑞爲了否定蔡《傳》，甚至說出了「信宋人不如信僞孔」，只因爲「蓋孔《書》雖僞，而去漢未遠，臆說未興」，換言之，宋儒解經的鑿空臆說，讓皮錫瑞無法認同。

至於皮錫瑞爲什麼對於蔡《傳》這麼的深惡痛絕，皮錫瑞則以牽扯閻氏《尙書古文疏證》的援引蔡《傳》，以及金履祥注《書》的錯誤連篇，證明己見。乍看之下，皮錫瑞的漢學認知，似乎遙契了梁啓超所言「凡古必眞，凡漢必好」的漢學先驅惠棟。然而實際上，清初《古文尙書》辨僞學者所處理的諸多問題中，並不包括孔《傳》。因爲認同梅賾所上奏朝廷是孔《書》，而非孔《傳》的學者，乃是護眞派毛氏《古文尙書冤詞》所持的見解。

從閻氏的《尙書古文疏證》以降，迄至惠棟的《古文尙書考》與程廷祚的《晚書訂疑》，這些學者主要的討論重點，向來都只有兩漢的《古文尙書》，爲何眞僞疊現？與兩晉、隋、唐《晚書》的以假亂眞，以及指出二十五《晚書》的造僞由來。在《經》、《傳》一體的論述傳統底下，關注的面向從來只有經典本身的眞僞。

換言之，《經》眞則《傳》眞，《經》僞則《傳》僞，晚《書》既然被辨僞派視爲是僞造，則附加於其上的孔《傳》，自然是僞作，此事對於辨僞派而言已然定調，其實無需再費言爭論。而護眞派的毛奇齡既然認定晚《書》已是眞實不虛，那麼毛奇齡連帶的重視孔《傳》的注解價值，其實非常的合乎情理，毛奇齡於此也確保了自身《古文尙書冤詞》前後論述的一致性。

只是以此反觀皮錫瑞《經學通論》的發言，皮錫瑞爲了反對蔡《傳》的不分今古文，以宋學的習氣胡亂注《書》，皮錫瑞藉此指出閻氏《尙書古文疏證》採信蔡《傳》，乃是犯下了無可饒恕的錯誤。皮錫瑞爲此陣前倒戈，改換辨僞的旗幟，反過來認同毛奇齡對於孔《傳》的引用不誤。對照《經學通論》前述所言「閻氏此等處，皆據宋人以駁古義，有僞孔本不誤，而閻誤者」。

皮錫瑞既然也願意承認孔《傳》雖僞，猶有不誤，也就是代表皮錫瑞對於孔氏《經》、《傳》的眞僞問題，仍然保有相當彈性的解讀空間。這樣的發言態度，顯然已非是皮錫瑞前述所認同的「孔《書》，《經》、《傳》一手所作，僞則俱僞，閻若璩已明言之」。然而若合併兩言觀之，同章之內，論點南轅北轍，則皮錫瑞又該如何圓融《經學通論》前後的自相矛盾？

事實上孔《書》也好，孔《傳》也罷，其眞僞認知的定義賦予，與個別學者所採取的考辨立場往往息息相關。只是皮錫瑞欲將自身對於漢宋概念截

然二分的治學立場，落實於《古文尚書》考辨學史的建構，在此便顯得處處捉襟見肘，無計可施。因爲皮錫瑞如果選擇無條件的認同閻氏《尚書古文疏證》對於蔡《傳》的取用，那麼就會與他力反宋儒的鑿空臆說形成巨大的衝突。

而皮錫瑞對於《古文尚書》的辨僞立場，當然更不可能讓他接受毛氏《古文尚書冤詞》對於晚《書》的據以爲眞。是以當皮錫瑞面對蔡《傳》與毛氏《古文尚書冤詞》的兩者皆誤時，皮錫瑞自身漢代今文學的治經信念，就強悍的應援而出，企圖拯救這一段思考邏輯已經失控的論述。

然而皮錫瑞若要確保論述一致性的永續存在，就必須奠基於皮錫瑞對於宋學認知在析離朱熹情結後負面定義的一以貫之，否則皮錫瑞據此所作出的學術判準，定義必然隨時會產生危險位移的可能。換言之，只要比較的前提改變，皮錫瑞的對於清初考辨學者，特別是毛氏護眞與閻氏辨僞的學術評價便會截然不同。

由此觀之，皮錫瑞《經學通論・尚書》部分與漢宋概念的連結，不管呈現出多少的矛盾叢生，只要是與朱熹質疑晚《書》無關的宋學經說，皮錫瑞一律反對到底。甚至是在面對毛氏《古文尚書冤詞》倡議晚《書》眞實性的挑釁時，皮錫瑞甚至可以推導出「孔《書》雖僞，而去漢未遠，臆說未興，信宋人不如信僞孔」的結論。以今日的學術眼光來看，皮錫瑞這種學術評鑑標準簡直是毫無原則，讓人覺得匪夷所思，並且與當時學界堅持單一考辨立場的主流價值，完全背道而馳。

事實上研究者面對《古文尚書》考辨課題時，絕對不可能同時擁有所有的考辨立場，《古文尚書》考辨課題如果是採用這種方式進行操作處理，終將會自毀考辨立基。可是爲什麼皮錫瑞可以一而再，再而三的，往返穿梭於辨僞與護眞各自的論述底限，並且毫不警覺自身的考辨立場，將會混淆辨僞與護眞的楚河漢界？

答案的探索，顯然不能用質疑皮錫瑞的作法取得理解。而是應當反其道而行，重新回到皮錫瑞的思維原點，初步作法當然就是採取逆向的操作策略，即是合理化皮錫瑞的所作所爲，如此才能找到皮錫瑞何以致之的深層原因。

亦即，如果不以皮錫瑞的顚倒立場爲非，而是隨順著皮錫瑞理直氣壯的思辨軸線，以此作爲進入皮錫瑞內在考辨心靈的路徑。那麼，皮錫瑞自我感覺良好的言之成理，似乎就只能得出一個解釋，就是不管是清初時辨僞派考

辨典範的閻氏《尙書古文疏證》，或者是護眞派異軍突起的毛氏《古文尙書冤詞》，都無法讓清末的皮錫瑞眞正的心悅誠服。更或者是，在閻氏《尙書古文疏證》與毛氏《古文尙書冤詞》，所建立的主流考辨論述之外，皮錫瑞其實是有心想突破兩種考辨重圍的制約。

因此，再回歸皮錫瑞《古文尙書冤詞平議・自序》所言《古文尙書冤詞》「與《尙書古文疏證》互有得失，其是非可對勘而明」的立論，與其說清末皮錫瑞，仍然膠著耽溺於探索《尙書古文疏證》與《古文尙書冤詞》考辨結果的是非對錯，毋寧說皮錫瑞對於《古文尙書》考辨課題已經有了全新的認識。而讓皮錫瑞得以胸有成竹的原因，即是來自於他認爲正確的分辨區別兩漢的今古文學，即是識眞的唯一方式。

因此《經學通論》的〈論僞孔《經》、《傳》，前人辨之已明，閻若璩、毛奇齡兩家之書，互有得失，當分別觀之〉條，所言的「學者當分別觀之，勿專主一家之說，但以今文之說爲斷，則兩家之得失明矣」，即是延續自《古文尙書冤詞平議・自序》《古文尙書冤詞》「與《尙書古文疏證》互有得失，其是非可對勘而明」的補充申論。

這既是皮錫瑞建構《古文尙書》考辨學史的正本清源，也是皮錫瑞不與人同的考辨思維。凡此種種，皆促成了《尙書古文疏證辨正》與《古文尙書冤詞平議》之間內在理路的流動不居，也證明了清末皮錫瑞寓創建於評論的治《書》目的。

然而皮錫瑞的作法，是否能有效的解決自身內部論述的前後矛盾？要處理這個問題之前，不妨先確認《古文尙書》考辨學史中，關於「論述矛盾」的實際發生狀況，皮錫瑞《經學通論》的發言，究竟是絕無僅有的個案？還是《古文尙書》考辨課題的複雜程度，所導致的論述矛盾其實所在多有。

舉例來說，清初辨僞派的惠棟序文《晚書訂疑》時，即曰：「反覆于《堯典・正義》，見所載鄭氏二十四篇之目，恍然悟孔氏逸《書》具在，因作《古文尙書考》二卷。及讀絲莊之書，宛如閉門造車，不謀而合轍。」〔註 28〕然而程廷祚的《晚書訂疑》，卻是否定鄭玄二十四篇《古文尙書》紀錄的眞實性：

> 案：漢代僞《書》無所謂二十四篇，惟孔《疏》有是說，謂出於鄭康成，而載於劉向《別錄》者，然劉在鄭前，若劉先見之，則《藝文志》當有其目矣，《志》既杳然，而鄭又何以知之？

〔註28〕（《晚書訂疑》，頁 17）

以爲安國之《書》，則當爲十六篇，而安國亦非僞；以爲張霸之《書》則當爲《百兩篇》，而其數何爲十六？其說之錯互虛誕如此，愚前已刺其故而闢之矣。乃近日山陽閻百詩氏、元和惠定宇氏，皆能眞言晚《書》之僞者，而於是說則篤信焉，愚所未解也。〔註29〕

程廷祚在此又進一步斷定「安國十六篇不傳」，程氏《晚書訂疑‧卷上‧安國十六篇不傳》曰：

《隋‧志》云：「晉世祕府所存，有《古文尚書》經文，今無有傳者。」

案：此必漢世所遺，而十六篇亦在其内者也。然則安國之《書》，至晉猶存，而東京學者，無一語及之，何邪？竊疑安國雖嘗以今文，考定于錯亂磨滅之中，而所得之《書》，則遠遜伏氏，不爲儒者所重。是以更歷二漢，咸置勿論，以至絕無師説，而遂亡也。

案：《史記》所載有〈湯征〉、〈湯誥〉諸篇，劉歆《三統曆》有引〈伊訓〉、〈武成〉、〈畢命〉等文，〈王莽傳〉有引逸〈嘉禾篇〉語，夫司馬遷之時，無他僞《書》，《百兩》出於漢末而旋廢，劉歆篤信孔氏之《古文》，則彼三人所稱引，其爲十六篇之《書》無疑也。以今觀之，視伏《書》何如邪？其乍明而復晦，殆無足惜。然使獲存于永嘉之後，則梅賾、姚方興等，又無所售其僞，而免于千載之下之爭論矣。其亦可憾哉！

或曰：十六篇之亡，猶有他證，可得聞乎？曰：有。《史記》所載〈湯誥〉，全與今異。《律曆志》所引〈伊訓〉、〈武成〉、〈畢命〉，亦與今不同。使孔《書》不亡，則馬、班所載所引，必爲十六篇之《書》無疑。使十六篇而存，則此數篇，必不能出于今二十五篇之外。然則十六篇之存亡，與今二十五篇之眞僞，執此以辨之，有餘矣！閻氏《尚書古文疏證》，愚別有辨，見《青溪存稿》。〔註30〕

程廷祚的見解自是與惠棟有異，可是反觀惠〈序〉對此卻全然不提。何以評論者所評論的事項，明明與被評論者的表述大相逕庭，可是爲何評論者對此卻隻字不提？我推測原因可能有二。其一，惠棟無法圓滿解釋兩者的差異。

平心而論，惠棟《古文尚書考》考索隋、唐文獻的深度，確實不如程廷

〔註29〕《晚書訂疑‧卷中》，頁38右下。
〔註30〕《晚書訂疑‧卷上》，頁3～4。

祚《晚書訂疑》，是以惠棟作〈序〉時絕口不觸及兩人相有別的考辨重心。其二，惠棟對於這個問題並非是視若無睹，而是考量兩人推論過程的不同，不致影響他們認定晚《書》的二十五篇，確係是偽作的共識。在這個大前提之下，考辨者的獨立見解是允許存在的。

以此再對照程廷祚面對同樣處境的說法：「山陽閻百詩氏、元和惠定宇氏，皆能真言晚《書》之偽者，而於是說（按：指「二十四篇」為真），則篤信焉，愚所未解」。由此可見，惠棟與程廷祚同樣都是考辨《古文尚書》，可是面對見解的歧出，確實因於個人的學術性格，遂有各自不同的側重與解讀。

今日的經學研究者，面對惠棟與程廷祚的考辨互動，確實可以從中觀摩到幾種處理問題爭議的原則。第一，研究者究竟是要像惠棟一樣，選擇固守既有的論述，而對於自己與程廷祚不甚合轍之處，則以兩人大方向皆為辨偽的前提以茲帶過？又或者，研究者可以學習程廷祚秉筆直書的作法，毫不隱藏的表達，他無法理解何以閻若璩與惠棟，對於「安國十六篇不傳」之事的不求甚解。然而這兩種思考方式，卻都不是究竟解決學術問題的方法。

特別是在研究者面臨皮錫瑞《經學通論》所創造的諸多思維矛盾時，如果再將惠棟與程廷祚〈序〉文互動時，所潛藏的欲語於不言，套用於解讀皮錫瑞《經學通論》重重矛盾散亂的敘述。那麼，還是無法將《經學通論》的散錢無串，進行有效的歸納統整。

而《經學通論》本身是否具有井然有序的思考邏輯，足以對應與尋求皮錫瑞矛盾說法的可能解釋？這個問題的答案然已然浮現，因為單從皮錫瑞平面直觀的論述鋪陳，顯然無法獲取適合的答案以茲解釋。

因此本文接續所要處理的，即是真正找出皮錫瑞的表達到底出了什麼問題，以及定位問題的存在座標，與提出解決問題的方案。因此《經學通論》此處的論述矛盾，我認為可以用整理與列出四大主題的表列方式，獲得初步的理解：

問題一

主題：朱熹於《古文尚書》考辨學史定位的不一致性。

正題：至宋，吳棫始發其覆，朱子繼之曰：「孔安國解經最亂道，看得只是《孔叢子》等做出來，某嘗疑孔安國《書》，是假《書》，孔《書》至東晉方出，前此諸儒皆不曾見，可疑之甚。」……

朱子於孔《傳》直斥其偽，可謂卓識。而於《古文經》雖疑
之，未敢明斥之，猶爲調停之説。

反題：《隋書·經籍志》、孔氏《正義》，皆有微辭，唐初人已疑之，
不始於吳才老，朱子，可謂搜得眞贓實證矣。

合題：據此，則吳棫與朱熹是否爲考辨《古文尚書》的先行者？

序列：《隋書·經籍志》、孔氏《正義》＞ 吳棫、朱熹。

　　問題二

主題：蔡《傳》於《古文尚書》考辨學史的歷史定位。

正題：朱子於孔《傳》直斥其偽，可謂卓識。而於《古文經》雖疑
之，未敢明斥之，猶爲調停之説。曰《書》有二體，有極分
曉者，有極難曉者，《尚書》諸命皆分曉，蓋如今制誥是朝廷
做底文字，諸誥皆難曉，蓋是時與民下説話，後來追錄而成
之。據此，是朱子以《傳》爲偽，於《經》猶有疑辭。故蔡
沈作《傳》，仍存《古文》。然猶賴有朱子之疑，故蔡《傳》
能分別今、《古文》之有無。

反題：閻證《古文》之偽甚確，特當明末宋學方盛，未免沾染其説。
夫據古義以斥孔《傳》可也，據宋人以斥孔《傳》則不可。

合題：所以蔡《傳》的正確性是否僅止於分別今古文的技術性價值，
毫無學術思想史的學理意義？

序列：孔《傳》正確性 ＞ 蔡《傳》正確性。

　　問題三

主題：孔《傳》於《古文尚書》考辨學史的相對價值。

正題：《隋志》作於唐初，其時方尊偽孔，作義贊，頒學官，作《志》
者即稍有微辭，何敢顯然直斥其偽，《志》所云，雖歷歷可
據，要皆傳爲偽《書》者臆造不經之説。孔《書》，《經》、
《傳》一手所作，偽則俱偽，閻若璩已明言之。毛乃巧爲
飾辭，以爲東晉所上之《書》，是《經》非《傳》，專以《隋
志》爲證，使斯言出《漢·藝文志》，乃爲可信。若《後漢·
儒林傳》，則已不可信矣。以范蔚宗作書之時，偽《書》已

出，不免爲所惑也。況《隋志》修於唐初，在《古文》立
學之後哉！

反題：《古文尚書冤詞》一書，相傳爲駁閻若璩《尚書古文疏證》而
　　　作。案閻、毛二家互有得失，閻證《古文》之僞甚確，特當
　　　明末宋學方盛，未免沾染其說。夫據古義以斥孔《傳》可也，
　　　據宋人以斥孔《傳》則不可……閻氏此等處，皆據宋人以駁
　　　古義，有僞孔本不誤，而閻誤者。蓋孔《書》雖僞，而去漢
　　　未遠，臆說未興，信宋人不如信僞孔。毛不信宋人，篤守孔
　　　《書》之義。合題：所以孔《傳》究竟是眞是僞的確認？

序列：孔《傳》眞實性 ＞ 蔡《傳》眞實性。

　　問題四

主題：正本清源今文說。

正題：毛不信宋人，篤守孔《書》之義，以爲《尚書》可焚，《尚
　　　書》之事，實不可焚，今溥天之下，老老大大，皆有一武王
　　　戡黎，封康叔，周公留後，治洛黃故，在其胸中，此千古大
　　　冤大枉事。是則毛是而閻非者，學者當分別觀之，勿專主一
　　　家之說。

反題：但以今文之說爲斷，則兩家之得失明矣。

合題：既然勿專主一家之說，則皮錫瑞的今文說也是一家之說，又
　　　該如何成立？

序列：勿專主一家 ＝ 或 ≠ 皮錫瑞今文說。

　　綜觀皮錫瑞《經學通論》此處的論述方向，似乎是同時談論四種主題，
並且同時也能推導出四種可能的結論。

　　第一：皮錫瑞既肯定朱熹質疑晚《書》之舉，將之譽爲千古卓識。並且
將辨僞次序以「至宋，吳棫始發其覆，朱子繼之」定調。可是同文卻又提出：
「《隋書·經籍志》、孔氏《正義》，皆有微辭，唐初人已疑之，不始吳才老，
朱子，可謂搜得眞贓實證矣。」據此，則吳棫與朱熹是否仍爲考辨《古文尙
書》的先行者？倘若不是，是否代表皮錫瑞承認朱熹位於《古文尙書》考辨
學史定位的不一致性？

　　第二：延續朱熹質疑晚《書》之舉，皮錫瑞認爲朱熹的開創性，啓發了蔡沈的《書集傳》，因此創製了區隔古文與今文《尚書》的體例。可是同文卻又有：「閻證《古文》之僞甚確，特當明末宋學方盛，未免沾染其說。夫據古義以斥孔《傳》可也，據宋人以斥孔《傳》則不可」的悖反說法。據此，所以蔡《傳》的正確性是否僅止於分別今古文的技術性價值，毫無學術思想史的學理意義？倘若如此，則蔡沈的《書集傳》的學術思想史定位又是爲何？

　　第三：皮錫瑞既曰：「孔《書》，《經》、《傳》一手所作，僞則俱僞，閻若璩已明言之。毛乃巧爲飾辭，以爲東晉所上之《書》，是《經》非《傳》，專以《隋志》爲證」，明言晚《書》的《經》、《傳》俱僞。可是皮錫瑞同時又認爲：「閻氏此等處，皆據宋人以駁古義，有僞孔本不誤，而閻誤者。蓋孔《書》雖僞，而去漢未遠，臆說未興，信宋人不如信僞孔。毛不信宋人，篤守孔《書》之義。」據此，所以孔《傳》的屬性究竟是眞是僞？而孔《傳》於《古文尚書》考辨學史的相對價值，又該如何定位？

　　第四：皮錫瑞既曰：「是則毛是而閻非者，學者當分別觀之，勿專主一家之說」。可是皮錫瑞同文又提到：「但以今文之說爲斷，則兩家之得失明矣」。如此一來，既然皮錫瑞認爲勿專主一家之說，則皮錫瑞的今文說也是一家之說，皮錫瑞說法又該如何成立？

　　上述四個問題的提出，目的在於呈現《經學通論》的論《書》發言，雖然這是皮錫瑞有生之年，最後出版的經學專著與最終的論《書》的定見。然而舉凡皮錫瑞由此至彼，如是種種的說法，如果研究者只是單線平面的閱讀，由於層層文意指稱對象的不一致性非常強烈，只會造成研究者的思考邏輯，無法順利的對應《經學通論》眞正的書寫目的。

　　再者，如欲應用皮錫瑞自我揭示「學者當分別觀之」的研究方法，進行《經學通論》的文本分析，就必須先將皮錫瑞的論述對象各自獨立審視，並且交叉比對皮錫瑞論述間的起落轉折，就所得到的認知結果，再考掘其內在理路的屬性。基於閱讀《經學通論》的論《書》發言後，有感於皮氏敘述邏輯的矛盾叢生，因此除了前述所上開正反合的問題表以茲對照，有了這個足以鳥瞰全局的高度，接續所要處理的，即是排比與序列皮錫瑞考辨《古文尚書》學術觀點，對於相關文獻材料接受與容忍的底限。

　　問題一的排比序列：《隋書·經籍志》與孔安國《尚書正義》，辨僞角色的歷史先行 ＞ 吳棫、朱熹。

問題二的排比序列：僞孔《傳》的正確性 ＞ 蔡《傳》的正確性。

問題三的排比序列：僞孔《傳》的眞實性 ＞ 蔡《傳》的眞實性。

問題四的排比序列：勿專主一家 ＝≠ 皮錫瑞今文說。

因此皮錫瑞整體思維的排列組合應當是這樣的：

今文說 ＞ 古義（《古文》）＞ 朱熹 ＞ 僞孔《書》《傳》＞ 蔡《傳》
（宋人）

皮錫瑞的今文說是其建構《古文尚書》考辨學史的第一義，兩漢時期唯有今文《尚書》方爲眞實不欺。而蔡《傳》（宋人）可信度的排序則是最低。就算是僞孔《書》《傳》已然昭彰假造，然而跟蔡《傳》（宋人）相比，則又更勝一籌。皮錫瑞所肯定朱熹的疑《書》見解，則必須與宋學概念的蔡《傳》（宋人）析離。清人奉爲圭臬的閻氏《尚書古文疏證》，其所信從鄭玄《古文尚書》的見解，則遜於皮錫瑞的今文說。

再進一步講，皮錫瑞對於閻氏《尚書古文疏證》依附蔡《傳》的負評，必須對照皮錫瑞開頭讚許朱熹質疑晚《書》之舉合併參看。而皮錫瑞貶低閻氏《尚書古文疏證》的不如毛氏《古文尚書冤詞》，皮錫瑞間接否定蔡《傳》的弦外之音，並非是因此完全肯定孔《傳》，而是要解除朱熹質疑晚《書》的功績與宋學之間的連結關係。

再者，皮錫瑞雖然對於毛氏《古文尚書冤詞》取用孔《傳》正當性進行肯定，可是皮錫瑞同時又有「孔《書》，《經》、《傳》一手所作，僞則俱僞，閻若璩已明言之」的另一種說法。其後皮錫瑞「今文說」的提出，動機雖是爲了解決《古文尚書》千載疑案的正本清源，可是皮錫瑞所持勿專主一家的立場，反而因爲皮錫瑞自身「今文說」的提出，反而可能陷入了另一個專主一家的的窠臼。

最終亦不可忽略，皮錫瑞在評價閻若璩與毛奇齡之前所設定的論述前提，其實始終還是漢宋概念的朱熹情結。因此皮錫瑞攻擊蔡《傳》時的極端毫無理性，皮錫瑞的書寫目的，就只是爲了藉此析離朱熹的雙重身分。只是清末皮錫瑞的操作手法，實在拼湊的過於斧鑿，而且筋脈錯亂，此種過度偏執的處理方式，固然與皮錫瑞自身的學術信念有關，然而若再仔細與清初程廷祚相較，顯然還是及不上程廷祚拆解朱熹雙重身分的游刃有餘，程廷祚〈《古文尚書冤詞》辨〉即曰：

《尚書》孔《傳》，顯於隋、唐之際，至宋而朱晦庵疑之。元、明以

來，議者益眾。近蕭山毛氏奇齡作《古文尚書冤詞》，博引極辨，欲
以鉗天下之口。〔註31〕

雖然程廷祚一樣是將朱熹與毛氏《古文尚書冤詞》並列，可是程廷祚並沒有
因為毛奇齡的攻擊朱熹，就迫不及待的如同皮錫瑞，將清儒眼中宋學概念的
朱熹，與《古文尚書》考辨學史的朱熹混為一談。程廷祚明確將朱熹的身分，
定義為考辨《古文尚書》的先行者，是以程廷祚於行文中的認知毫無違和，
程廷祚所賦予考辨意義的朱熹，確實與理學思想史中的朱熹兩不相涉，程廷
祚顯然認為討論朱熹，本該就事論事。

對比清末皮錫瑞因為要將朱熹與宋學區隔，因此對於朱熹徘徊於肯定與
否定之間，甚至不惜將辨偽先行者的序位，提前至《隋書・經籍志》與孔穎
達《尚書正義》。加諸皮錫瑞討論朱熹歷史定位時的躲躲藏藏，迂迴曲折。

據此可以得出程廷祚的所作所為，乃是基於文獻本位的發聲，而皮錫瑞
直到最終的經學專著《經學通論》時，還是無法擺脫宋學認知與《古文尚書》
考辨學史複合後的桎梏。雖然皮錫瑞與程廷祚，確然皆是以認知朱熹情結為
本的議論，然而這些議論卻還是因應了學者個別的學術性格，因此其表述的
語勢，表達的方法，及其內在的理路，也就跟著截然不同。

〔註31〕《青溪集》，頁74。

第四章　今古文學的辨證起點

第一節　後設性觀察——學術性格劃定的言說疆界

　　欲探索清初《古文尚書》考辨思潮內在理路的由來興起，研究者除了應當篤守《古文尚書》考辨學史的論述軸線。再者，整體的《古文尚書》考辨課題，也始終未能脫離清代學術思想史的發展脈絡。尤其是清初時期的《古文尚書》考辨學史，既複合了當時學者對於前代的學術思維，諸如漢學與宋學的歷時積累。也交織加乘了個別學者學術性格主體性與主觀性的考辨意見。

　　特別是清代的《古文尚書》考辨學者，對於漢宋概念的認知與接受，往往因於學者個別的學術性格，有意的對於漢宋認知進行多種層次的選擇與裁剪，此舉也再三的加深了漢宋認知與《古文尚書》考辨學史之間無以復加的辨證糾葛。

　　即如前章所述及的〈漢宋概念的朱熹情結〉，當宋儒朱熹質疑晚《書》的種種發言，毫無保留的出現清代《古文尚書》考辨學者的眼前，此時考辨學者決定朱熹歷史存在地位第一義的考量，或者是說清代的《古文尚書》考辨學者，究竟是選擇使用怎樣的評鑑標準，據此論斷朱熹質疑晚《書》的學術意義，其價值取向的認定就顯得格外重要。

　　然而對於清代的考辨學者來說，無論是理學的朱熹或是儒學的朱熹，這兩種學術身分的貼近與認同，都再也無法徹底的與清代《古文尚書》考辨學史的朱熹身分若合符節。這固然是與清代《古文尚書》考辨學史建立時，特殊的歷史情境與學術氛圍有關。然而更必須注意的，卻是像漢宋認知這樣的

學術概念，是如何通過清代《古文尚書》考辨學者層層審核的學術機制，進入學者內在的考辨心靈，最終具體成爲指導他們操作《古文尚書》課題時的考辨策略。

再從〈漢宋概念的朱熹情結〉的四段章節來看，即是因於清代《古文尚書》考辨學者處理這個問題時，由於漢宋交融無可裁切的特殊視域重疊，從中正可以發現考辨學者們是如何在起始點不斷摸索與分辨，關於《古文尚書》真偽模糊的敘事空間。

直到這些考辨學者積極考察歷史文獻，開始面對朱熹質疑晚《書》的見解，清代《古文尚書》考辨學者的朱熹情結，就如水赴壑般的紛紛湧現，並且與清代三百年的《古文尚書》考辨學史，自此產生了再也無法分割的相互制約，牢牢的牽動與支配著彼此的認知概念，匯流合併兩者原本南轅北轍的學術觀點，就此型塑成爲，今日學者認知清代《古文尚書》考辨學史的重要切入點。

特別是當清代《古文尚書》考辨學者，嘗試積極析離與清理的宋代朱熹，朱熹既具備了自《古文尚書·大禹謨》取材了「虞庭十六字」的理學家身分，同時又是質疑晚《書》造偽的考辨者。兩種學術屬性自相矛盾的交互衝突，使得關於朱熹雙重身分的辨識工作，始終如影隨形的牽絆與困擾著清代的考辨學者，促使他們不斷的進行思考，自己究竟該如何在《古文尚書》考辨學史中，定位朱熹的歷史存在，並且尋找適合的座標，讓朱熹就此順利的對號入座。朱熹情結，即是這樣的生成於清代《古文尚書》考辨學者遇合漢宋概念之後。

在今日看來，當時清代考辨學者認知的朱熹情結，就猶如一把雙面刃，考辨學者們既鮮少能夠迴避朱熹發言的分量，然而就算是需審慎因應，亦難以將朱熹雙重身分的甄別，析離至兩全其美的境界，更遑論能有從容的餘裕直攖其鋒。

因此朱熹情結正是清代學者處理《古文尚書》考辨課題時，其中一個典型的，始終難以攻克的兩難障礙。而從清初到清末的《古文尚書》考辨學者，他們之所以一直無法超越朱熹情結的制約，根本原因，即是因爲清儒們的朱熹情結，所直接衝撞的，乃是個別考辨學者信仰至上的治學理念。

事實上，對於建構整體的清代《古文尚書》考辨學史而言，究竟是什麼屬性的學術意志，才足以成爲通貫整個考辨模型的論述軸線？當研究者開始

思考的同時，必然會有幾個無法迴避討論的問題會同時湧現。

首先，清代考辨學者念茲在茲的朱熹情結，固為其一。再者，《古文尚書》從漢初的首度面世，至東晉晚《書》的再度現諸人間，兩個不同時間起點出現的《古文尚書》，究竟是自何處而來，也是清代學者考論不輟的重點。然而，此處卻是存在一個重大的關鍵，不可闕而不論。亦即，對於清代的《古文尚書》考辨學者而言，按理說，歷史文獻是客觀的存在，不應當致使清代考辨學者們，對於《古文尚書》的真偽論證眾說紛紜，甚至於是無法定論。

可是今日的研究者，面對清代學者建構的《古文尚書》考辨學史時，所接收到當時《古文尚書》考辨學者，所能傳達的最深刻的學術資訊，幾乎仍停留在於清代學界，對於閻氏《尚書古文疏證》辨偽功績一面倒的眾口鑠金。因此今日研究者應當要戮力以赴的，應是盡己所能的去復原，當時置身其中不同立場的考辨學者，透過不斷交互的對話思辨，所創造的整體的《古文尚書》考辨氛圍。

確立了此一以「人本概念」結合「文獻歷史」，作為研究清代《古文尚書》考辨學史的重要研究前提，並執此嘗試測度，清代《古文尚書》的考辨學者起心動念的發言動機。據此，將可以接續討論，本文所要處理的另一個至關重大的問題，即是探討清代的《古文尚書》考辨學者，是否會因為自身學術性格的制約，使得他們在面對客觀存在的歷史文獻時，是否會因為種種主觀考量的差異，因此界定出屬於局限之言的考辨論述空間？

並且討論這樣的論述尺度所反應的學術價值取向，與考辨學者的學術性格之間，兩者究竟是對應取材的平衡互動？還是因為考辨學者學術性格的強力支配，反而讓享有傳統論述優勢的學術概念，因為發言者的有心操作，因此產生了時移世易後強烈的論述質變？

而要透徹這個問題，就必須從清代的《古文尚書》考辨諸家，從中篩選究竟有那些學者，曾經強烈的企圖要將學術概念與《古文尚書》考辨課題相結合，這是本文作為一個後設性觀察的書寫重點，論述目的即為具體分析清代考辨學者，通過上述辨證思路後所完成的經典實踐。

從這個討論前提出發，首先要確認的是，閻氏《尚書古文疏證》關於《古文尚書》的考辨實踐，是否合乎上述所及，屬於學術概念結合個別經典實踐，兩項操作前提的複合策略？而要進行相關分析之前，就必須先確認什麼是漢學概念的定義，或者說，究竟清儒們以清代學術的觀察視野，所感受與認定

的漢代學術概念，是否與漢代學術的本義若合符節？

如不其然，那麼，此種以清代視域所涵攝的漢學概念，其實質表述的內在理路，又反應了清代學者對於漢代學術何種的操作策略？而重重架構的思考前提，目的皆是為了表述，清儒們以《古文尚書》考辨課題為討論核心，層層開展而出，專屬於清代學理的漢學概念。

要確證閻氏《尚書古文疏證》與漢學概念之間，確實存在著千絲萬縷的學理糾結，這個面向的理解，並沒有辦法從閻氏《尚書古文疏證》的文本本身，獲得任何強而有力的學術奧援，原因在於閻若璩撰寫《尚書古文疏證》時的學術氛圍，本身就不存在非漢學概念不可的學術理念，這一點從閻氏《尚書古文疏證》同時對於宋儒朱熹質疑晚《書》見解的頻繁取用，以及以蔡沈的《書集傳》作為辨偽輔助的作法，可見端倪。

而檢驗閻氏《尚書古文疏證》的考辨屬性與漢學概念之間，究竟是否存在明確加乘的學理性質，既然從閻氏《尚書古文疏證》的本身，已無法取得即時有效的理解。或者說，閻氏《尚書古文疏證》既然是專從文獻本位發聲，並以此作為考辨《古文尚書》的研究方法，因此閻氏《尚書古文疏證》選擇以兩漢的《尚書》傳承譜系為立論起點，乃是閻氏《尚書古文疏證》絕對並且必然的考辨定位。

既然這是無可豁免的選擇，也就代表閻氏《尚書古文疏證》考辨《古文尚書》的第一義，即在於徵集文獻，閻氏《尚書古文疏證》藉此辨別《古文尚書》的真偽，既然閻氏《尚書古文疏證》對於漢學與宋學的歷史文獻兼而採之，也就代表閻氏《尚書古文疏證》並不存在極端唯漢是取的預設立場。換言之，如果支配閻氏《尚書古文疏證》內在理路的形成，不能用全然漢學概念的籠統式認知，一言以蔽之。那麼，江藩《漢學師承記》，認為閻氏《尚書古文疏證》與漢學概念具有連結關係的討論，是否是出於一種後設性的學術觀點？

這裡要提問的是，閻若璩之後的清代學者，究竟是基於怎麼樣的學術研究需求，促使閻氏《尚書古文疏證》與漢學概念，在日後得以形成一種想當然爾的學術連結討論機制，而這個歷史臍帶的共生共榮，居然讓閻氏《尚書古文疏證》從此與漢學概念牢牢膠著互相等同，並且成為閻氏《尚書古文疏證》不可撕毀的學術標籤。這個答案的探索，還是應當先從江藩的《漢學師承記》談起。而阮元序江藩《漢學師承記》時，是這樣定義漢學概念的：

兩漢經學所以當尊行者，爲其去聖賢最近，而二氏之說尚未起也。
老莊之說盛於兩晉，然《道德》、《莊》、《列》，本書具在，其義止於
此而已。後人不能以己之文字飾而改之，是以晉以後鮮樂言之者。
浮屠之書，語言文字非譯不明，北朝淵博高明之學士，宋、齊聰穎
特達之文人，以己之說傅會其意，以致後之學者繹之彌悦，改而必
從，非釋之亂儒，乃儒之亂釋。魏收作《釋老誌》後，蹤跡可見矣。
吾固曰：「兩漢之學純粹以精者，在二氏未起之前也。我朝儒學篤實，
務爲其難，務求其是，是以通儒碩學，有束髮研經，白首而不能究
者，豈如朝立一旨、暮即成宗者哉！」
甘泉江君子屏，得師傳於紅豆惠氏，博聞強記，無所不通，心貫群
經，折衷兩漢。元幼與君同里同學，竊聞論說三十餘年，江君所纂
《國朝漢學師承記》八卷，嘉慶二十三年（戊寅，1818 年），居元
廣州節院時刻之，讀此可知漢世儒林家法之承授，國朝學者經學之
淵源，大義微言，不乖不絕，而二氏之說亦不攻自破矣。

元又嘗思國朝諸儒，說經之書甚多，以及文集、說部，皆有可采，
竊欲析縷分條，加以翦截，引繫於群經各章句之下。譬如休寧戴氏
解《尚書》「光被四表」爲「橫被」，則係之《堯典》。寶應劉氏解《論
語》「哀而不傷」，即《詩》「惟以不永傷」之「傷」，則繫之《論語·
八佾篇》，而互見《周南》。如此勒成一書，名曰《大清經解》。

徒以學力日荒，政事無暇，而能總此事，審是非，定去取者。海內
學友惟江君，與顧君千里二三人。他年各家所著之書，或不盡傳，
奧義單辭，淪替可惜，若之何哉！歲戊寅（嘉慶二十三年，1818 年）
除夕，阮元序於桂林行館。〔註1〕

阮元認爲學者何以必須嚴格遵從兩漢經學的治學方法？他提出了這是因爲兩
漢經學「去聖賢最近」與「未染二氏（釋、道）二家之說」的觀點。阮元這
種著眼於學術純粹性的發言方式，已經完全擯棄了非兩漢的歷史情境與非兩
漢的學者與著作，因此阮元首先設定的定義前提，即是具有強烈的排他性。
而阮元的第二個定義前提，即是放大說明清代學術與兩漢學術的類同之處。
　　在此，阮元提出了「我朝儒學篤實，務爲其難，務求其是，是以通儒碩

〔註 1〕　《漢學師承記》，頁 1～8。

學，有束髮研經、白首而不能究者」，阮元在此界定出他所認爲的清代學者的治學特色，強化說明清儒與漢儒治學的共通之處。固然阮元的漢學見解，是相對於釋、道「朝立一旨、暮即成宗」的速成方式才能成立，然而這也是阮元爲圓成純粹的漢學概念，所選擇與行使的，屬於以外圍條件支持己見的論述策略。

必須注意的是，漢學概念徒然具有與釋、道二家對比後的存在價值，其實尚不足以產生強大到足以說服眾心的學術力道。因此，阮元爲了證明漢學概念於清代執行譜系的儒者名單確實是傳承有序，阮元當然要以《漢學師承記》的作者江藩，作爲承先啓後的中繼站。

在這個論述前提之下，江藩的師承來歷必然需要被重視討論，因此阮元指出江藩「得師傳於紅豆惠氏」，「惠棟」其人，就此成爲阮元眼中，奠定清儒的漢學認知，與漢學根柢醇厚有加的學術史起點。或者說，「惠棟」的治學高度，就足以讓江藩《漢學師承記》的著述師出有名，並成爲江藩言之鑿鑿的重要憑據。由此觀之，阮元序文《漢學師承記》的認知背景，當是來自於江藩《漢學師承記》的夫子自道，故江藩即曰：

> 秦併天下，燔《詩》、《書》，殺術士，聖人之道墜矣。然士隱山澤岩壁之間者，抱遺經，傳口說，不絕於世。漢興，乃出。「言《易》，淄川田生。言《書》，濟南伏生。言《詩》，於魯則申公培，於齊則轅固生，於燕則韓太傅。言《禮》，魯高堂生。言《春秋》，於齊則胡母生，於趙則董仲舒。」

> 自茲以後，專門之學興，命氏之儒起，六《經》、五《典》，各信師承，嗣守章句，期乎勿失。西都儒士，開橫舍，延學徒，誦先王之書，被儒者之服，彬彬然有洙泗之風焉。爰及東京，碩學大師賈、服之外，咸推高密鄭君，生炎漢之季，守孔子之學，訓義優洽，博綜群經，故老以爲前修，後生未之敢異。

> ……凡御纂群經，皆兼采漢、宋先儒之說，參考異同，務求至當，遠紹千載之薪傳，爲萬世不刊之巨典焉。

> ……乾隆元年，詔儒臣排纂聖祖《日講禮記解義》。十三年，欽定《周官義疏》、《儀禮義疏》、《禮記義疏》。二十年，大學士傅恒等奉敕撰《周易述義》、《詩義折中》。三十年，大學士傅恒等奉敕撰《春秋直

解》，於《易》則不涉虛渺之說與術數之學，觀象則取互體，以發明古義。於《詩》則依據毛、鄭，溯孔門授受之淵源，事必有徵，義必有本，臆說武斷概不取焉。於《禮》則以康成爲宗，探孔、賈之精微。綜群儒之同異，本天毅地，經國坊民，治法備矣。於《春秋》則采三家之精華，斥安國之迂謬，闡尼山之本意，洵爲百王之大法也。

……藩綰髮讀書，授經於吳郡通儒余古農、同宗艮庭二先生，明象數製度之原，聲音訓詁之學，乃知經術一壞於東、西晉之清談，再壞於南、北宋之道學，元明以來，此道益晦。至本朝，三惠之學盛於吳中，江永、戴震諸君繼起於歙，從此漢學昌明，千載沈霾，一朝復旦。暇日詮次本朝諸儒爲漢學者，成《漢學師承記》一編，以備國史之采擇。〔註2〕

江藩關於清代學者漢學譜系的建立，是以兩漢之後的經學，不與漢儒相同的最大差異性作爲立論起點。而江藩的唯漢學是取，唯漢學是宗，著眼的正是完整群體的兩漢學術社群的概念。然而這種將漢學與其他時代的學術思潮，既是一刀截斷，又是強悍壟斷的表述方式，江藩所言的主體內容看似完整而豐富，實際上江藩並沒有辦法眞正的定義，以及精準的指稱孰爲漢學概念。

原因即在於江藩所劃定的漢學疆界，過度流於大題小作，倘若江藩將之作爲以兩漢學術爲尊，據此推論出經學思想史的後世流變，與兩漢學術有異，則尚可成立。然而，江藩若是將他所定義的漢學認知悍然移植，據此強制的與清代學術嫁接，因此抹煞清代學術的主體價值，那麼，無可避免的，反而將會造成江藩自身論述的重重矛盾。事實上，江藩認知漢學概念的過度偏執，龔自珍已然指出，龔氏《定庵文集補編‧卷五‧與江子屏箋》即曰：

大著讀竟。其曰《國朝漢學師承記》，名目有十不安焉，改爲《國朝經學師承記》。敢貢其說：

夫讀書者，實事求是，千古同之，此雖漢人語，非漢人所能專。一不安也。

本朝自有學，非漢學，有漢人稍開門徑，而近加邃密者。有漢人未開之門徑，謂之漢學。不甚甘心。不安二也。

瑣碎餖飣，不可謂非學，不得爲漢學。三也。

漢人與漢人不同，家各一經，經各一師，孰爲漢學乎？四也。

若以漢與宋爲對峙，尤非大方之言。漢人何嘗不談性道？五也。

宋人何嘗不談名物訓詁？不足概服宋儒之心。六也。

近有一類人，以名物訓詁爲盡聖人之道，經師收之，人師擯之，不忍深論，以詆漢人，漢人不受。七也。

漢人有一種風氣，與經無與，而附於經，謬以禆灶、梓慎之言爲經，因以汨陳五行，矯誣上帝爲說經，《大易》、《洪範》，身無完膚，雖劉向亦不免，以及東京內學，本朝何嘗有此惡習？本朝人又不受矣。八也。

本朝別有絕特之士，涵詠白文，創獲於經，非漢非宋，亦惟其是而已矣，方且爲門戶之見者所擯。九也。

國初之學，與乾隆初年以來之學不同。國初人即不專立漢學門戶，大旨欠區別。十也。

有此十者，改其名目，則渾渾圓無一切語弊矣。自珍頓首。丁丑（嘉慶二十二年，1817 年）冬至日。〔註3〕

此處要著手分析的，即是龔自珍藉由覆議《漢學師承記》，與江藩所進行，關於漢學概念的精準定義與有效應用的討論，以及這樣的對話型式所呈現的對話關係，究竟反應了龔自珍對於漢學概念的詮釋，存在何種專屬於龔自珍的學理認知。首先，龔自珍極盡所能的揭舉江藩《漢學師承記》，對於漢學定義的矛盾叢生，不只列出了「十不安」，最終甚至建議要將該書的書名改正爲《經學師承記》。

因此，這裡第一個要處理的問題，即是江藩認知的漢學與龔自珍所謂的漢學，兩人的聚焦是否一致？事實上，雖然龔自珍的〈與江子屏箋〉爲江藩的《漢學師承記》所定義的漢學概念，進行了十種負面意義的表列。其實如果將龔自珍的議論，嘗試使用另一種較爲正面的思考邏輯，亦即，將所謂的「十不安」，轉化成爲十個龔自珍對於江藩的提問，再自其中歸納出幾個論述主題，相信這個作法，可以更貼近達龔自珍的書寫用意：

〔註3〕《龔自珍全集第五輯・定盦文集補編》，頁 346～347。

漢學一問：讀書之事，實事求是，千古同之，非漢人亦能。何以專限漢學？

漢學二問：清學自有學術特色，已非固有漢學概念所能概括殆盡，非皆能歸整於漢學麾下。因此漢學一詞的誕生，有其特殊的時空背景，欲將之全盤移植於時移世易後的清代學術，如此牽強，怎能貼切？

漢學三問：餖飣之學，亦是學，然而餖飣之學如何算是全然漢人的漢學？

漢學四問：漢人的漢學的實質表述，已是言人人殊，因此漢人的漢學，如何以全然的一致性概括？

漢學五問：漢學與宋學，具言性與天道，何謂漢學無耶？

漢學六問：漢學與宋學，具言名物訓詁，何謂漢學獨有？

漢學七問：鑽研名物訓詁，不等同於能盡聖人之道，如何等同於漢人的漢學的全貌？

漢學八問：讖緯之學，是漢人的漢學的治學劣習，清代學術無有，因此漢人的漢學，如何完全等同於清代學術？

漢學九問：非漢非宋的清代學術品項，又該如何併入漢人的漢學範圍？

漢學十問：康熙之學與乾隆初年之清代學術本亦不同，江藩如何將漢學師承自清初起算？

據此，則龔自珍的〈與江子屏箋〉對於江藩的十個漢學提問，就可以再歸納出四個子題，分別為：

1. 學理的普遍性：一問。

2. 漢學概念的兩漢學理：三問、四問、七問。

3. 兩漢漢學與兩宋宋學的學理差異：五問、六問。

4. 漢學學理應用於清代學術的有效性：二問、、八問、九問、十問。

龔自珍將江藩《漢學師承記》的漢學概念，作出四種情境條件的比較，說明江藩漢學概念的四種不足，分別是江藩的漢學概念：「並無超出普遍學理的獨特意義」、「與兩漢漢學的學理不合」、「與宋學的學理並無差異」、「缺乏

應用於清代學術的有效性」。只是龔自珍的這四種質疑，是否會因爲將「漢學」替換爲「經學」，也就是因爲將《漢學師承記》，改名爲《經學師承記》，江藩的思維邏輯就能相對臻於合理？

在確定龔自珍說法的合理性之前，不妨先再確認江藩《漢學師承記》的實質表述，究竟是較爲趨向「漢學」？還是傾向「經學」？事實上江藩的《漢學師承記》的論述目的，應當是要證明清代的經學家，如何有效的使用漢學概念以治經，並且達到整體傳承有序的理想狀況，然而江藩《漢學師承記》的實際操作，實則已經完全偏離前述的預設主題，也有可能這個預設的主題，純粹是江藩爲了包藏自己的別有用心。而龔自珍的回應，即是明確指出江藩《漢學師承記》的「漢學」，除了不能與漢代經學劃上全然的等號，也不能等同於他列舉的其他三種情境條件的學理認知。

換言之，龔自珍所認知的漢學意義及其相關應用，因爲龔自珍預設的指稱意義，其論述範圍實在是幅員遼闊橫跨千載，因此不管龔自珍的〈與江子屏箋〉，再怎麼應用傾盡心力的與江藩的《漢學師承記》對話，所產生的歧異永遠都是處於一種各行其是的狀態。而江藩雖然極盡所能的，要讓漢學理念於《漢學師承記》之中李代桃僵，進而與清代經學分庭抗禮，最終目的甚至是取而代之。事實上龔自珍已經看出江藩《漢學師承記》學術表述的裡外並不一致，所以龔自珍也才勸請江藩要將該更名爲《經學師承記》。

與此同時，龔自珍亦一併撰述了〈江子屏所著書序〉致於江藩，雖然此〈序〉並未標記著成年歲，然而此〈序〉既爲江藩《漢學師承記》而作，因此跟〈與江子屏箋〉應爲同時而生。再者，這一〈箋〉一〈序〉，兩者的文體雖異，可是實質的內在理路，卻是具有極其強烈相互流動的屬性。龔自珍〈江子屏所著書序〉曰：

> 嘉慶中，揚州有雄駿君子，曰江先生。以布衣爲掌故宗，且二十年。使仁和龔自珍條其撰述大旨，以詔來世。自珍徑求之，縱橫側求之，又求其有所不言者，而皆中律令。其毅也，爲《易》也。其詳也，則中《春秋》恩父、恩王父之義。海陬小生，瞠目哆頤，敢問九流最目之言夥矣！子胡張江先生之爲書？且子所謂律令，誰之爲之也？
>
> 作而告之曰：聖人之所爲也。《傳》不云乎？三王之道若循環，聖者因其所生據之世而有作。是故《易》廢〈連山〉、〈歸藏〉。誦《詩》

三百，而周《詩》十九。《春秋》質文異家。《禮》從周。皆是義也。孔子沒，儒者之宗孔氏。治六經術，其術亦如循環。孔門之道，尊德性，道問學，二大端而已矣。二端之初，不相非而相用，祈同所歸。識其初，又總其歸，代不數人，或數代一人，其餘則規世運爲法。

入我朝，儒術博矣，然其運實爲道問學。自乾隆初元來，儒術而不道問學。所服習非問學，所討論非問學，比之生文家而爲質家之言，非律令。小生改容爲間，敢問問學優於尊德性乎？曰：否否。是有文無質也，是因迭起而欲偏絕也。聖人之道，有制度名物以爲之表，有窮理盡性以爲之裏，有詁訓實事以爲之跡，有知來藏往以爲之神，謂學盡於是，是聖人有博無約，有文章而無性與天道也。

端木子之言其謂之何？曰：然則胡爲其特張問學，得無子之徇于運歟？曰：否否。始卒具舉，聖者之事也，餘則問學以爲之階。夫性道可以驟聞歟？抑可以空枵腹，懸揣而謂之有聞歟？欲聞性道，自文章始。有後哲大人起，建萬石之鍾，擊之以大椎，必兩進之，兩退之，南面而揮之，褫之予之。不以文家廢質家，不用質家廢文家，長悌其序，臚以聽命，謂之存三統之律令，江先生布衣，非其任矣。

曰：江先生之爲書，與其甄綜之才何如？曰：能進之，能退之，如南面而揮之，如褫之予之。曰：請言江先生平生。曰：生於典籍之區，少爲方聞士，乾隆朝佐當道，治四庫、七閣之事，于乾隆名公卿老師宿儒，畢下上起齮齕，萬聞千睹。既老，勒成是書，窺氣運之大原，孤神明以綏往，義顯，故可以縱橫而側求；詞高，故可以無文字而求。今夫海，不有萬怪不能以一波；今夫岳，不有萬怪不能以一石。飲海之一蠡，涉華之一石，如見全海岳焉。磚瓦之所積，堅茨之所飾，風雨乍至，尺青寸紅。紛然流離，才破碎也。江先生異是。

曰：敬聞教矣。古之學聖人者，著書中律令，吾子所謂代不數人，數代一人，敢問誰氏也？曰：漢司馬子長氏、劉子政氏。江先生書，曰《國朝經學師承記》者如八卷，遷之例；其曰《國朝經師經義目錄》如者一卷，向之例。小生降階曰：有是夫！雖癃也，猶得搴裳

中原，于我乎親命之。〔註4〕

在此，關於龔自珍的〈江子屏所著書序〉以及〈與江子屏箋〉的認知排比，即有兩個重要的問題必須即時釐清，其一為江藩請〈序〉於龔自珍時，原始動機的還原模擬。其二為如何透過〈箋〉與〈序〉書寫的內在理路，確認這一〈箋〉一〈序〉的前後書寫秩序。

首先，觀諸〈箋〉與〈序〉各自的實質表達，可以初步設想與復原，當時龔自珍與江藩的互動情境。特別是〈江子屏所著書序〉曾言：「使仁和龔自珍條其撰述大旨，以詔來世。」由此可知，主動請〈序〉的一方即是江藩。然而，何以當時年紀屆近六十的江藩（即江藩生於乾隆二十六，1761，龔〈序〉成於嘉慶二十二年，1817），會商請當時年歲未滿三十的龔自珍撰〈序〉（即龔自珍生於乾隆五十七年，1792）？江藩的請〈序〉於龔自珍的動機為何？值得深入討論。

雖然今日多數學者皆從龔自珍的家世背景，追蹤至龔氏的外祖父即為段玉裁，並以此連結段玉裁加諸於龔自珍漢學陶養的薰習，據此斷定龔自珍的漢學素養亦是渾厚卓越。然而這種全然的將段玉裁的漢學認知，無條件的等同於龔自珍亦是全盤相似的理解方式，卻是過度的流於泛言空論，兩者實際上的對應指稱並不精準。況且以此似是而非的方式，測度江藩何以會商請龔自珍為《漢學師承記》撰〈序〉，證據力並不充分，因此合理的答案還是應當要自江藩當時所處的交遊關係談起。

江藩其時身為阮元幕僚，而段玉裁與阮元曾經共同參與過《十三經注疏校勘記》的編集，在這種情境條件之下，段玉裁當然也極有可能是江藩在阮元之外，原本考慮請託屬〈序〉的對象，奈何江藩《漢學師承記》撰成預計刊刻時，段玉裁已然歿世。（即段玉裁歿於嘉慶二十年九月八日，1815 年。龔序成於嘉慶二十二年，1817 年冬至日。阮元序於嘉慶二十三年，1818 年，除夕）。

話雖如此，江藩的《漢學師承記》亦是專闢一章，專門推崇段玉裁業師戴震的漢學成就。江藩《漢學師承記》關於戴震形象的描繪，就是明顯的以漢學認知的操作策略，有意識的突顯與呈現戴震治學屬性的漢學面向，《漢學師承記·卷五·戴震》曰：

生平無嗜好，惟喜讀書，詞義鉤棘難通之文，一再讀之，渙然冰釋。

〔註4〕《龔自珍全集第三輯·定盦文集補編》，頁 193～194。

其學長於考辨，立一義，初若創獲，及參互考之，確不可易。……
嘗謂儒者治經，宜自《爾雅》始。世所傳郭《注》已刪節不全，邢
《疏》又多疏漏。

《水經注》訛舛多矣，王伯厚引經文四事，其三事皆注之淆於經者，
則經注之淆，南宋時已然。君獨尋其義例，區而別之……閻百詩、
顧景範、胡朏明雖善讀古書，猶未悟斯失，至君始釐正之。今武英
殿所刊，即用其校本，海內始復見此書之眞面目焉。

嘗論學云：「經之至者，道也。所以明道者，詞也。所以成詞者，字
也。必由字以通其詞，由詞以通其道，乃可得之。」……又訓學者
二：曰私，曰蔽。私生於欲之失，而蔽生於知之失。……戒疏在乎
戒懼，去偏在乎愼獨，致中和在乎達禮精義，至仁盡倫，天下之人
同然而歸之善，可謂至善矣。夫以理爲學，以道爲統，以心爲宗，
探之茫茫，索之冥冥，不若反求諸《六經》。此《原善》之書所以作
也。〔註5〕

江藩的《漢學師承記》顯然刻意壓縮了，會讓讀者自由聯想戴震非漢學範疇
的空間。其實戴震的治學特色往往不拘一格，觀點多爲超脫傳統漢學的論述
之外。而身爲戴震弟子的段玉裁對此亦是深有體會，這一點從段玉裁爲《戴
東原集》撰〈序〉時，精細敘述戴震師教的殷切，以及己身無以復加的信服
認同，可見一斑。《戴東原集·序》即曰：

稱先生者，皆謂考覈超於前古。始玉裁聞先生之緒餘矣，其言曰：「有
義理之學，有文章之學，有考覈之學。義理者，文章、考覈之源也。
熟乎義理，而後能考覈、能文章。」玉裁竊以謂義理、文章，未嘗
不由考覈而得者。……《中庸》曰：「君子之道，本諸身，徵諸庶民，
考諸三王而不繆，建諸天地而不悖，質諸鬼神而無礙，百世俟乎聖
人而不惑。」此非考覈之極致乎？聖人心通義理，而必勞勞如是者，
不如是不足以盡天地民物之理也。後之儒者，畫分義理、考覈、文
章爲三，區別不相通，其所爲，細已甚焉。

夫聖人之道在六經，不於六經求之，則無以得聖人所求之義理，以
行於家國天下，而文詞之不工，又其末也。……蓋由考覈以通乎性

〔註5〕《漢學師承記》，頁 532～547。

與天道。通乎性與天道矣，而考覈益精，文章益盛，用則施政利民，舍則垂世立教而無蔽。淺者乃求先生於一名一物一字一句之間，惑矣。先生之言曰：「六書、九數等事，如轎夫然，所以舁轎中人也。以六書、九數等事盡我，是猶誤認轎夫爲轎中人也。」又嘗與玉裁〈書〉曰：「僕生平著述之大，以《孟子字義疏證》爲第一，所以正人心也。」噫！是可以知先生矣。〔註6〕

可惜戴震對於段玉裁治學高度的啓發，並沒有機會在段玉裁其後可預見的學術生涯，獲得有效的延續與實踐。因此清代中葉之後的學界，對於段玉裁的既定印象，或者是說與漢學陣營同一立場的清代學者，選擇並且願意面對與接受的段玉裁，始終都還是那一位以治理許愼《說文解字》卓然有成的漢學大師段玉裁，而非是於《戴東原集·序》中，洞悉義理乃爲治學活水源頭的段玉裁。因此，江藩的《漢學師承記》在討論戴震的專章之後，對於段玉裁的敘述即是以簡筆帶過，其文曰：

段大令玉裁，字若膺，一字懋堂，金壇人，乾隆庚辰（1760）舉人，官四川巫山縣知縣。講求古義，深於小學，著書滿家，刊行者惟《詩經小學錄》四卷、《說文解字注》三十二卷。〔註7〕

照理說，江藩於《漢學師承記》中，既然已經鉅細靡遺的列出三惠學脈以降的浩蕩傳承直至錢大昕，又何以會對於以戴震爲首的學術傳承譜系採取高度簡筆的方式處理？最主要的原因，即在於江藩只要是關於三惠學脈的表述，《漢學師承記》總是不厭其煩，反覆再三的精細描述，因爲這些學者的學術見解始終都還在純正的漢學範疇之內。

而《漢學師承記》在對於正統三惠學脈之外學者的登載標準，前提是必須具備與惠棟的師友關係，例如《漢學師承記》提到戴震時即曰：「江南惠定宇、沈冠雲二徵君皆引爲忘年交。」若不符合上述前提，則該學者不在漢學範疇之內的論述，江藩《漢學師承記》選擇性的操作策略，也會極盡所能的將之刊落。

可是江藩《漢學師承記》在敘述段玉裁的時候，段玉裁師承於戴震的存在關係徹底的空白與失落了。完全不若江藩敘述江永與戴震時的互動關係，那麼樣的傳承深刻，江藩《漢學師承記·卷五·江永》部分即曰：「考永學行，

〔註6〕 《戴震文集》，頁1～2。
〔註7〕 《漢學師承記·卷五·戴震》，頁557。

乃一代通儒，戴君爲作行狀，稱其學自漢經師康成後罕其儔匹，非溢美之辭。」

　　據此反觀戴震與段玉裁的學理交流最爲光彩煥發的時刻，在江藩的《漢學師承記》中卻絲毫不存在具體的線索，這是爲什麼呢？這是因爲像江藩這樣極端本位主義的漢學家，絕對無法容忍他所重視選擇的論述對象，居然存在非屬漢學的思維。

　　然而江藩既然否定戴震與段玉裁客觀歷史存在的部分，江藩爲什麼不乾脆的不予承認，漠視到底，卻偏偏又要於《漢學師承記》中呈現刪節版的戴段關係，江藩這樣欲蓋彌彰的處理方式，難道不會因爲自身思考邏輯的自相矛盾，進而造成嚴重的自我衝突？從江藩《漢學師承記》的最終書寫結果來看，答案顯然不會，因爲還是用他實則無法自圓其說的方式以茲呈現。江藩在《漢學師承記》中以不觸及、不討論爭議部分的單向操作，迴避了諸如戴震與段玉裁等人，非漢學屬性的取向。

　　饒富意趣的是，對於漢學抱持反對立場的方東樹，在《漢學商兌》中看待戴震與段玉裁的學術視野，是否會因爲方東樹治學立場的與漢學對立而就能別出心裁？答案顯然是否定的，因爲方東樹《漢學商兌》對於戴震與段玉裁的學術見解，居然也跟清代傳統的漢學家殊無二致，仍舊是偏執一隅的將戴震與段玉裁的學術受授關係，純然的視爲只是漢學理念的同氣連枝，進而兩抨擊兩人的冥頑固執，完全將戴震與段玉裁非屬漢學部分的積極討論嚴詞否認。因此《漢學商兌》就對於戴震「義理者，文章、考覈之源也」之說，表達了強烈的不予苟同，凡此指謫，在《漢學商兌》中多不勝數，茲舉三例以示：

> 漢幟則自惠氏始，惠氏雖標漢幟，尚未屬禁言理。屬禁言理，則自戴氏始。自是宗旨祖述，邪詖大肆。〔註8〕

> 戴氏震曰：以理爲學，以道爲統，以心爲宗，探之茫茫，索之冥冥，不如反而求之六經。

> 按：此論乍觀之，頗似篤正，徐而詳之，實謬悠邪說。……〔註9〕

> 戴氏曰：今人讀書，尚未識字，輒薄訓詁之學，夫文字之未能通，妄謂通其語言，語言之未能通，妄謂通其心志，此惑之大者也。論

〔註 8〕　《漢學商兌》，頁 61。
〔註 9〕　《漢學商兌》，頁 92。

者又謂，有漢儒之經學，有宋儒之經學，一主訓詁，一主義理。夫
使義理可以舍經而求，將人人鑿空得之，奚取于經學乎？惟空任胸
臆之無當于義理，然後求之古經，而古今縣隔，遺文垂絕，然後求
之訓詁。訓詁明則古經明，古經明而我心同然之，義理乃因之以明。
古聖賢之義理非他，存乎典章制度者是也。昧者乃歧訓詁、義理而
二之，是訓詁非以明義理，而訓詁何爲？義理不存乎典章制度，勢
必流于異端曲說而不自知矣。

按：戴氏此論最近信，主張最有力，所以標宗旨，峻門戶，固壁壘，
示信學者，謂據其勝理，而不可奪矣。若以實求之，皆謬說也。……
〔註10〕

又《漢學商兌》，關於段玉裁受益於戴震與的師生承教關係，方東樹則是這樣
的詈詞評論：

段氏若膺曰：義理、文章，未有不由考覈而得者。《中庸》曰「君子
之道，本諸身，徵諸庶民，考諸三王而不繆，建諸天地而不悖，質
諸鬼神而無礙，百世俟乎聖人而不惑。」此非考覈之極致乎？聖人
心通義理，而必勞勞如是者，不如是不足以盡天地民物之理也。後
之儒者，畫分義理、考覈、文章爲三，區別不相通，其所爲，細已
甚焉。

按：此宗旨專重考證，硬坐《中庸》，此節爲考證之學，謬而陋甚。……
〔註11〕

又曰：由考覈以通乎性與天道，既通乎性與天道矣，而考覈益精，
文章益盛，用則施政利民，舍則垂世立教而無弊。

此段氏推尊戴氏之言，誕妄愚誣，絕不識世間有是非矣……〔註12〕

經由上述舉例，除了可以知道膠著於戴震與段玉裁身上的漢學標籤，是如何
的牢固而難以撕毀。再者，方東樹《漢學商兌》對於漢學概念，究竟是討論？
商榷？還是反對？基本上藉由他處理戴震與段玉裁的議論，即可以歸納出幾
個方東樹思維邏輯的特點。

〔註10〕 《漢學商兌》，頁 185～186。
〔註11〕 （《漢學商兌》，頁 264。
〔註12〕 《漢學商兌》，頁 267。

首先，非議漢學的方東樹，比起傳統的漢學家來說，對於執者爲漢學概念的認知居然更爲固執與強烈。舉例來說，前述江藩關於《漢學師承記‧戴震》的部分，一樣是看待《原善》的「以理爲學，以道爲統，以心爲宗，探之茫茫，索之冥冥，不若反求諸《六經》」，如果說江藩這一位身爲與戴震、段玉裁同爲漢學陣營的清代學者，還可以包容戴震與段玉裁已經脫離漢學論述的傳統路線。

那麼方東樹的《漢學商兌》與之相較，方東樹在此卻直指戴震的學術見解「實謬悠邪說」的髮指皆裂，照理說，方東樹應當是要樂然欣見戴震的迷途知返，起義來歸，可是何以方東樹的反應卻是需至如此憤慨，方東樹心緒的轉折，就顯得相當耐人尋味。

按理說，方東樹的《漢學商兌》如果要討論戴震與段玉裁推崇漢學的弊害，應當是要專注於說明戴震與段玉裁對於漢學認知的食古不化，以及探討清代學術史中的漢學概念，其實並不具備無遠弗屆的治學效力，如此一來，才能符合方東樹的《漢學商兌》，欲以漢學認知的本然與所以然的評鑑標準，達到評論信仰漢學理念的學者何以不然的書寫目的。

可是方東樹的《漢學商兌》對於戴震與段玉裁的主要關注，居然都是集中於這對師徒的漢學論述是如何冒犯了宋學論述的楚河漢界。換言之，方東樹《漢學商兌》完整書名的呈現，應當是要稱爲《宋學認知對於漢學認知的商兌》才對，而非是方東樹在書名部分抹除了自身預設的治學立場，而欲以《漢學商兌》的外衣，刻意喬裝超然客觀的觀點，以此混淆學界的視聽。

當確認了方東樹《漢學商兌》事實層面的指稱意義之後，才可以更進一步的討論，方東樹以宋學認知的學術標準批判戴震與段玉裁的漢學見解，會產生何種不對稱關係的論述質變？首先，方東樹表面作爲看似「商兌」漢學，實則已經否認與取消清代學術史中的漢學概念具有獨立學理屬性的地位。換言之，方東樹的《漢學商兌》其實是藉此另闢戰場，闡述他積極擁護宋學認知的立場，這一點從《漢學商兌》屢屢將矛頭，針鋒相對的指向戴震與段玉裁對於性與天道的發揮，可見一斑。

因此方東樹《漢學商兌》中言必稱之的漢學，並不存在實際的清代學術史之中，取而代之的，是方東樹操弄了一個比清代漢學更爲復古的漢學概念，藉此強調漢學與宋學之間絕無可能逾越的鴻溝界限。由此觀之，方東樹對於漢學概念的認知，反而比清代的漢學家更爲純粹，就方東樹《漢學商兌》論

述漢學概念的物極必反而言，方東樹對於漢學概念相關定義的保守與堅持，居然會比清代一般的漢學家更為接近原始漢學的概念。

換言之，清代學界之中被漢學概念制約得最為深刻的，並非只存在於一般傳統漢學家對於自身學術信仰的身分認同，也不是對於戴震與段玉裁思維世界的控制，反而是弔詭的支配了那些極端非議漢學與擁戴漢學的學界人士，逼促他們或者是毫不遲疑的以他們認知的漢學概念，層層疊疊的束縛住戴震與段玉裁，或者是不遺餘力的以此攻擊戴震與段玉裁，何以膽敢逕自表達逾越漢學概念的學術見解。

在此，隸屬漢學與非屬漢學的兩派學者，處理戴震與段玉裁的區隔手法，最終論述結果居然都是殊途同歸，照理說方東樹《漢學商兌》看待戴震與段玉裁的漢學概念，應該是要在自身漢學認知的定義之外，還要更敏銳細膩的看出戴震與段玉裁異於漢學理念的治學之處，並且不吝給予肯定。

可是在此方東樹的《漢學商兌》，對於戴震與段玉裁非漢學概念的再三放大，竟然無獨有偶的與江藩《漢學師承記》，對於戴震與段玉裁的非漢學概念的置之不理，形成了饒富意趣極為互補的論述關係。而方東樹與江藩看似背道而馳，實則皆是唯漢學是取的操作策略。方東樹如是，江藩看待段玉裁的方式亦復如是。而這種於清代學界不謀而合的學術現象，正可輔助說明部分清代學者強悍的學術性格，是如何一再而再的凌駕於學術真理的認知之上。

因此藉由江藩與阮元的上下從屬關係，以及阮元與段玉裁曾經共同參與過學術工作的交集，據此即可間接推論，何以江藩的《漢學師承記》在阮元的〈序〉文之外，也有可能會同時向龔自珍請〈序〉，原因即是因為段玉裁除了與戴震的師承關係。再者，段玉裁自身的漢學認知及其實踐規律其實非常穩定，即是因為如此，因此阮元才會與段玉裁密切合作《十三經注疏校勘記》的編集工作。因此，唯有通過段玉裁、阮元、江藩，此一學術社群的互動關係，也才能間接推理，何以龔自珍最終竟能雀屏中選，成為江藩為其《漢學師承記》請序的對象。

因此江藩請序於龔自珍最主要的原因，應當是因為江藩對於龔自珍，自始至終都存在著一種，承襲自他對於段玉裁學術成就的推崇，這個預期心理，導致了江藩過度放大與投射他對於段玉裁學術情感的認知。是以彼時聲名鵲起，自幼受學於段玉裁，並且與段玉裁又有直系血親關係的龔自珍，自然極有可能被江藩列為段玉裁謝世之後，替代的寫〈序〉人選。因此江藩也才興

起了對於段玉裁的外孫龔自珍的愛屋及烏。

當然江藩請〈序〉於龔自珍時的起心動念，也不能排除有阮元從旁對於江藩的鼓舞，而龔自珍於《定盦文集補編》即有一篇〈阮尚書年譜第一序〉，說明他與阮氏家族匪淺的交情，這篇序文同時也提到了龔自珍的外祖父段玉裁，與阮元合作校訂《十三經》之事，其文即曰：

> ……其門下士大理少卿程同文等，就內閣中書龔自珍而謀曰：「自古重熙累洽之朝，則有康疆竺鞏之佐，讚釀迪薰，黼黻徽紀，相一人而壽世，爲百族之福宗。蓋殊尤絕跡。有震於金石，炳若神人者，今吾座主阮公亦其人也。汴宋而降，多祝史之壽言；晚唐子弟，訂父兄之年譜。二者孰華孰質？孰古孰今？孰可傳信？」龔自珍曰：「年譜哉。」大理因探懷袖，出書二十四卷，請曰：「是公子長生之所爲也，子其序之。」

> 自珍既卒業，乃撮其括要而言曰：「聞之：道隘者所任少，名護者所成寡，德褊者所積薄，位庳者所覆狹。史冊之事，一優一絀，將相之美，或初或終。今阮公任道多，積德厚，履位高，成名眾，如大理言，如大理言。公毓性儒風，勵精樸學，兼萬人之姿，宣六藝之奧。」

> ……公先視浙學，成《經籍纂詁》二百六卷，及乎持節，乃設精舍，顏曰詁經；背山面湖，左圖右史，於政餘親課之。及蒞江右，刊宋本《十三經》若干卷。今茲來粵，暇日無多，又復搜其文獻，勒成巨編，刊《廣東通誌》若干卷。

> 右廿四卷，宜置冊府，宜藏京師，宜付寫官，宜詔僚友。古之不朽有三，而公實兼之。古之上壽百有二十，而公甫半之。古說經之辭：君主曰，臣主月。《詩》曰：「如月之恆。」言初弦也；五嶽視三公，《詩》曰：「崧高維嶽。」言大而高也。由斯以譚，其諸光明之日進，生物之方無窮也乎？敬語程公，爲我報公子，俟公七秩之年，更增十卷之書，當更序之，此其第一序云爾。癸未（道光三年，1823）正月。〔註13〕

有了上述學術社群認知前提的模擬與建立，也才得以能較爲完整的解

〔註13〕《龔自珍全集第三輯·定盦文集補編》，頁225～230。

釋，何以江藩在當時身爲學界大師，竟然會如此倫理位階不對等的向後生晚輩龔自珍請〈序〉，其意願動機應如上的推論。

而或許江藩提出邀請龔自珍撰寫〈序〉文時，江藩確實曾經有過愼重其事的深思熟慮，只是畢竟江藩單憑薄弱的一廂情願，認爲從段玉裁與龔自珍會存在理所當然的學術傳承，江藩這樣的認知基礎顯然過度的連類及之，江藩沒有考量這個決定，本已可能存在龔自珍學術性格的變數。更不用說龔自珍的學術性格既是江藩所始料而未及，也是江藩無法確切掌握。這種極難充分託付的感受，應當始終擺蕩出沒於江藩的內心深處，導致江藩對於自己向龔自珍請〈序〉一事，說到底，江藩應當還是抱持可有可無，聊備一格的態度。

而直到龔自珍的〈序〉文正式完成之後，當江藩眞正面對這篇完全逆反他預期心理的〈序〉文時，雖然今日我們已經無法確切得知江藩當時目睹〈序〉文的心情，可是既然今行本的《漢學師承記》未見龔〈序〉，也就代表江藩已然作出了跟先前請〈序〉時徹底相反的決定。而藉由上述江藩交遊背景的反覆鉤沉，也才能初步說明，何以江藩對於龔自珍的所作所爲，最終竟是採取了置之不理，絕口不提的方式以茲處理。

在此已然初步勾勒了江藩《漢學師承記》請序於龔自珍的可能動機，接著就必須開始討論作者龔自珍自身的寫作心理，嘗試確認這一〈箋〉一〈序〉的內在理路究竟是斷裂還是連續，以及藉此確立〈箋〉與〈序〉書寫的先後次序。

首先，觀諸龔自珍〈江子屛所著書序〉閱讀江藩《漢學師承記》後的讀者反應，龔氏自言曰：「自珍徑求之，縱橫側求之，又求其有所不言者，而皆中律令。」這即是龔自珍〈江子屛所著書序〉統攝全文的提綱挈領。可是這裡的問題是，江藩《漢學師承記》對於漢學認知的單向操作與單線認知，眞得禁得起龔自珍年少銳氣的橫剖直切？答案顯然是否定的，因爲這皆是導源於龔自珍有備而來的發而皆中節。接續龔自珍的〈江子屛所著書序〉，即以劉逢祿《春秋·公羊傳》的三世說與三統說，作爲論述時的指導先行。龔自珍並且重重針砭了江藩《漢學師承記》所獨尊的漢學概念，〈江子屛所著書序〉曰：

> 入我朝，儒術博矣，然其運實爲道問學。自乾隆初元來，儒術而不
> 道問學。所服習非問學，所討論非問學，比之生文家而爲質家之言，

非律令。小生改容爲聞，敢問問學優於尊德性乎？曰：否否。是有
文無質也，是因迭起而欲偏絕也。聖人之道，有制度名物以爲之表，
有窮理盡性以爲之裏，有詁訓實事以爲之跡，有知來藏往以爲之神，
謂學盡於是，是聖人有博無約，有文章而無性與天道也。

在龔自珍的認知邏輯裡，清代學術屬於現在進行式，而當時學術趨勢的主流
乃是道問學。換言之，清代學術所道問之學非漢非宋，而是立足於清代歷史
背景而生成茁壯的學術概念。乍看之下，龔自珍似乎因此壓縮與取消了尊德
性的討論空間，然而實情並非如此，因爲在龔自珍看來，道問學與尊德性，
並非是一組對立的學術概念，而是道問學，此一勢之所趨的學術思潮，始終
潛藏伏流著尊德性的內在理路，龔自珍認爲學者應當匯聚兩者以契近聖人之
道。既然江藩《漢學師承記》極端偏執，以及唯漢學是取的寫作企圖已被龔
自珍所洞見，那麼，龔自珍又是如何評價江藩的治學能力？〈江子屏所著書
序〉續曰：

端木子之言其謂之何？曰：然則胡爲其特張問學，得無子之徇于運
歟？曰：否否。始卒具舉，聖者之事也，餘則問學以爲之階。夫性
道可以驟聞歟？抑可以空枵腹，懸揣而謂之有聞歟？欲聞性道，自
文章始。有後哲大人起，建萬石之鐘，擊之以大椎，必兩進之，兩
退之，南面而揮之，襘之予之。不以文家廢質家，不用質家廢文家，
長悌其序，臚以聽命，謂之存三統之律令，江先生布衣，非其任矣。

龔自珍認爲可以始終一致，並舉道問學與尊德性而不悖的唯有聖人，龔自珍
並且再三強調，尋常學者應當以道問學作爲治學時拾級而上的階梯，唯有如
此，學者方能有機會能眞正的與聞性與天道。那麼，於此偏執一端的江藩《漢
學師承記》，又是否合乎這個由龔自珍所設定，兼而及之文質彬彬的學術標
準？始料未及的是，龔自珍在此居然是毫不留情的以「江先生布衣，非其任
矣」的措詞，作爲裁斷江藩治學之才的最終結論。既然江藩其人已經落得如
此不堪的評價，那麼，龔自珍又是如何評論江藩其書《漢學師承記》總體的
編纂成績？〈江子屏所著書序〉接續即曰：

曰：江先生之爲書，與其甄綜之才何如？曰：能進之，能退之，如
南面而揮之，如襘之予之。曰：請言江先生平生。曰：生於典籍之
區，少爲方聞士，乾隆朝佐當道，治四庫、七閣之事，于乾隆名公
卿老師宿儒，畢下上起齟齬，萬聞千睹。既老，勒成是書，窺氣運

之大原，孤神明以綏往，義顯，故可以縱橫而側求；詞高，故可以
無文字而求。今夫海，不有萬怪不能以一波；今夫岳，不有萬怪不
能以一石。飲海之一蠡，涉華之一石，如見全海岳焉。磚瓦之所積，
堊茨之所飾，風雨乍至，尺青寸紅。紛然流離，才破碎也。江先生
異是。

龔自珍此處評騭江藩其書《漢學師承記》的說法：「江先生之爲書，與其甄綜
之才何如？曰：能進之，能退之，如南面而揮之，如襁之予之。」乍看之下，
似乎與前述評論其人的「江先生布衣，非其任矣」南轅北轍，龔自珍在此一
反前說的，對於江藩所編纂的《漢學師承記》飽含極致的讚許，然而何以龔
自珍對於一人一《書》的評價會天差地別，截然兩異？最主要的原因，即是
要讓龔自珍推許江藩的《漢學師承記》，必須具備一個重要的前置條件，即是
江藩必須要將《漢學師承記》，重新訂名爲龔自珍心目中名實相符的《經學師
承記》，故龔自珍的〈江子屏所著書序〉最後即曰：

> 曰：敬聞教矣。古之學聖人者，著書中律令，吾子所謂代不數人，
> 數代一人，敢問誰氏也？曰：漢司馬子長氏、劉子政氏。江先生書，
> 曰《國朝經學師承記》者如三十卷，遷之例；其曰《國朝經師經義
> 目錄》如者十卷，向之例。小生降階曰：有是夫！雖癯也，猶得搴
> 裳中原，于我乎親命之。

龔自珍此處與江藩的文本對話，已是用《經學師承記》的名稱，逕自替代了
《漢學師承記》的稱謂，而龔自珍連帶及之提到的《經師經義目錄》，使用名
稱則與今本無異，而江藩的「師承記」之所以名爲「漢學」，「經義目錄」之
所以名爲「經師」，即在區隔兩者實質表述的差異性，亦即前者爲江藩唯漢學
是取，非漢學勿議的書寫策略，後者則爲師承漢學的學者在具備完整的漢學
認知後，所完成的具體的經典實踐。

　　必須注意的是，龔自珍在與〈江子屏所著書序〉之中，並不存在任何直
接的，或者是命令江藩更改書名的用語。換言之，當時龔自珍對於江藩所著
之書的所見所聞，由〈江子屏所著書序〉的實質表述來看，並不存在龔自珍
對於《漢學師承記》的書名，究竟應該是漢學或是經學屬性的糾葛，而定名
爭議的激烈力爭，其何以致之的展示，則是始見於〈與江子屏箋〉。

　　因此關於裁定〈箋〉與〈序〉書寫先後次序的問題，應當是〈序〉先於
〈箋〉，才是較爲合理的解釋。從龔自珍〈與江子屏箋〉措詞的慷慨力陳，龔

自珍以「大著讀竟。其曰《國朝漢學師承記》，名目有十不安焉，改爲《國朝經學師承記》。敢貢其說：……此十者，改其名目，則渾渾圓無一切語弊矣」，作爲自身見解正確無虞的強力說明。據此已經可以間接推論，龔自珍於〈江子屏所著書序〉中一任己意的更改書名，龔自珍反客爲主越俎代庖的強勢作爲不言可喻。

因爲從龔自珍親見江藩著述的文稿，以至〈江子屏所著書序〉的完成，時間確實應當要比〈與江子屏箋〉略前。因此再度確認龔自珍書寫〈與江子屏箋〉深層心理的運作機制，與其說龔自珍是要爲了接續解釋，自己何以作出更易《漢學師承記》書名的必要性，倒不如說，〈與江子屏箋〉其實是繼〈江子屏所著書序〉的直率發言之後，更加坦露表白龔自珍心中無可轉寰的易名決定。

然而江藩是否眞的有可能順從龔自珍的更名建議，答案顯然也是否定的。除了今日事實具在，江藩的《漢學師承記》並無因此而易名。再者，最主要原因，即是因爲龔自珍始終沒有眞正跟江藩置身於同一個認知的平台。又或者是說，兩人之間學術對話施與受的互動關係，自始至終都是處於各自表述的狀態。

換言之，當江藩的《漢學師承記》企圖延續與建立，欲將原始漢學的治經理念徹底貫穿於清代學術史之時，江藩根本性的論述前提，至此亦已全然堅若磐石，無可轉移。而江藩《漢學師承記》整體的編輯策略，亦皆全然歸結於漢學概念的認知核心。

此點由江藩序文《漢學師承記》所言之：「從此漢學昌明，千載沈霾，一朝復旦。暇日詮次本朝諸儒爲漢學者，成《漢學師承記》一編，以備國史之采擇。」由此即可確證，江藩《漢學師承記》以漢學概念作爲立論核心一以致之的書寫慣性，而《漢學師承記》的撰述目的，竟是與漢學之所以得復昌明的結果緊緊相繫，由此益可見江藩《漢學師承記》自我無限上綱的學術期許。

由於龔自珍輕忽了江藩《漢學師承記》「漢學」的命名，自有江藩堅定不移的策略性考量，如果龔自珍一開始有意識到這一點，那麼，他就會知道他的建議，江藩絕對不可能會接受，最主要的原因，除了彼此的想法極端南轅北轍，加諸彼此的認知標的亦是毫無交集。再者，龔自珍的發言，其實已經自顧自的，對於江藩的處心積慮完全置之不理。

　　當龔自珍爲江藩設想，倘若《漢學師承記》如其所言，作出更名的動作，則必然可以達到「渾渾圜無一切語弊」的名實相符。龔自珍此番自以爲用心良苦的議論回覆，在收信人江藩看來，不只是江藩希望龔自珍認同自己學術理念的期待已然落空。尤其甚者，龔自珍這個一廂情願的舉動，最終將會導致江藩對於龔自珍，從此產生道不同不相爲謀的形同陌路。

　　因此，關於這宗清代中葉學術事件的互動重點，從來就不在於事件表面，兩人浮沉異勢的躁動情緒，這不是江藩更不更改《漢學師承記》書名的問題，也不是龔自珍究竟是否有傾盡全力反對漢學，又或者是據此大加肯定龔自珍具有贊同漢宋兼采的觀點。

　　而是應該回歸兩人原初的對話起點與對話語境，後世研究者對此應當採取的處理手法，即是要以龔自珍〈與江子屏箋〉的錯估情勢作爲首要認識，並據此反襯江藩《漢學師承記》操作漢學認知絕對性的一意孤行。如此一來，才能精準的對位與解釋兩人的對話意義。

　　至於龔自珍的〈與江子屏箋〉，認爲《漢學師承記》的「漢學」詞義過度局限，未若「經學」用詞的開闊，平心而論，龔自珍的理解確實是深有見地。然而在此如果還是執意的，一定要用學術思想史的角度，擴大詮釋與引申龔自珍〈與江子屏箋〉篇章有限的論述，並且據此強勢裁量龔自珍評價「經學」與「漢學」的位階，究竟是誰高誰低。那麼乍看之下，似乎可以據此得到一個順理成章的研究成果，然而這種將兩者實質上各說各話的內在理路勉強湊合的研究方法，事實上，也已經完全脫離了龔自珍與江藩當時論述場域的情境條件。

　　之所以需要在前文，耗費若大篇幅解析江藩《漢學師承記》與龔自珍〈與江子屏箋〉以及〈江子屏所著書序〉的對話意義。最主要的原因，除了藉此區隔清代個別學者的學術性格與學術概念的主從關係。再者，也是期盼能據此妥善處理「人本概念」結合「文獻歷史」後，所可能產生的種種認知的歧異。

　　而倘若要更進一步的論證，江藩《漢學師承記》的「漢學」用語確實存在過度任性的問題，那麼，透視整體問題的關鍵，從來不在任何他者的身上，以及寄望於任何他方的論述。答案的獲取，就必須在江藩以學術性格與學術意志通貫的《漢學師承記》中，搜尋具有代表意義的個案進行研究。

　　而最務實可行的研究方法，就是必須再度回歸《古文尚書》的考辨課題，

藉由這個具體明確的經典實踐項目，所能收納聚合的清代學術思想史的漢宋概念，以及結合個別學者的學術性格，藉此反覆辨證，據此確立江藩《漢學師承記》的操作策略，是如何強悍的凌駕於所有客觀存在的學術認知之上。

又或者說，當所有可能產生影響效應的客觀學術變數，已經無可迴避的展現在江藩的學術性格之前，何以江藩仍然可以對之視若無睹，並且強勢凌厲的將之隔離剷除？而當後世研究者欲對於江藩的《漢學師承記》，曲折心理思維的何以然與所以然進行多方探索時，合理答案的追尋，從江藩《漢學師承記》所臚列，清代漢學譜系首屈一指的閻若璩，就具備相當程度的代表意義。

由於江藩的《漢學師承記》關於閻若璩的相關記錄卷帙浩繁，本文在此將集中江藩對於閻氏《尚書古文疏證》的《古文尚書》考辨成績，以及江藩對於閻若璩考證能力的評論，作為徵引對象，據此確認江藩是如何的以他的學術性格，貫徹強烈的學術意志於《漢學師承記》之中，《漢學師承記·卷一·閻若璩》曰：

> 閻若璩，字百詩，……年二十，讀《尚書》，至《古文》，即疑二十五篇之偽，沈潛二十餘年，乃盡得其癥結所在，作《尚書古文疏證》。
> 其說之最精者，謂：
> 《漢書·藝文誌》言：「魯共王壞孔子宅，得《古文尚書》，孔安國以考二十九篇，得多十六篇。」《楚元王傳》亦云：「逸《書》十六篇，天漢之後，孔安國獻之。」《古文》篇數之見於西漢者如此，而梅賾所上乃增多二十五篇，此篇數不合也。
> 杜林、馬、鄭，皆傳《古文》者。據鄭氏說，則增多者〈舜典〉、〈汩作〉、〈九共〉、〈大禹謨〉、〈益稷〉、〈五子之歌〉、〈胤征〉、〈典寶〉、〈湯誥〉、〈咸有一德〉、〈伊訓〉、〈肆命〉、〈原命〉、〈武成〉、〈旅獒〉、〈同命〉十六篇，而〈九共〉有九篇，故亦稱二十四篇。今晚出《書》無〈汩作〉、〈九共〉、〈典寶〉等篇，此篇名之不合也。
> 鄭康成注《書序》，於〈仲虺之誥〉、〈太甲〉、〈說命〉、〈微子之命〉、〈蔡仲之命〉、〈周官〉、〈君陳〉、〈畢命〉、〈君牙〉，皆注曰「亡」。
> 而於〈汩作〉、〈九共〉、〈典寶〉、〈肆命〉諸篇，皆注曰「逸」。「逸」者，即孔壁《書》也。

康成雖云受《書》於張恭祖，然其《書贊》曰：「我先師棘下生子安國，亦好此學」，則其淵源於安國明矣。今晚出《書》與鄭，名目互異，其果安國之舊耶！

又云：《古文》傳自孔氏，後惟鄭康成所注者得其真；今文傳自伏生，後惟蔡邕《石經》所勒者得其正。今晚出《書》：「宅嵎夷」，鄭作「宅嵎鐵」。「昧谷」，鄭作「柳谷」。「心腹腎腸」，鄭作「憂腎陽」。「劓、刵、劅、剠」，鄭作「臏、宮、劅、割頭庶、剠」，與真《古文》既不同矣。

《石經》殘碑遺字，見於洪适《隸釋》者五百四十七字，以今孔《書》校之，不同者甚多。碑云「高宗之饗國百年」，與今《書》之「五十有九年」異。孔敘三宗，以年多少爲先後，碑則以傳敘爲次，則與今文又不同。然後知晚出之《書》，蓋不古不今，非伏非孔，別爲一家之學者也。

班孟堅言：「司馬遷從安國問故，故〈堯典〉、〈禹貢〉、〈洪範〉、〈微子〉、〈金縢〉諸篇多《古文》說。」許慎《說文解字》亦云：「其稱《書》孔氏。」今以《史記》、《說文》與晚出《書》相校又甚不合。安國注《論語》「予小子履」以爲《墨子》引〈湯誓〉，其辭若此，不云此出〈湯誥〉，亦不云與〈湯誥〉小異，然則「予小子履」云云，非真《古文・湯誥》，蓋斷斷也。其注「雖有周親，不如仁人」句，於《論語》則云「親而不賢不忠，則誅之，管蔡是也。仁人謂微子箕子，來則用之。」《尚書》則云：「周，至也。言紂至親雖多，不如周家之少仁人。」其詮釋相懸絕如此，豈一人之手筆乎！

……又云：《書》序〈益稷〉本名〈棄稷〉，馬、鄭、王三家本皆然，蓋別是一篇，中多載後稷與契之言。揚子云《法言・孝至篇》言：「合稷契之謂忠，謨合皋陶之謂嘉。」子云親見《古文》，故有此言。晚出《書》析〈皋陶謨〉之半爲〈益稷〉，則稷與契，初無一言，子云豈鑿空者耶！

其辨孔《傳》之僞云：「三江入海，未嘗入震澤，孔謂江自彭蠡分而爲三。」共入震澤者，謬也。金城郡，昭帝所置，安國卒於武帝時，而《傳》稱積石山在金城西南，豈非後人作僞之證乎！……平生長

　　於考證，遇有疑義，反覆窮究，必得其解乃已。〔註14〕

要從上述江藩的《漢學師承記》，對於所有閻若璩已知的敘述，確認江藩所建構的閻若璩形象，是如何中規中矩的切合漢學概念，具體執行這個作法並不困難。然而這種片段理解江藩《漢學師承記》的閱讀取向，之所以可以想當然爾的產出成型，實際上已可視爲江藩的《漢學師承記》已經成功的制約與馴服了學者的閱讀心靈。然而，閱讀者對於江藩《漢學師承記》的認知方式，是否有可能可以考慮採取其他的思考路數，因此得出其他可能面向的解讀？

　　如前所述，龔自珍的〈與江子屛箋〉，即是龔自珍對於江藩《漢學師承記》，強烈預設立場的反向省思與詮釋。只是龔自珍的作法，是專門針對江藩《漢學師承記》以偏概全的必然局限發聲，龔自珍由此逕自擴張自身的言說疆界。嚴格說來，龔自珍對於江藩《漢學師承記》的回應與裁斷，就江藩《漢學師承記》的實質表述而言並不公允，因爲江藩《漢學師承記》所要達到的論述目的，已經預先排除了所有可能左右《漢學師承記》，有關漢學論述路線的學術變數，此點由《漢學師承記》書寫閻若璩與戴震的操作策略，可見一斑。

　　而今本閻氏《尙書古文疏證》共爲八卷，總計爲一百二十八條，照說江藩當時所見的閻氏《尙書古文疏證》，理應爲全本無誤。因此江藩所閱讀的閻氏《尙書古文疏證》，其文本就非是如同其前輩惠棟與沈彤，經手的是斷簡殘篇的《尙書古文疏證》抄本〔註15〕。也就是說，江藩不應該對於閻氏《尙書

〔註14〕《漢學師承記》，頁38～73。

〔註15〕個人於《惠棟古文尙書研究‧「閻君之論」與《尙書古文疏證》抄本的傳布》，曾經對於閻氏《尙書古文疏證》抄本五卷本的傳布情況多所著墨，其文曰：今據《古文尙書考》的「閻君之論」再作歸納，十五則均出自今本《尙書古文疏證》的卷一與卷二（第十五則於抄本系統亦屬第二卷）；而《古文尙書考》的「閻若璩曰」廿四條則分別出自今本《尙書古文疏證》的卷一、卷二、卷五。如果我們根據上述訊息作出推斷，則惠棟所擁有的《尙書古文疏證》抄本理應只有一、二、五，共三卷，從惠棟所援引的「閻說」中，並不能證明惠棟有任何寓目今本《尙書古文疏證》第三、四卷的記錄。再者，《古文尙書考》九十九則的「閻若璩曰」中有〈周官〉論道經邦」一條，此條目同樣是標誌是出自《尙書古文疏證》的「閻若璩曰」，卻是獨出於閻若璩《困學記聞注》，並不與任何閻氏今本《尙書古文疏證》的内容重出。這個現象又是惠本《尙書古文疏證》與他本《疏證》殊異的一個例子。雖然惠棟對於《尙書古文疏證》抄本的來源，沒有交代任何相關的取得細節，筆者推測這並不是惠棟對於這個問題視若無睹，而是這個問題的複雜度，連惠棟這位與閻若璩時代相近的學者，都不知從何說起。（按：雖然惠棟《松崖筆記》卷三曾經提到：《經義攷》：「閻若璩《尙書古文疏證》，十卷。姚際恒《古文尙書別僞例》，

古文疏證》，頻繁的徵引朱熹質疑晚《書》的見解與蔡《傳》的情況視若無睹。然而，江藩《漢學師承記》處理閻若璩的方式，卻是完全的取消了宋代經學的歷史記錄。換言之，如果不是江藩所披覽的閻氏《尚書古文疏證》版本有誤，那麼問題顯然就是來自於江藩的刻意爲之。

　　即是因爲江藩對於閻氏《尚書古文疏證》內容的篩選與節錄，完全摒棄了非漢學的部分。換言之，江藩《漢學師承記》所聚焦的閻氏《尚書古文疏證》，及其彙整閻氏《尚書古文疏證》考證文獻研究方法的特徵，已經徹頭徹尾，裡裡外外，淨是漢學概念的內在理路。據此，本文接續要追問的是，江藩爲何需要如此大費周章的改造閻氏《尚書古文疏證》？

　　要探索江藩《漢學師承記》此一具體作爲的何以然之前，則已經可以先行回答龔自珍〈與江子屏箋〉提出，要將《漢學師承記》更名爲《經學師承記》可行性的討論。龔自珍認爲江藩的《漢學師承記》，只要「改其名目，則渾渾圓無一切語弊矣」。然而透過江藩《漢學師承記》處理閻若璩的模式，可以發現，就算江藩一如龔自珍所願，以《經學師承記》的全新名目，包裝自身《漢學師承記》的實質表述，那麼，兩者間的對應關係依舊還是圓鑿方枘，格格不入。

　　只因原本在《漢學師承記》中已經斷絕宋學譜系的閻若璩，絕對不會因爲改換《經學師承記》的外衣，就會自動回復被江藩《漢學師承記》抹消的

十卷。錢煌《壁書辨疑》，六卷。」朱竹垞曰：「三家皆攷《古文尚書》者。」暫且不論朱彝尊是否有誤植閻氏《尚書古文疏證》的卷數。純就惠棟對於閻氏《尚書古文疏證》的徵引，以及《古文尚書考》不見「姚」、「錢」二人著述的情況。可知惠棟《松崖筆記》卷三的「《古文疏證》」條，僅具備轉載《經義考》條例的作用，並不代表惠棟完整看過朱氏所言的「三家」《古文尚書》考辨著述。）綜上可知，杭世駿所抄得的《尚書古文疏證》抄本僅爲第一、四、五卷，惠棟「於友人許得」的閻氏《尚書古文疏證》抄本亦僅第一、二、五卷，嚴格來說這兩人所得的閻氏《尚書古文疏證》抄本，都不能算是全本的《尚書古文疏證》「五卷本」。至於沈抄本傳世的價值，則可以證明沈彤對於《古文尚書》考辨課題的關心，我們知道沈彤撰有《尚書小疏》一卷，再加上沈彤於乾隆十五年（1750）受惠棟所託，爲《古文尚書考》作〈序〉，已說明當時他認知中的《尚書古文疏證》抄本爲五卷。張穆所言沈抄本第一至第五卷的對校，除了是說明沈抄本的概要，更可以佐證就算沈彤早有訪求《尚書古文疏證》的行動應屬合理。至於惠棟於乾隆八年（1743）得到《尚書古文疏證》抄本，之後沈氏借惠本補足第五卷，這裡同時也顯現了沈抄本《尚書古文疏證》應該早有第五卷。只是沈氏是否只藉惠本補足第五卷，有無通盤考校？目前則因爲目前憑證不足，筆者不敢妄自揣度。（頁39～40）

宋學背景。換言之，龔自珍〈與江子屏箋〉所提出易名設想的「十不安」，乍看之下，句句在理，然而與江藩《漢學師承記》對於閻氏《尚書古文疏證》文獻材料的運用思維比對之後，除非龔自珍可以接受其《經學師承記》的易名決定，於經學之上仍然保留漢學二字，增字爲《漢學的經學師承記》。否則，以龔自珍橫衝直撞的矯枉過正，恐怕最後的結果，只會讓自身〈與江子屏箋〉原本理直氣壯的「十不安」，變得更加寸步難行。

據此，即可以更進一步的確證，前述龔自珍對於江藩《漢學師承記》的回應，確實是錯估形勢。而龔自珍〈與江子屏箋〉於此的自以爲是，恐怕也已直追江藩《漢學師承記》一意孤行的程度。由此可見，評論者與被評論者對於認知意義的各行其是以及互不相讓，既已注定了讓龔自珍〈與江子屏箋〉對於《漢學師承記》的「十不安」，到頭來只能落得書空咄咄的徒勞無功。而龔自珍未經深思熟慮的貿然舉動，結果更是招致江藩全盤的無動於衷。

反觀江藩的《漢學師承記》，最終既未將龔自珍的〈江子屏所著書序〉與阮元的〈序〉文並列，同時又對於龔自珍的〈與江子屏箋〉提出的更名建議置若罔聞，對內，江藩於《漢學師承記》所強烈展現的學術性格，以及在《漢學師承記》之外，江藩表現他對於龔自珍發言的視若無睹，已經導致江藩完全斷絕了後續他與龔自珍所有對話交流的可能。

第二節　歷史性還原──治學立場編排的譜系序列

藉由建構與復原，江藩《漢學師承記》對於龔自珍的〈江子屏所著書序〉以及〈與江子屏箋〉之間不對稱的對話關係，可以初步理解江藩《漢學師承記》內在理路的組成，乃是導源於江藩強烈學術性格的支配。

而論述至此，本文之所以一再而再的使用學術性格這個語詞，反覆測度江藩其人「學術性格」的強勢程度，以及據此觀察江藩如何創製其書《漢學師承記》的生成，而非是將「學術性格」套用於龔自珍，最主要的原因，即是在於江藩完成《漢學師承記》此一學術專著，必需仰賴與貫徹作者自身極其強烈的論述意志。

客觀言之，江藩的《漢學師承記》就算立場再偏頗，持論再失衡，其渾厚的學術背景與治學理念，仍然足以相對反襯出龔自珍的一〈箋〉一〈序〉思維模式的單薄輕弱。再者，由前述江藩《漢學師承記》中已知的漢學概念，

間接推理與確認江藩《漢學師承記》中不存在的非漢學概念。

乍看之下，因為《漢學師承記》的漢學概念巍峨聳立，似乎因此讓非漢學概念變得銷聲匿跡，然而兩者之間雙線互動的辨證張力始終不絕如縷。是以透過江藩《漢學師承記》對於非漢學概念不言之言的處理，反更能見證江藩自身的學術性格，是如何強而有力的支配了《漢學師承記》整體學術面貌的成形。

而如果說從追蹤江藩《漢學師承記》中欲蓋彌彰的非漢學概念，可以據此為研究進路，側面理解江藩的學術性格對於《漢學師承記》的書寫，所產生的無遠弗屆的影響力。那麼，本文接續即將探索，也是研究清初《古文尚書》考辨思潮時無法迴避的學術命題，即是江藩如此強烈的學術性格從何而來？或者該說，應當如何進一步的確認江藩學術性格的形成原因。

這個問題的釐清，將有助於說明，何以清代中葉江藩《漢學師承記》關於漢學認知的顛撲不破，並非是代表清代學界開始認知漢學的起點，而適當的溯源江藩學術性格與漢學認知世界的構成，也才能有效復原江藩所作所為的何以然與所以然，而這一段由清代中葉回溯清初的學術旅程，與之相對應的文本，依舊是必須選擇江藩著述的《漢學師承記》。

因為藉著江藩《漢學師承記》對於非漢學概念的捨棄，可以確認江藩為了保有漢學概念的純粹，所強烈行使貫徹的學術性格。同樣的，從江藩《漢學師承記》對於漢學概念的細大不蠲，也可以藉此窺知江藩的治學淵源。

換言之，可以從《漢學師承記》的「師承」二字，尋求江藩學術性格的養成背景，以及從江藩「師承」的源頭迄於江藩的《漢學師承記》，一路傳承有序的一致性與連續性。誠如前文述及，阮元序文於《漢學師承記》時所言的江藩「師承」譜系，《漢學師承記‧阮元序》即曰：

> 甘泉江君子屏，得師傳於紅豆惠氏，博聞強記，無所不通，心貫群經，折衷兩漢。元幼與君同里同學，竊聞論說三十餘年，江君所纂《國朝漢學師承記》八卷，嘉慶二十三年（戊寅，1818 年），居元廣州節院時刻之，讀此可知漢世儒林家法之承授，國朝學者經學之淵源，大義微言，不乖不絕，而二氏之說亦不攻自破矣。

江藩乃是清初惠棟的再傳弟子，而阮元所言江藩的治學特色乃為「折衷兩漢」，因此由江藩折衷兩漢的認知實踐，可以確定江藩的學術理念始終沒有跨越漢學認知的範圍，因此與其說是江藩自身折衷兩漢，毋寧說啓發江藩折衷

兩漢治學理念的典範，其實可以追溯至惠氏三世的治經理念，特別是惠棟其人。故江藩於《漢學師承記・卷二・惠松崖》即曰：

> 年五十後，專心經術，尤邃於《易》，謂宣尼作《十翼》其微言大義，七十子之徒相傳，至漢猶有存者。自王弼興而漢學亡，幸傳其略於李鼎祚《集解》中。精研三十年，引伸觸類，始得貫通其旨，乃撰《周易述》一編，專宗虞仲翔，參以荀、鄭諸家之義，約其旨爲《注》，演其說爲《疏》，漢學之絕者千有五百餘年，至是而粲然復章矣。〔註16〕

> 又有《易漢學》七卷，《易例》二卷，皆推演古義，針砭俗說。〔註17〕

江藩在此對於他的太老師惠棟治理《易》學的評價用詞，是以興復漢學，粲然復章，以及推演古義，針砭俗說作爲總結。然而更必須注意的是，江藩引用了錢大昕爲惠棟書寫的〈傳〉文，作爲惠棟治學特色的最終定評：

> 同時與先生友善者，沈彤、沈大成。大成字學子，號沃田，華亭人，有《學福齋集》。受業弟子最知名者，余古農、同宗艮庭兩先生，如王光祿鳴盛、錢少詹大昕、戴編修震、王侍郎蘭泉先生，皆執經問難，以師禮事之。錢少詹爲先生作〈傳〉，論曰：「宋、元以來，說經之書盈屋充棟。高者蔑棄古訓，自誇心得；下者勦襲人言，以爲己有。儒林之名，徒爲空疏藏拙之地，獨惠氏世守古學，而先生所得尤深，擬諸漢儒，當在何邵公、服子愼之間，馬融、趙岐輩不能及也。」〔註18〕

錢大昕認爲惠棟的治經特色在於「獨惠氏世守古學，而先生所得尤深，擬諸漢儒，當在何邵公、服子愼之間，馬融、趙岐輩不能及也」，基本上錢大昕的意見，已經可以作爲清代學界評價惠棟治學成就的共識與結論。可是不管是江藩還是錢大昕的說法，事實上都是一種極其平面的表述，並沒有眞正觸及惠棟治經的內在理路，又或者是說，這兩人的表述，並沒有具體說明惠棟與漢學認知之間，究竟存在何種因爲交互激盪而生成的核心討論，這是爲什麼呢？

這是因爲在清代學者眼中，考據材料與推衍舉證，講究是細膩處理文獻

〔註16〕《漢學師承記・卷二・惠松崖》，頁171。
〔註17〕《漢學師承記・卷二・惠松崖》，頁191。
〔註18〕《漢學師承記・卷二・惠松崖》，頁213。

的技能，個別學者的治學能力通常都消融與呈現於文獻的排列整理，而清代學者經由這種思考邏輯所呈現的研究成果，乍看之下，似乎都只剩下了長篇累牘的文獻堆疊。而自從恢復漢學的學術號召蔚爲風潮，考據學的面貌似乎就此僵固成形，成爲清代學術的唯一代表。

這當然是一種極其偏頗的學術成見，可是這樣的約定俗成，同時也無可避免的造成了多數學者理解清代學術史的認知障礙，特別是連前述的江藩與錢大昕也無可倖免，江藩與錢大昕在此看似提供了一則正確答案，實則這是一則沒有爭議的標準答案，兩人於此等同繳交了一張毫無學術辨證意義的空白卷。

因此本文之所以用清初《古文尚書》考辨思潮作爲論述主軸，即是著重探討惠棟考辨《古文尚書》內在理路組成的所以然，以及其與江藩《漢學師承記》尊崇漢學理念的關聯，並且說明個別學者的學術性格是如何無孔不入的滲透其間，而分析這些學理現象之間，彼此層層相互制約與支配的繁複辨證關係，即爲本文釐清江藩《漢學師承記》無所不在的學術性格之後，另一個重要的論證目的。

而此舉將有助於確認，何以藉由《古文尚書》考辨課題的經典實踐，即能有效的彰顯清代考據學的內在理路，以及兩者的主從與共生關係。而關於惠棟考辨《古文尚書》的學術史意義，江藩是這樣定義的：

> 於《書》有《古文尚書考》二卷，謂孔壁中《古文》得多十六篇，內有〈九共〉九篇，析之爲二十四篇。鄭康成所傳之二十四篇，即孔壁眞《古文》，東晉晚出之二十五篇，與《漢書》不合，可決其僞，唐人詆鄭所傳爲張霸僞造者，妄也。今文〈泰誓〉三篇，其略見於太史公書，太史公從安國問故，當可信，唐人尊信晚出之〈泰誓〉，而以今文〈泰誓〉爲僞，亦非也。〔註19〕

雖然江藩於此的行文措詞甚爲精簡，可是江藩對於惠棟《古文尚書考》的邏輯基點並無闕遺，讀者甚至也可以將此逕自視爲惠棟《古文尚書考》的提要。可是對於本文所要處理的問題而言，事實上惠棟《古文尚書考》的文本的訊息含量非常豐富，並不僅僅止於江藩《漢學師承記》對於惠棟《古文尚書考》的扁平敘述。然而爲什麼惠棟撰述《古文尚書考》時深層心理的思維機制，轉換成至江藩《漢學師承記》呈現的白紙黑字時，惠棟《古文尚書考》的考

〔註19〕 《漢學師承記・卷二・惠松崖》，頁191。

辨活力會消失不存？僅僅餘留單一的學術特色，也就是漢學標籤的陳述？

　　如果這個問題的答案，已經確定無法通過目前學界習以爲常的認知模式，亦即通過傳統的考據學觀點取得即時有效的理解。那麼，我們又該如何測知惠棟《古文尚書考》研究方法的有效價值，並且與惠棟進行一場有別於傳統考據學觀點的思想史對話？首先，還原惠棟《古文尚書考》的本來面目，爬疏惠棟《古文尚書考》的內在理路，仍然屬於第一要義。在此，惠棟《古文尚書考》的自序，就是說明惠棟考辨心理的重要憑據，惠棟《古文尚書考・自序》即曰：

> 孔安國《古文》五十八篇，漢世未嘗亡也。三十四篇與伏生同，二十四篇增多之數，篇名具在。劉歆造《三統曆》、班固作《律曆志》、鄭康成注《尚書序》，皆得引之。特以當日未立於學官。故賈逵、馬融等雖傳孔學，不傳逸篇。

> 融作《書序》亦云：「逸十六篇，絕無師說。」（十六篇內，〈九共〉九篇，故二十四。）蓋漢重家學，習《尚書》者皆以二十九篇爲備。（伏生二十八篇，〈太誓〉後得，故二十九。劉歆〈移書太常〉曰：「抑此三學，以《尚書》爲備。」臣讚曰：「當時學者，謂《尚書》唯有二十八篇，不知本有百篇也。」三學謂《逸禮》、《尚書》、《左傳》。）

> 于時雖有孔壁之文，亦止謂之逸《書》，無傳之者。（服虔《左傳解誼》，以《毛詩・都人士》首章爲逸詩，以未立於學官故也。）然其書已入中秘，是以劉向校古文，得錄其篇，著于《別錄》。至東京時，唯亡〈武成〉一篇，而《藝文志》所載，五十七篇而已。（劉向《別錄》，五十八篇。）其所逸十六篇，當時學者咸能案其篇目，舉其遺文，雖無章句訓故之學，翕然皆知爲孔氏之逸《書》也。

> 或曰：「《古文》出于晉世，若兩漢先嘗備具，何以《書傳》所引〈大甲〉、〈說命〉諸篇，漢儒群目爲逸書歟？」

> 曰：「今世所謂《古文》者，乃梅賾之《書》。非壁中之文也，賾采摭傳記作爲《古文》，以紿後世。後世儒者，靡然信從，于是東晉之《古文》出，而西漢之《古文》亡矣。」

> 孔氏之《書》，不特文與梅氏絕異，而其篇次亦殊。愚既備著其目，

　　復爲條其說于左方，以與識古君子共證焉。〔註20〕

將惠棟《古文尚書考》的夫子自道，對照江藩《漢學師承記》對於惠棟治《書》成績的描述，可以發現江藩《漢學師承記》對於惠棟尊崇漢學的理念堅持確實是全盤接收，再比對前述江藩《漢學師承記》處理閻若璩與戴震，所顯現的強烈棄置非漢學理念的學術裁剪標準，由此可見，江藩的治學取向除了確實師出惠棟，再者，江藩處理惠棟《古文尚書考》時，已經逕自以「東晉晚出之二十五篇，與《漢書》不合，可決其僞」，作爲惠棟《古文尚書考》數萬言論述的總結，以彰顯漢學認知的主體價值。

　　而惠棟在《古文尚書考》中娓娓道來的《古文尚書》傳承譜系，確實皆是以兩漢文獻的論述軸線開枝散葉，倘若說惠棟治經尊崇漢學理念的實際作爲洵非虛言，那麼《古文尚書考》確實就是具體體現了惠棟將漢學理念付諸經典實踐的實現。再者，就惠棟《古文尚書考》整體文本的編排次序來看，《古文尚書考·卷上》扣除惠棟自序的前言，與卷上末的十五則「閻君之論」後，惠棟《古文尚書考》的篇次順序是：

　　　　孔氏《古文尚書》五十八篇→鄭氏述古文逸《書》二十四篇→辨《正義》四條→證孔氏逸《書》九條→梅氏增多《古文》二十五篇→辨梅氏增多《古文》之謬十五條→辨《尚書》分篇之謬。

　　必須注意的是，與惠棟同時期以及惠棟之後的清代學者，對於惠棟唯宗漢學治學模式的理解，往往都是建立於一種惠棟的學術認知始於兩漢學術，亦是終於兩漢學術的既定印象。然而這樣人云亦云的說法陳陳相因造成的後果，往往使得相關研究者總論惠棟的學術成就時，無限上綱的將惠棟的治學特色，皆歸結於惠棟的唯漢學是取，以今日的研究視野來看，這當然是一種未盡深思的學術思維，因爲這並非是究竟解決學術問題的研究方法。

　　然而在此種認知模式無遠弗屆的影響之下，所有關於檢驗惠棟以漢學認知操作經典實踐的所以然消失了，如果說構成惠棟整體學術圖像的細節已經失落，無法具體表述，那麼，孰者是啓發惠棟治經必宗漢學的原始動機？而這乃是所有研究惠棟治經成就，多數以結果論統攝一切的研究者無法迴避的大哉問。

　　而觸發惠棟本身唯漢學是取的對應對象，惠棟又是否是毫不猶豫的直接導向兩漢文獻？惠棟在治學過程中對於自己宗主漢學的學術選擇，難道從來

〔註20〕《古文尚書考》，頁 57～58。

都毫無疑義也毫不遲疑？又或者，在惠棟唯漢學是取的最終結果呈現之前，惠棟看似一致的學術思路其實都是相對妥協的結果，其中並不存在一以貫之的必然性，倘若實情真是如此，那麼，惠棟裁量兩漢文獻確然真實無虞的憑據究竟從何而來？

　　問題的答案，即必須從惠棟《古文尚書考》篇章次序的組成思維探索。惠棟《古文尚書考》首從孔氏《古文尚書》的總數爲五十八篇，作爲自身建構《古文尚書》考辨學史的認知起點，惠棟對於《古文尚書》總體篇數加減分合的計算方式，遂使得解決《古文尚書》考辨課題，其中的一條可能的研究進路，就此成爲人文思維的數學算式，而這當然是一種以數目概念確立考辨前提的思維邏輯，然而惠棟此舉的策略效力又是如何，即必須善加檢驗。惠棟《古文尚書考・卷上・孔氏《古文尚書》五十八篇》條下曰：

　　〈堯典〉（梅氏分出〈舜典〉）、〈舜典〉、〈汩作〉、〈九共〉一、〈九共〉二、〈九共〉三、〈九共〉四、〈九共〉五、〈九共〉六、〈九共〉七、〈九共〉八、〈九共〉九、〈大禹謨〉、〈皋陶謨〉（梅氏分出〈益稷〉）、〈棄稷〉（即〈益稷〉）、〈禹貢〉、〈甘誓〉、〈五子之歌〉、〈胤征〉、〈湯誓〉、〈湯誥〉、〈咸有一德〉（梅氏次〈太甲〉）、〈典寶〉（梅氏次〈湯誓〉）、〈伊訓〉（梅氏次〈湯誥〉）、〈肆命〉、〈原命〉、〈盤庚上〉、〈盤庚中〉、〈盤庚下〉、〈高宗肜日〉、〈西伯戡黎〉、〈微子〉、〈太誓上〉、〈太誓中〉、〈太誓下〉、〈牧誓〉、〈武成〉（建武[註21]之際亡）、〈洪範〉、〈旅獒〉、〈金縢〉、〈大誥〉、〈康誥〉、〈酒誥〉、〈杍材〉、〈召誥〉、〈雒誥〉、〈多士〉、〈毋逸〉、〈君奭〉、〈多方〉、〈立政〉、〈顧命〉〈康王之誥〉、〈𡊄命〉（當作〈畢命〉）、〈柴誓〉（梅氏次〈文侯之命〉）、〈呂刑〉、〈文侯之命〉、〈秦誓〉。

　　桓譚《新論》云：「《古文尚書》，舊有四十五卷，爲五十八篇。」

　　蓋賈、馬《尚書》三十四篇，益以孔氏逸篇二十四篇爲五十八。內〈盤庚〉三篇同卷，〈太誓〉三篇同卷，〈顧命〉、〈康王之誥〉二篇同卷，實二十九篇。逸《書》〈九共〉九篇同卷，實十六篇，合四十五卷之數（篇即卷也）。與桓君山説合（《藝文志》四十六卷，兼〈序〉言之）。[註22]

〔註21〕AD25～AD56。
〔註22〕《古文尚書考》，頁58。

在此，惠棟《古文尚書考》對於《尚書》總體篇數的認知，惠棟首先選擇了
西漢桓譚《新論》的記錄，然而桓譚的《新論》眞的是惠棟的唯一選項嗎？
其實不然，相較於桓譚《新論》的民間屬性，班固的《漢書・藝文志》其實
更具備官修正典，取信於人的價值，可是何以惠棟在此是以桓譚《新論》的
「《古文尚書》，舊有四十五卷，爲五十八篇。」作爲認知標準，而不是班固
的《漢書・藝文志》？

這是因爲兩漢總體《尚書》篇數的計算，是一個總量管制的概念。換言
之，總體《尚書》的篇數是來自於今文《尚書》與《古文尚書》的加總，惠
棟之所以選擇桓譚的《新論》，是因爲相較於班固《漢書・藝文志》的「《尚
書》古文經四十六卷，爲五十七篇」，相形之下，桓譚《新論》的說法更能符
應惠棟《古文尚書考》考辨《古文尚書》的預設起點。

再從惠棟《古文尚書考》對於「賈、馬《尚書》三十四篇」與「孔氏逸
篇二十四篇」的認知概念，似乎已經可以初步揣摩惠棟考辨《古文尚書》的
思維規律，桓譚與班固對於《尚書》篇數的加總表述，雖然惠棟將其列出，
然而這並不代表即是惠棟考辨《古文尚書》的思維起點，而應當視爲惠棟考
辨《古文尚書》的預設前提。

實際的狀況應是，惠棟先行確立了今文《尚書》與《古文尚書》其中一
部的篇數，然後再加上另一部的篇數，最後得出兩部加總的總篇數，而與這
個所得結果直接吻合的兩漢文獻載體，即是桓譚的《新論》，而非是班固的《漢
書・藝文志》，此點由惠棟《古文尚書考》，猶需於文末圓成班固《漢書・藝
文志》何以是「四十五卷」時，惠棟於此另加〈書序〉一篇，以成四十六，
可見一斑。因此惠棟即於《古文尚書考・卷上・鄭氏述古文逸《書》二十四
篇》條下曰：

> 〈舜典〉、〈汩作〉、〈九共〉一、〈九共〉二、〈九共〉三、〈九共〉四、
> 〈九共〉五、〈九共〉六、〈九共〉七、〈九共〉八、〈九共〉九、〈大
> 禹謨〉、〈棄稷〉、〈五子之歌〉、〈胤征〉、〈湯誥〉、〈咸有一德〉、〈典
> 寶〉、〈伊訓〉、〈肆命〉（名陳政教所當爲也）、〈原命〉、〈武成〉、〈旅
> 獒〉、〈葬命〉（當作〈畢命〉）。

> 《藝文志》云：「《古文尚書》出孔子壁中。孔安國者，孔子後也。
> 悉得其書，以考二十九篇，得多十六篇，安國獻之，遭巫蠱事，未
> 列於學官。」所謂十六篇者，即鄭氏所述逸《書》二十四篇也。《正

義》曰：「以〈九共〉九篇共卷，除八篇，故爲十六。」

孔沖遠以孔氏十六篇爲張霸僞《書》，其說之可疑者有四焉：《漢書·儒林傳》云：「孔氏有《古文尚書》，以今文字讀之，因以起其家逸《書》，得十餘篇。蓋《尚書》茲多于是矣。世所傳《百兩篇》者，出東萊張霸，分析合二十九篇以爲數十。又采《左氏傳》、《書敍》爲作首尾。凡百二篇，篇或數簡，文意淺陋。成帝時，求其古文者，霸以能爲《百兩》徵，以中《書》校之，非是。」

案：《傳》先述逸《書》，後稱《百兩》，明逸《書》非《百兩》，其疑一也。

《經典序錄》曰：「百二篇，文意淺陋，成帝時，劉向校之，非是，後遂黜其書。」夫校《古文》者，向也。識《百兩》之非《古文》者，亦向也。豈有向撰《別錄》》仍取張霸僞《書》者乎，其疑二也。

成帝之時，《百篇》具在，向、歆父子領校秘書，皆得見之。歆撰《三統曆》，述〈伊訓〉、〈武成〉、〈畢命〉諸篇，悉孔氏逸《書》之文也（觀歆〈移太常書〉知孔氏《古文》具在）。其後〈武成〉亡於建武之際，至東漢之末，〈胤征〉、〈伊訓〉猶有存者，故鄭康成注《書》，閒一引之（注〈禹貢〉引〈嗣征〉，注〈典寶〉引〈伊訓〉）。若《百兩》之篇，傳在民間（王充《論衡》曰：「百二篇《書》，傳在民間」），與壁中《古文》眞僞顯然，當時學者咸能辨之（《論衡》十八卷引《百兩篇》云：「伊尹死，大霧三日」）。豈有識古如劉子駿、篤學如鄭康成，以民間僞《書》，信爲壁中逸典者耶？其疑三也。

《律曆志》載〈伊訓篇〉曰：「惟元年，十有一月乙丑朔，伊尹祠于先王。」〈武成篇〉曰：「惟一月壬辰，旁死魄（古文魄、霸通）。越翼日，癸巳，王朝步自周，于征伐紂。」〈畢命〉曰：「惟十有二年六月，庚午朏，云云」。案：其文與梅氏所載略同，後人指之爲張霸僞《書》者也。愚考王充《論衡》曰：「霸造《百二篇》，成帝出秘《尚書》，以校考之，無一字相應者。夫霸《書》不與《百篇》相應，何後出《古文》獨與之同？其疑四也。」（孔沖遠又言：「僞作者傳聞舊語，得其年月，不得以下之辭。」此說謬耳。《百二篇》與秘《尚書》無一字相應，安得如沖遠所云！且《律曆志》所據逸《書》，皆

本《三統曆》，子駿親見《古文》，豈可以僞《書》指之？）〔註23〕
惠棟考辨《古文尚書》對於今文與《古文》各自篇數的確認，鄭玄所述《古文》逸《書》二十四篇的篇目，對於惠棟而言的學術意義非常重大，而這也是確定惠棟《古文尚書》唯宗漢學，其中一則非常重要的學術指標。然而聚焦於鄭玄所言，僅能解釋兩漢《古文尚書》的篇數迄於鄭玄止爲二十四篇，據此亦能往前溯源今文與《古文尚書》各自的篇數，及其加總後的數目，並且據此比對出東晉二十五篇晚《書》的篇數，確實與歷史文獻的記錄並不相符。

然而這裡突顯的問題是，鄭玄所述《古文》逸《書》二十四篇篇目的學術舉證價值，怎麼會是由與惠棟辨僞對立的學術立場的孔穎達在《尚書正義·堯典》所提出？換言之，惠棟考辨《古文尚書》的唯漢學是取，於此所運用的第一手材料，原來並非是系出原始的兩漢史傳，而是取證自惠棟眼中錯亂《尚書》傳承譜系的孔氏《尚書正義》，在此已經可以初步得出，惠棟正是藉由通過唐代二手的漢代文獻，意圖復原與重建兩漢的《尚書》學史。

如果說《古文尚書》考辨課題是一組相對論性質的辨證討論，那麼，當惠棟《古文尚書考》舉出何者是他認爲的正確無誤的觀點時，惠棟必然同時要面對來自對立一方的疑問，而前述《古文尚書考》在面對桓譚與班固的文獻登錄不一致的情況時，惠棟採取的處理方法是直接認證桓譚《新論》的正確價值，而以間接的方式圓成班固《漢書·藝文志》的說法，可是惠棟在此卻是無法解釋，何以班固計算《尚書》篇數時會漏計了〈書序〉？

事實上班固《漢書·藝文志》對於《古文尚書》「十六篇」的說法，跟孔穎達《尚書正義·堯典》所表述的鄭玄「二十四篇」，兩者的數目也並不一致，然而惠棟若要證明《尚書正義·堯典》的鄭玄說法確然可信，那麼惠棟就應當適度解釋，何以從班固的《漢書·藝文志》過渡至《尚書正義·堯典》時，《古文尚書》的篇數會產生變化？對此，惠棟引用了孔穎達說法以〈九共〉析篇，說明篇數何以從「十六」變化爲「二十四」，惠棟照章引用，顯然他對於孔穎達的說法並無疑義，讓惠棟存疑的，是孔穎達將《古文尚書》「十六篇」的作者與「張霸」張冠李戴的問題。

因此本文接續要提問的是，如果惠棟認同孔穎達對於從班固至鄭玄的篇數連結，也就表示在惠棟的認知裡，此處的孔穎達對於《古文尚書》考辨文

〔註23〕《古文尚書考》，頁58～59。

獻的理解無誤，然而孔穎達理解歷史文獻的正確性，究竟是符合歷史文獻的客觀正確，還是符合惠棟考辨立場的主觀正確，這是個值得重新省思的問題，因爲問題的答案，將會再三的牽涉與影響，關於研究者解讀惠棟《古文尚書考》辨僞立場何以如此的詮釋尺度。

事實上《古文尚書》的〈九共〉其篇已然亡佚，在前後對照無門的情況下，惠棟對於孔穎達記錄鄭玄《古文尚書》二十四篇的篇目，似乎只能無條件的信其爲眞，並且以〈九共〉篇數的合併擴增，作爲考辨思維的認知邏輯，惠棟據此重新復原了班固《漢書・藝文志》登載《古文尚書》十六篇的篇目。

而對於清代的《古文尚書》考辨學人而言，兩漢時期今文《尚書》的先馳得點與傳承有序，乃是不爭的歷史事實。相形之下，《古文尚書》可謂命運多舛備受冷落，而面對登載《古文尚書》篇目唯一可徵的歷史記錄，竟然是來自於孔穎達的《尚書正義》時。照理說，惠棟對於孔穎達的選擇性認同，應該就是代表惠棟認爲孔穎達的見解有錯有對，然而惠棟在此嚴聲譴責了孔穎達認爲張霸僞作《古文尚書》十六篇的錯置，那麼，對於惠棟而言，確定《古文尚書》十六篇與二十四篇，各自的作者爲誰，究竟存在何種學理意義？惠棟的衡裁標準，值得深入討論。

惠棟對於孔穎達張霸說法四個提問的論證過程與論證結果，並沒有太大的問題，重點是在於惠棟最終的論證目的究竟是所指爲何？因爲惠棟倘若不指出孔穎達張冠李戴的錯誤，將會坐實《古文尚書》十六篇乃是張霸所僞造，連帶及之的《古文尚書》二十四篇，就是後續張霸之徒追隨之舉的再僞造。換言之，在惠棟認爲鄭玄確有注明《古文尚書》二十四篇的前提下，惠棟指出《古文尚書》十六篇雖然未曾立學官，然而其現世的時間點，與接續的傳承歷史皆斑斑可考，可見《古文尚書》二十四篇的生成，確實與張霸毫無關係。

然而，惠棟此舉亦僅能相對破解孔穎達《尚書正義》，對於張霸僞造事件的訛誤，可是張霸之徒究竟有無造僞《古文尚書》二十四篇，惠棟於此亦僅能振振有詞，抱持鄭玄與《古文尚書》二十四篇，注解者與被注解的對應關係確然眞實不虛，如果惠棟在此的考辨立場如此堅定，是爲了確保《古文尚書考》前後辨僞論述的一致性。

那麼，反觀孔穎達執張霸僞造《古文尚書》十六篇，以及張霸之徒造僞《古文尚書》二十四篇，孔穎達以此反指鄭玄所注爲《古文尚書》二十五篇，

故孔穎達《尚書正義‧堯典》即曰：「孔則於伏生所傳二十九篇內無《古文‧泰誓》，除〈序〉尚二十八篇，分出〈舜典〉、〈益稷〉、〈盤庚〉二篇、〈康王之誥〉爲三十三，增二十五篇爲五十八篇。」

因爲孔穎達唯有證成《古文尚書》二十五篇與鄭玄的密切關連，《古文尚書》二十五篇也才算傳承有序，並且具備學術史地位的正當性。而孔穎達《尚書正義》編排的《尚書》譜系，孔穎達的觀點與作爲，相當程度已可視爲在毛氏《古文尚書冤詞》之前，護眞《古文尚書》的先驅。

再從孔穎達復原的孔安國《書》、班固《漢書‧藝文志》、桓譚《新論》、鄭玄本的孔《書》、梅賾本孔《書》、孔穎達《尚書正義》、惠棟《古文尚書考》，共有七種不同斷代，不同學者對於《尚書》卷與篇的計算方式，臚列如下所陳：

1. **孔安國本《尚書》四十六卷，爲五十八篇。此爲孔穎達《尚書正義》說法**

   今文《尚書》二十七卷（二十八卷不含《古文‧泰誓》），加《古文尚書》十九卷，不含〈書序〉一卷，共爲四十六卷。

   今文《尚書》析爲三十三篇，加《古文尚書》二十五篇，不含〈書序〉一篇，共爲五十八篇。

2. **班固《漢書‧藝文志》四十六卷，爲五十七篇。**

   今文《尚書》二十九卷，加《古文尚書》十六卷，加〈書序〉一卷，共爲四十六卷。

   今文《尚書》析爲三十三篇，加《古文尚書》析爲二十四篇，不含〈書序〉一篇，共爲五十七篇。

3. **桓譚《新論》四十五卷，爲五十八篇**

   今文《尚書》二十九卷加《古文尚書》十六卷，不含〈書序〉一卷，共爲四十五卷。

   今文《尚書》析爲三十四篇加《古文尚書》析爲二十四篇，不含〈書序〉一篇，共爲五十七篇。

4. **鄭玄本孔《書》四十五卷，爲五十八篇**

   今文《尚書》二十九卷，加《古文尚書》十六卷，不含〈書序〉一

卷，共爲四十五卷。

今文《尚書》析爲三十四篇，加《古文尚書》析爲二十四篇，不含〈書序〉一篇，共爲五十八篇。

5. 梅賾本孔《書》四十六卷，五十八篇

今文《尚書》二十八卷，加《古文尚書》十六卷，不含〈書序〉一卷，共爲四十六卷。

今文《尚書》不含〈泰誓〉，不含〈書序〉，爲二十八卷，析爲三十三篇加《古文尚書》爲二十五篇，不含〈書序〉一篇，共爲五十八篇。

6. 孔穎達《尚書正義·堯典》四十六卷，爲五十八篇，與梅賾本孔《書》同

今文《尚書》二十八卷，加《古文尚書》十六卷，不含〈書序〉一卷，共爲四十六卷。

今文《尚書》析爲三十三篇，加《古文尚書》析爲二十五篇，不含《書序》一篇，共爲五十八篇。

7. 惠棟《古文尚書考》四十五卷，爲五十八篇，與桓譚同，與鄭玄同

今文《尚書》二十九卷，加《古文尚書》十六卷，不含〈書序〉一卷，共爲四十五卷。

今文《尚書》析爲三十四篇，加《古文尚書》析爲二十四篇，不含〈書序〉一篇，共爲五十八篇。

班固的《漢書·藝文志》是官修正史，桓譚的《新論》是民間著述，梅賾本孔《書》則是孔穎達《尚書正義》遵以注疏的底本，而惠棟《古文尚書考》則以桓譚《新論》說法，作爲《古文尚書》的考辨基準。這七種觀看《尚書》傳承的學術視角，可以根據歷史斷代分爲五類敘述主題：

其一爲孔安國本《古文尚書》的歷史記錄單獨成類，代表《尚書》傳承的原初觀點。其二爲班固與桓譚併爲一類，代表兩漢時一朝一野的《尚書》觀點。其三爲鄭玄本《尚書》傳承的歷史記錄，亦單獨成類，鄭本的眞僞可以作爲比較《尚書》傳承，何以中道斷絕，以及何以失而復出的研究基準。

其四為梅賾與孔穎達併為一類，代表孔穎達承認並且對於梅賾本孔《書》的歷史正確性奉行不違。其三為惠棟《古文尚書考》對於前述兩漢典範的選擇性接受，以及藉此瓦解唐代孔穎達經學典範的學術權威。

　　惠棟對於桓譚《新論》的接受，緣於《古文尚書考》認同孔穎達《尚書正義》登載鄭注〈書序〉的篇目，而孔穎達《尚書正義》雖然對於梅賾本孔《書》充分認同，可是孔穎達卻也因此橫空截斷在他之前《尚書》學史的論述軸線。換言之，惠棟《古文尚書考》若欲證明二十五篇《古文尚書》確係偽作，惠棟就必須先行瓦解孔穎達《尚書正義》的經典權威，在這個辨證前提下，惠棟於《古文尚書考·辨《正義》四條》即曰：

（1）《正義》曰：「伏生本二十八篇。〈盤庚〉出二篇，加〈舜典〉、〈益稷〉、〈康王之誥〉，凡五篇，為三十三篇。加所增二十五，為五十八。」

案：漢元以來，《尚書》無所謂三十三篇者。二十八篇者，伏生也。三十一卷者，歐陽也（蓋〈盤庚〉出二篇，加〈太誓〉一篇，故三十一。一說二十八篇之外，加〈太誓〉，析為三篇）。二十九篇者，夏侯也（依伏生篇數，增〈太誓〉一篇）。三十四篇者，馬、鄭也（〈盤庚〉、〈太誓〉皆析為三篇，分〈顧命〉

「王若曰」以下為〈康王之誥〉，故三十四）。梅氏去〈太誓〉三篇（梅既去〈太誓〉，則止有三十一篇）。而分〈堯典〉、〈皋陶謨〉，為〈舜典〉、〈益稷〉二篇，于是有三十三篇之文，是其謬耳。且五十八篇既因於《別錄》，其中增多二十五篇，又不與班氏《藝文志》相應（《藝文志》止十六篇，出〈九共〉八篇，為二十四，此鄭氏《書》也）。進退皆無據也。

（2）《正義》曰：「前漢諸儒，知孔本有五十八篇，不見孔《傳》，遂有張霸之徒，于鄭《注》之外，偽造《尚書》，凡二十四，以足鄭注三十四篇，為五十八篇。」

案：霸所撰《百兩篇》，無偽造二十四篇之說。二十四篇之文（〈九共〉同卷，實十六篇）。劉歆、班固，皆以為孔安國所得逸《書》，非張霸《書》也。自東晉二十五篇之文出，于是始以二十四篇為偽《書》。信所疑而疑所信，此後儒所以不能無辨也（梅氏偽

《書》，如吳才老、朱晦菴、陳直齋、吳草廬、趙子昂，皆能辨之，但不知鄭氏二十四篇，爲孔氏眞《古文》耳）。

（3）《正義》曰：「鄭氏于伏生二十九篇內，分出〈盤庚〉二篇，〈康王之誥〉，又〈太誓〉三篇，爲三十四篇，更增益僞《書》二十四篇，爲五十八，以此二十四篇，爲十六卷，以〈九共〉九篇共卷，除八篇，故爲十六。《藝文志》、劉向《別錄》云：『五十八篇』。」《藝文志》又云：「孔安國者，孔子後也，悉得其《書》。」以《古文》又多十六篇，篇即卷也，即是僞《書》二十四篇也。劉向作《別錄》、班固作《藝文志》並云。此言不見孔《傳》也。

案：壁中《尚書》，安國家獻之，劉向從而校之，故知見行之《書》，文字異者，七百有餘。增多之篇，〈舜典〉已下，一十有六，康成撰次，篇目皆仍孔氏之舊，如以十六篇爲僞《書》，則當日秘府所藏，亦難深信。而梅氏五十八篇之文，又何所據以傳於後邪？

（4）《正義》曰：「案伏生所傳三十四篇，謂之今文。則夏侯勝，夏侯建，歐陽和伯，等三家所傳，及後漢末，蔡邕所勒石《經》是也。孔所傳者，膠東庸生、劉歆、賈逵、馬融等所傳是也。」鄭玄《書贊》云：「我先師棘下生子安國，亦好此學。自世祖興，後漢衛、賈、馬二三君子之業，雅材好博，既宣之矣。」又云：「歐陽氏失其本義，今疾此蔽冒，猶復疑惑未悛。是鄭意師祖孔學，傳授膠東庸生、劉歆、賈逵、馬融等，學而賤夏侯、歐陽等。何意鄭注《尚書》亡逸，並與孔異？」

案：漢世儒者，惟鄭氏篤信《古文》，故于《易》，傳費氏、于《書》，傳孔氏、于《詩》，傳毛氏，皆古文也。許愼亦從賈逵受古學，其所撰《說文解字》，稱「《書》，孔氏」、「《詩》，毛氏」，由是言之，鄭祖孔學，又何疑乎？

蓋《古文》自膠東庸生以下，代有經師。扶風杜林，又得西州漆《書》，互相考證，衛、賈、馬諸君，皆傳其學，故有「雅材好博」之稱。平帝立《古文》，而十六篇不著於錄，以故「絕無

師說」。沿自建武，〈武成〉之篇，間有亡者。尹敏、孫期、丁
鴻、張楷皆通《古文》，然闕憤，傳講二十九篇而已（〈太誓〉
後得，《古文》實二十八篇）。由西漢俗儒（夏侯勝、師丹輩）。
信今疑古，撥棄內學，抑而不宣。至康成注《書》，〈胤征〉、〈伊
訓〉僅有存焉。然猶能舉其篇章，辨其亡逸者。此炎漢四百年，
古文經師之力也。

迄乎永嘉，師資道喪，二京逸典，咸就滅亡（具《隋·經籍志》）。
于是梅賾之徒（僞《書》，當作俑于王肅。王肅好造僞書，以詆
康成，《家語》，其一也）。奮其私智，造爲古文，傳記逸書，掎
摭殆盡（詳《下卷》）。

若拾遺秉而作飯；集狐腋以爲裘（二語本朱錫鬯）。雖于大義無
乖，然合之鄭氏逸篇，不異《百兩》之與中《書》矣。

蓋孔氏既有《古文》，而梅復造之。鄭自與梅異，非與孔異也。
〔註24〕

個人曾於著作《惠棟《古文尚書考》研究》指出，關於惠棟「辨《正義》四
條」，與之相應四則學理意義，分別是：

(1) 從兩漢文獻對照孔穎達《尚書正義》對於《尚書》總篇數的記
錄，惠棟整理出漢代今文《尚書》有伏生的二十八篇，歐陽生
的三十一篇、夏侯本的二十九篇、馬融、鄭玄的三十四篇。惠
棟據此指出孔穎達《尚書正義》所載的《尚書》「三十三篇」，
並不見於任何兩漢文獻。再者，孔穎達《尚書正義》五十八篇
的《尚書》總篇數，乃是由三十三篇的今文《尚書》，加上梅賾
本《古文尚書》二十五篇而來。既然前述今文《尚書》「三十三
篇」已不見經傳；後者《古文尚書》「二十五篇」，分別也與班
固的「十六篇」與鄭玄的「二十四篇」不相符應。惠棟所謂的
「進退無據」，所指即是孔穎達既然選擇沿襲劉向《別錄》「五
十八篇」《尚書》的說法，卻又無法兜攏同屬漢世文獻記錄的今
文《尚書》與《古文尚書》的篇數所造成的矛盾。〔註25〕

〔註24〕 (《古文尚書考》，頁59～60。
〔註25〕 《惠棟《古文尚書考》研究》，頁62。

（2）孔穎達《尚書正義》所提及的「張霸」與「張霸之徒」等相關
　　問題，顯然是諸家考辨《古文尚書》必然要進行議論的題目。
　　惠棟解析這個問題的思維顯然比梅鷟與閻若璩更加清楚。必須
　　注意的是，惠棟再次強調考辨《古文尚書》關於「邏輯基點」
　　的重要性，相較於前述的「真《古文》要領」的提出，所謂「但
　　不知鄭氏二十四篇爲孔氏真《古文》耳」，則説明了兩件事，
　　其一是交代了惠棟考辨《古文尚書》的文獻基礎的來源，並且
　　説明此條目成文之時，惠棟猶未得見閻氏《尚書古文疏證》。
　　其二則是讓我們更加確信惠棟考辨《古文尚書》在「邏輯基點」
　　的覺察非常強烈。〔註26〕

（3）惠棟此則辨正相當程度的補強了第一則辨正的説法。劉向曾任
　　典校秘書，亦曾取中《古文》對校孔安國家獻的《古文尚書》，
　　孔穎達則認爲多出的十六篇《古文尚書》乃是「張霸之徒」所
　　僞作。惠棟在此想問的是，既然劉向著錄於《別錄》五十八篇
　　《尚書》的篇目自中《古文》而來，若十六篇《古文尚書》如
　　孔穎達所言作僞成立，那麼所謂的中《古文》，其真實性就會
　　受到相當的質疑，畢竟只有真的中《古文》，也才能對校出真
　　的十六篇《古文尚書》。也就是説孔穎達對於十六篇《古文尚
　　書》的單一質疑，卻會造成複雜的連動關係。〔註27〕

（4）由於孔穎達《尚書正義》對於《尚書》的認知，乃是建立在鄭
　　注《尚書》爲假；並以梅賾本《尚書》爲真的基礎，因此當孔
　　穎達深信梅賾本《尚書》就是道道地地的漢孔安國真《古文尚
　　書》，則與梅賾本《尚書》有所牴牾者，孔穎達便不加思索地
　　採取否定的立場。據此，孔穎達在這個命題即以梅賾本《尚書》
　　爲標準本，並且衍生出鄭玄注《書》間引真孔安國《古文尚書》
　　的篇目，只要是與梅賾本篇目相同而內文互異者，都可以作爲
　　證成鄭玄曾有造假記錄的依據。針對孔穎達《尚書正義》所謂：
　　「鄭注《尚書》亡逸，並與孔異」的説法，惠棟的回應主要就
　　是藉由詳述鄭玄與《古文》具有深厚的淵源，增加鄭玄注《書》

〔註26〕《惠棟《古文尚書考》研究》，頁62～63。
〔註27〕《惠棟《古文尚書考》研究》，頁63。

時徵引文獻的可信度。這裡有一點必須注意的是，惠棟言「造
爲《古文》」時，用了「梅賾之徒」，從王肅僞造《孔子家語》
一事，輔助說明魏、晉之際造僞典籍絕非個案。從漢代的「張
霸」到「張霸之徒」；再從晉世的「梅賾」到「梅賾之徒」，說
明惠棟似乎以一種連類及之的立場在建構他的《古文尚書》考
辨系統。我們再從「孔氏既有《古文》，而梅復造之。鄭自與
梅異，非與孔異也」一語，更可以看出在惠棟心中，孔穎達《尚
書正義》的說法是如何的本末倒置。〔註28〕

事實上，惠棟《古文尚書考》對於孔穎達《尚書正義》的關注，惠棟一路以
來，選擇的都只是他感興趣的部分。因此惠棟孜孜不倦的整理兩漢《尚書》
的各種通行版本的數目，據此對比孔穎達《尚書正義》指出今文《尚書》爲
三十三篇，以及《古文尚書》爲二十五篇，以此論證孔穎達的說法明顯的與
兩漢文獻牴觸。

基本上，惠棟《古文尚書考》的這些說法都稱得上是持論有故，然而惠
棟對於孔穎達的論點攻防卻是漏失了最重要的敘事關鍵，就是孔穎達何以會
犯下，至少在惠棟眼中，這麼容易落人口實的學術錯誤？又或者應該說，惠
棟《古文尚書考》所列舉對比的種種文獻證據，其實都並非是出自多麼罕見
的稀世珍本，而惠棟的研究進路就實際情況來看也確然是如此。

那麼，孔穎達《尚書正義》認爲鄭玄僞作二十四篇《古文尚書》的言之
鑿鑿，相對於惠棟《古文尚書考》的廣搜文獻，還原兩漢的《尚書》學史的
具體建構，何以孔穎達的《尚書正義》與惠棟的《古文尚書考》，一樣都是以
「鄭玄」作爲承先啓後的論述起點，可是孔、惠二人，居然可以分別編訂出
兩部完全截然不同的《古文尚書》傳承譜系，答案的確定，又是否只能一面
倒的斷定爲惠是而孔非？在正式處理這個問題之前，不妨再參酌惠棟評論孔
穎達的相關發言。

而惠棟《古文尚書考》雖然嚴守「及書不及人」，文獻本位的論述尺度，
可是這並不代表惠棟在《古文尚書考》之外，從未裁量過孔穎達的治學能力
與學術高度，惠棟序程廷祚《晚書訂疑》時，就出現了直指孔穎達《尚書正
義》自陷矛盾的犀利用詞，惠〈序〉即曰：

程子緜莊《晚書訂疑》成，其同歲生惠棟爲之序曰：

〔註28〕《惠棟《古文尚書考》研究》，頁 64。

孔沖遠，唐初大儒，少通鄭氏《尚書》，及爲國子博士，數進忠言，侍講東宮，面折不諱，意其爲篤學，而有直節之士也。乃受詔撰《尚書義贊》，自爲矛盾，棄鄭氏，而用僞孔氏。

夫《尚書》，自膠東庸生而下至鄭康成，人知爲孔氏《古文》，歷兩漢四百年來無異議。及晉永嘉，值經典喪亡，乃有豫章內史梅賾，僞造二十五篇，託之孔氏以傳世。沖遠素習鄭義，久著直節，豈不能力爭于上？前已曲意希指，又明知鄭氏師祖孔學（此語見《堯典·正義》），反以鄭所述二十四篇爲僞，深文周內，且與《百兩》同科。

此書既出，著爲定論。凡本《正義》者，謂之異端，當時即有識其僞者，孰敢從而辨之哉！宋、元、明諸儒，斥僞孔氏者不少，然皆惑于二十四篇僞《書》之説，不能得眞《古文》要領。于是學者紛如，或以鄭氏爲今文，以僞孔氏爲《古文》。或以二十八篇爲今文，以二十五篇爲《古文》，樊然散亂，莫所折衷。

棟自少疑之，稍長，反覆于《堯典·正義》，見所載鄭氏二十四篇之目，恍然悟孔氏逸《書》具在，因作《古文尚書考》二卷。及讀縣莊之書，宛如閉門造車，不謀而合轍。蓋後人尊信僞孔氏者，以周、秦所引逸《書》，盡在二十五篇之內，而不知其僞，正坐是耳。縣莊既糾其謬，又爲分疏其出處，使僞造者無遁形，可謂助我張目者矣！

唐人尚詩、賦，沖遠通經，不聞以詩、賦傳，而經義又復矛盾如此。縣莊兩舉制科，實兼詩、賦、經義之長，固今日之通才也。余學萬不逮縣莊，而叢殘著述，獨能與之同趣，是則余之幸也夫！〔註29〕

惠棟此段〈序〉文，是惠棟所有考辨《古文尚書》的著述中，惠棟唯一一次疾言厲色的對於與僞作《古文尚書》的相關人等進行直接的聲討，細審惠棟對於孔穎達學術品格的觀察，惠棟以孔穎達「唐初大儒，少通鄭氏《尚書》，及爲國子博士，數進忠言，侍講東宮，面折不諱，意其爲篤學，而有直節之士也。乃受詔撰《尚書義贊》，自爲矛盾，棄鄭氏，而用僞孔氏」，說明惠棟對於孔穎達負面表列的理解。

在此與其說惠棟明確的表達了他對於孔穎達作法的不滿，毋寧說惠棟選擇與孔穎達進行學術對話的不對稱方式，只能讓惠棟的有效舉證，僅能止步

〔註29〕《晚書訂疑》，頁17。

於孔穎達的《尚書》傳承譜系確實與兩漢文獻不符。

即是因為惠棟已經預設考辨立場的思維邏輯，只能對應出他對於孔穎達《尚書正義》的不解，由於惠棟無法通透孔穎達「自為矛盾」的何以然，因此惠棟的認知匱缺，造成他只能不斷放大鋪排已知的兩漢文獻，並且據此推導晚《書》二十五篇的不合理性。

因此惠棟《古文尚書考》其後遂有〈證孔氏逸《書》九條〉、〈梅氏增多《古文》二十五篇〉、〈辨梅氏增多《古文》之謬十五條〉、〈辨《尚書》分篇之謬〉，等等不得不然的連動性論證，而關於惠棟這幾個部分立論的有效性，個人亦曾於著作《惠棟《古文尚書考》研究》，作過初步的價值評估：

（1）〈證孔氏逸《書》九條〉

關於惠棟考辨《古文尚書》在邏輯基點方面的第二組推理辨證，歸納惠棟《古文尚書考》〈證孔氏逸《書》九條〉所開展的推理辨證步驟，可以發現惠棟選擇了若干他認為存在問題意識的篇章提出質疑，經由證明孔氏逸《書》的存在，目的就是要彰顯出梅本《尚書》的荒誕不經。與其說惠棟〈證孔氏逸《書》九條〉是為了證明孔氏逸《書》的存在，倒不如說〈證孔氏逸《書》九條〉這個組別推理辨證的最終目的，還是在於作為判準真假《古文尚書》的依據。〔註30〕

（2）〈梅氏增多《古文》二十五篇〉

惠棟《古文尚書考・卷上》〈梅氏增多《古文》二十五篇〉的命題，是惠棟在以認知漢代真《古文尚書》曾經存世的「邏輯基點」所行使的第三組推理辨證。這一組辨證分別又包含兩個子題，其一為：「關於梅賾析離歐陽《尚書》三十一篇為三十三篇」；其二為：「關於梅賾《古文尚書》二十五篇與《書傳》不合。」這兩個子題的部分內容又分別與上一節的〈證孔氏逸《書》九條〉，與接續論述的「辨梅氏增多《古文》之謬十五條」，均可相互呼應，相信這應該就是惠棟寫作「梅氏增多《古文》二十五篇」的謀篇策略。〔註31〕

（3）〈辨梅氏增多《古文》之謬十五條〉

經由筆者對於惠棟《古文尚書考・卷上》〈辨梅氏增多《古文》之謬

〔註30〕 《惠棟《古文尚書考》研究》，頁105～106。
〔註31〕 《惠棟《古文尚書考》研究》，頁106。

十五條〉的整理，可以知道惠棟考辨《古文尚書》，擅長於復原考辨對象的歷史座標，並重新商榷考辨對象應該存在的時空環境，以及考辨對象被放置在文本中的相對正確性。惠棟此章命題，企圖證成梅賾「增多」《古文尚書》的訛謬，惠棟多數的推理辨證確實可以被成立。〔註32〕

（4）〈辨《尚書》分篇之謬〉

基本上惠棟所徵引的三則顧炎武的論證，從命題到推理過程再到辨證結果，與《古文尚書考》前章的其他論述相較，證據力顯得異常薄弱。筆者分析最大的原因在於文獻材料的不足。雖然此章命題也是從一樣的「邏輯基點」出發，一樣是在承認漢代眞《古文尚書》曾經存世的前提下開展。三個子題中的前兩個都是大範圍的考述，就「邏輯基點」而言，《古文尚書》的漢眞晉僞，已是考辨眞《古文尚書》一派的基本定調。當考辨對象時移世異至晉代，可以發現由於「鄭注《書序》」的眞〈舜典〉徒剩其名，無論其後出現諸如梅賾、姚方興等人的〈舜典〉，相對來說也都失去了可供定讞晉世之後〈舜典〉造僞的契機。梅本〈益稷〉的情況與〈舜典〉可說極爲相似。試想，在兩漢《尚書》文本缺乏〈舜典〉、〈棄稷〉片言記錄的狀況下，對於晉世梅本《尚書》縱使心有所疑，對於舉證必然也會力不從心。至於第三個子題，無論〈康王之誥〉自〈顧命〉的何處斷句才算合理，永遠都會有對於文意理解不同意見的爭論不休。追根究底就是因爲缺乏更直接的證據所致。〔註33〕

這四則立論，基本上只有〈辨梅氏增多《古文》之謬十五條〉的證據力相對充分，餘者都及不上前述〈孔氏《古文尚書》五十八篇〉的辨證價值，文獻的不足徵，以及「考辨方法」與「辨僞舉證」兩者間不對稱的對應關係，才是造成惠棟於此論述失衡最根本的原因。

雖然惠棟與孔穎達在此都不約而同的選擇了鄭玄，作爲編排《尚書》譜系所以然的詮釋起點，然而這並不代表這就是學界考辨《古文尚書》的普遍共識，如前述程廷祚的《晚書訂疑》就存在顯著的差異性。程廷祚《晚書訂疑·卷上·安國十六篇不傳》條下曰：

〔註32〕《惠棟《古文尚書考》研究》，頁106。
〔註33〕《惠棟《古文尚書考》研究》，頁106。

《隋·志》云：「晉世祕府所存，有《古文尚書》經文，今無有傳者。」
案：此必漢世所遺，而十六篇亦在其內者也。然則安國之《書》，至
晉猶存，而東京學者，無一語及之，何邪？竊疑安國雖嘗以今文，
考定于錯亂磨滅之中，而所得之《書》，則遠遜伏氏，不爲儒者所重。
是以更歷二漢，咸置勿論，以至絕無師說，而遂亡也。

案：《史記》所載，有〈湯征〉、〈湯誥〉諸篇。劉歆《三統曆》，有
引〈伊訓〉、〈武成〉、〈畢命〉等文。〈王莽傳〉有引逸〈嘉禾篇〉語。
夫司馬遷之時，無他僞《書》，《百兩》出於漢末而旋廢，劉歆篤信
孔氏之《古文》，則彼三人所稱引，其爲十六篇之《書》無疑也。以
今觀之，視伏《書》何如邪？其乍明而復晦，殆無足惜。然使獲存
于永嘉之後，則梅賾、姚方興等，又無所售其僞，而免于千載之下
之爭論矣。其亦可憾哉！

或曰：十六篇之亡，猶有他證，可得聞乎？曰：有。《史記》所載〈湯
誥〉，全與今異。《律曆志》所引〈伊訓〉、〈武成〉、〈畢命〉，亦與今
不同。使孔《書》不亡，則馬、班所載所引，必爲十六篇之《書》無
疑。使十六篇而存，則此數篇，必不能出于今二十五篇之外。然則十
六篇之存亡，與今二十五篇之眞僞，執此以辨之，有餘矣！〔註34〕

由於程廷祚考辨《古文尚書》採取的是深耕隋唐文獻的考辨策略，此點從《晚
書訂疑·卷上》篇目，考察的隋唐文獻比例可以窺知，《晚書訂疑·卷上》的
篇目序列中包含隋唐文獻的部分爲：〈《隋志》與《正義》之誣〉、〈東晉不見
有晚《書》〉、〈晚《書》見於宋元嘉以後〉、〈南北二《史》之證。

　　惠棟與程廷祚雖然同樣是身屬《古文尚書》辨僞一派，然而程廷祚在《晚
書訂疑》上、中、下三卷之中，卻是對於鄭玄的歷史存在絕口不提。有別於
惠棟考辨《古文尚書》崇信鄭玄二十四篇爲眞，以及唯鄭玄二十四篇是取的
價值判準，程廷祚考辨《古文尚書》時顯然不作如是想。程廷祚提出《隋·
志》的說法，認爲：「晉世祕府所存，有《古文尚書》經文，今無有傳者。」

　　由於《隋·志》成書於貞觀十年（636），也就是說，截至唐初時，《古文
尚書》十六篇確實已不見傳世，程廷祚認爲十六篇《古文尚書》的消散亡佚，
確實是史有明徵，固然程廷祚在此面對的是經學思想史中的《古文尚書》考

────────────
〔註34〕《晚書訂疑》，頁19～20。

辨命題，然而程廷祚的價值選擇顯然是注重歷史軸線過於重視經學傳承。

　　程廷祚此一考辨觀點的形成，固然與《古文尚書》十六篇始終未立於學官，已經喪失了傳統經典定位的正當性有關。再者，程廷祚以史部對證經部存世的有無，也是代表在程廷祚心目中，十六篇《古文尚書》已然失去經典意義的主體價值。這個部分的釐清，將有助於補充說明《古文尚書》考辨課題，確實存在經史合流的共生屬性。

　　而程廷祚因為以十六篇《古文尚書》為真，此一考辨前提的設定，竟然意外的讓自己避開了孔穎達《尚書正義》，對於鄭玄傳《書》敘事矛盾叢生的爭論場域，也讓自身《古文尚書》考辨學史的建立由此別開生面，程廷祚《晚書訂疑》自此不至於與閻氏《尚書古文疏證》，以及惠棟《古文尚書考》的辨偽軌跡同出一轍，陳陳相因。話雖如此，然而程廷祚在《晚書訂疑‧自序》中，也無可避免的觸及到晚《書》二十五篇與孔穎達說法的對應關係，《晚書訂疑‧自序》即曰：

> 《尚書》今所謂《古文》者，最為晚出。然自隋、唐至前宋，無人言其可疑，至吳才老、朱晦菴始起而議之。厥後元‧吳幼清為《纂言》，明郝仲輿著《辨解》，焦若侯定《古本》，皆刊落二十五篇而弗錄，或亦失之過矣。

> 夫二十五篇之《書》，平正疏通，乍觀無一言之違於理道。而其為前古書、傳所稱引者，視伏《書》為尤多，又奚以見其可疑也？若謂可疑者，文從字順，異於伏《書》，則伏《書》之中，亦不皆詰曲聱牙也。且周穆王而下，暨秦穆公之同時，其文載於《左》、《國》者眾矣，未嘗與〈呂刑〉、〈文侯之命〉、〈秦誓〉，同其體制，豈彼皆可疑乎？

> 蓋晚《書》之可疑，在於來歷不明，而諸儒不能言其所以然，致使議論沸騰，能發之，而不能定也。

> 近代蕭山毛氏為《古文尚書冤詞》，徵引甚博，力闢先儒之論，志存矯枉，而復失之過，余曩曾為文以正之矣，而未盡也。今復為《晚書訂疑》三卷，以質諸好。

> 古之君子云：客有復於程子曰：「民間之〈泰誓〉，漢得之以充學。」（語本趙岐《孟子注》）。自董仲舒、司馬遷以下，知其非古而未嘗

議之也，議之，自馬季長始。

二十五篇託言安國，則誠誣矣！而以之充學，不猶愈於民間之〈泰誓〉乎！今不為董與馬，而必欲揚扶風之波。若才老、晦菴者，吾未見其不得巳也，程子以其言有當於理，因并識之，新安程廷祚書。〔註35〕

程廷祚認為晚《書》因為來歷不明，以致於「諸儒不能言其所以然，致使議論沸騰，能發之，而不能定也」。再者，程廷祚雖然沒有正式介入討論，孔穎達因為定義鄭玄所產生的聚訟紛紛，然而程廷祚還是藉此指出了孔穎達《尚書正義》，將晚《書》二十五篇的作者附於孔安國的謬誤。

話雖如此，這仍然是程廷祚以孔安國作為歷史親證者，所見所聞唯有止於真《古文尚書》十六篇，作為考辨《古文尚書》的第一前提推導而出的必然結果。因此程廷祚對於孔穎達《尚書正義》賦予鄭玄的歷史存在意義，特別是孔穎達認為鄭玄曾經注解《古文尚書》二十五篇一事，程廷祚對此更是完全視若無睹，主要原因即在於，因為程廷祚自始至終都認為《古文尚書》二十四篇的傳世問題，是一個假議題，並不需要對之進行討論。

藉由惠棟與程廷祚閱讀孔穎達《尚書正義》所編排的《古文尚書》傳承譜系，呈現的讀者反應，可以歸納出一個《古文尚書》考辨學史特有的悖反現象，亦即以惠棟處裡兩漢文獻時正本清源的堅持，隋唐斷代的歷史材料，其實並不存在於惠棟的考辨視野之內。

可是弔詭的是，惠棟為了補足兩漢之後與隋唐之前，他所認定的《古文尚書》傳承譜系的中道斷絕，因此惠棟毫無違和的接受了二十四篇《古文尚書》為真的觀點，雖然鄭注《書》目在程廷祚眼中亦屬「來歷不明」，可是惠棟的《古文尚書考》竟將之據以為好，成為他批評孔穎達《尚書正義》舉莘眾非中的唯一之是。即是因為惠棟對於孔穎達《尚書正義》鄭注《書》目確實深信不疑，因此惠棟即於《古文尚書考·自序》念茲在茲，惠氏其〈序〉曰：

孔安國《古文》五十八篇，漢世未嘗亡也。三十四篇與伏生同，二十四篇增多之數，篇名具在。劉歆造《三統曆》、班固作《律曆志》、鄭康成注《尚書序》，皆得引之。特以當日未立於學官。故賈逵、馬融等雖傳孔學，不傳逸篇。〔註36〕

〔註35〕《晚書訂疑》，頁18。
〔註36〕《古文尚書考》，頁57。

惠棟相信二十四篇《古文尙書》確存然世的考辨信念，也深刻影響了接續爲惠棟《古文尙書考》，刊行出版的惠氏後學宋廷弼，而宋廷弼正是全盤的接收了惠棟《古文尙書考》最引以爲傲的考辨觀點，宋廷弼爲惠棟《古文尙書考》所撰述的後〈跋〉即曰：

> 孔氏《古文尙書》二十四篇亡，而僞《古文》二十五篇出。自孔穎達曲護二十五篇，反以二十四篇爲張霸所作，由是二十五篇廁聖經而竝行，無疑之者。至宋之吳才老、朱晦翁，以及元之吳艸廬，明之郝京山等，雖皆疑之，而不得眞《古文》要領，終於疑信參半。
>
> 吾鄉惠松崖先生閱《尙書正義》，而得其閒，灼然知二十四篇爲孔氏《古文》，則二十五篇之爲僞，明矣！于是撰《古文尙書考》二卷，上卷證明其僞。下卷盡發其標竊之根原，作僞之情形，而無能隱遁矣。
>
> 既而見閻百詩《古文尙書疏證》，以爲先得我心，助我張目者。故稾中閒采閻說焉。惟是《孔叢》、《家語》與僞《古文》同出一手，而《汲郡紀年》及《帝王世紀》，皆與僞《古文》陰相援助，先生非不知其誕妄，而猶引用其書者，所以著其朋比之臯狀也。
>
> 是書出，而後之讀《尙書》者，庶不爲僞《古文》所惑矣。爰刊行之，以成先生嘉惠來學之意。乾隆五十七（1792）年正月丙戌後學宋廷弼跋。〔註37〕

事實上，十六篇《古文尙書》與二十四篇《古文尙書》，孔穎達《尙書正義》認定的作者分別是「張霸」與「張霸之徒」，這一點孔穎達表已經表述得相當清楚，並不存在任何疑義地帶的模糊空間，此點從孔穎達《尙書正義・堯典》的白紙黑字可見一斑，孔氏即曰：

> 案：壁內所得，孔爲《傳》者，凡五十八篇，爲四十六卷。
>
> 三十三篇，與鄭《注》同，二十五篇，增多鄭《注》也。其二十五篇者，〈大禹謨〉一，〈五子之歌〉二，〈胤征〉三，〈仲虺之誥〉四，〈湯誥〉五，〈伊訓〉六，〈太甲〉三篇，九，〈咸有一德〉十，〈說命〉三篇，十三，〈泰誓〉三篇，十六，〈武成〉十七，〈旅獒〉十八，〈微子之命〉十九，〈蔡仲之命〉二十，〈周官〉二十一，〈君陳〉二

〔註37〕《古文尙書考》，頁87。

十二，〈畢命〉二十三，〈君牙〉二十四，〈囧命〉二十五。但孔君所傳，值巫蠱不行以終。

前漢諸儒，知孔本有五十八篇，不見孔《傳》，遂有張霸之徒，於鄭《注》之外，偽造《尚書》，凡二十四篇，以足鄭《注》三十四篇，爲五十八篇。其數雖與孔同，其篇有異。孔則於伏生所傳，二十九篇內無《古文・泰誓》，除〈序〉，尚二十八篇，分出〈舜典〉，〈益稷〉，〈盤庚〉三篇，〈康王之誥〉，爲三十三，增二十五篇，爲五十八篇。

鄭玄則於伏生二十九篇之內分出〈盤庚〉二篇，〈康王之誥〉，又〈泰誓〉三篇，爲三十四篇，更增益偽《書》二十四篇，爲五十八。所增益二十四篇者，則鄭注〈書序〉，〈舜典〉一，〈汩作〉二，〈九共〉九篇，十一，〈大禹謨〉十二，〈益稷〉十三，〈五子之歌〉十四，〈胤征〉十五，〈湯誥〉十六，〈咸有一德〉十七，〈典寶〉十八，〈伊訓〉十九，〈肆命〉二十，〈原命〉二十一，〈武成〉二十二，〈旅獒〉二十三，〈囧命〉二十四。以此二十四，爲十六卷，以〈九共〉九篇共卷，除八篇，故爲十六。

故《藝文志》，劉向《別錄》云「五十八篇」。《藝文志》又云：「孔安國者，孔子後也。悉得其書，以《古文》又多十六篇。」篇即卷也。即是偽《書》二十四篇也。劉向作《別錄》，班固作《藝文志》並云此言，不見孔《傳》也。

必須注意的是，孔穎達《尚書正義》建構的《尚書》傳承譜系，其人事鋪排的紛雜錯位，與辨偽派對應之下呈現了巨大的矛盾，因此《古文尚書》辨偽一派，原本應當立即將孔穎達《尚書正義》的表述全盤視若寇讎。可是辨偽派的學者，往往肇因於自身學術性格與治學立場的堅持，導致《古文尚書》考辨課題，自此產生認知思維的變異，而這個根本性變數的始終存在，遂造成辨偽派學者的對話對象，從來都只能局限於辨偽派內部選定的文獻材料，以及一再而再的迴身鞏固，再三強化自身的辨偽論述。

雖然孔穎達《尚書正義》的作爲，確實招致了清初辨偽諸家的嚴詞抨擊，可是辨偽派的與之對立，並不代表這些作爲背後存在渾厚的學理背景，倘若辨偽派的學者因此對於孔穎達的《尚書正義》全面否定，其實本在情理之內。而這正也是惠棟認爲他不需要詳明審查孔穎達《尚書正義》細部論述的原因，

此點從惠棟與程廷祚兩人，都無法眞正通透孔穎達《尙書正義》的建構脈絡可以得知。

　　照理說，惠棟的考辨論述亦應止步於此。然而，倘若說惠棟的唯漢學是取，確實存在不甚深思的偏執面向，那麼，藉由惠棟對於孔穎達的《尙書正義》，特別是對於鄭注《書》目問題的聚焦詮釋，已然可見惠棟對於孔穎達《尙書正義》的操作策略確實失衡。

　　是以惠棟雖然意圖藉由《古文尙書考》課題，瓦解孔穎達《尙書正義》的經典權威，可是惠棟自身強烈唯漢學是取的學術性格與治學立場，仍然讓惠棟的考辨策略於此棋差一著。而這就是呈現崇信漢學理念的惠棟，於此仍然無法絕對捐棄孔穎達《尙書正義》相關論述的最好證明。

　　那麼，接續衍生的問題是，何以漢學概念的制約，會如此深刻的支配惠棟對於《古文尙書》的考辨思維？而惠棟正是到目前爲止，廣爲後世學者認知，以漢學概念做爲主要治學方法，進而董理諸經，清代學界的重要代表人物。而惠棟所著作的《古文尙書考》，更是相當程度的延續了他自身完整的治學理念。然而單從惠棟的標誌漢學，還是無法完全確認惠棟信從漢學理念的歷史存在座標，以及對照惠棟《古文尙書考》結合漢學認知後具體的經典實踐。因此測度在惠棟之前與惠棟之後的漢學認知，是以何種樣態存在於清代學術史之中，即是串聯《古文尙書》考辨軸線的另個重要作業。

　　因此尋找具體的將漢學概念與《古文尙書》考辨課題，合而爲一的考辨學者及其考辨著作，即是本文〈歷史性還原——治學立場編排的譜系序列〉，最重要的論證目的。在這個前置條件下，由於清末皮錫瑞考辨著作《尙書古文疏證辨正》，曾經多次界定過漢學概念的範疇，加諸皮錫瑞從清末回顧清代三百年學術史的時間點，正是學術概念結合具體的經典實踐，已臻俱足的成熟時機，故正視皮錫瑞的《尙書古文疏證辨正》有其學理必要，皮氏《尙書古文疏證辨正》即曰：

（1）

> 惟徵君生當國初，其時漢學方萌芽，於古今文家法，未盡曉然，亦問惑於先人之言，引宋人臆說，詆斥古義，有僞孔本不誤，而徵君以爲誤者，非特無以服僞孔之心，且左袒僞孔者，將有以藉口。〔註38〕

〔註38〕《尙書古文疏證辨正·自序》。

（2）

微君云：……伏生今文本，不與東漢《古文》合，伏生生於秦末焚
書之前，親見百篇之《書》，又爲傳《尚書》之初祖。……則鄭所傳
〈金縢〉之義，未必可據，《尚書》以今文爲最古，《古文》說起於
東漢，其前並無師承，微君於第一卷攷之甚詳，何獨於此，專據鄭
《箋》，而詆史公之書爲妄說哉！

大凡書愈古則愈難明，今文三家之學雖亡，伏生、史公之書見在，
而國朝通儒輩出，莫能得其要領。矧微君生當國初，漢學始萌牙，
攷究止於許、鄭，西漢今文皆未暇及，故以微君之精博，能辨孔《書》
之僞，而不能信今文之眞也。……蓋《古文》本無師說，解者各以
意爲之耳。〔註39〕

（3）

辨曰：宋儒好以義理，懸斷千載以前之事實，凡自古相傳之事，與
其義理少有不合，即憑臆決，以爲無有，故其持論雖正，而證經稽
古則失之。……僞《古文》與僞《傳》，出於魏晉之間。《書》雖僞，
而近古事實，未經變亂，故孔《傳》視蔡《傳》爲優。微君當漢學
初興，宋學猶盛之時，狃於先入之言，好援宋儒義理之說，以駁孔
《傳》，並盡駁古義，非特無以服僞孔之心，且恐袒僞孔者，將有所
藉口矣。〔註40〕

（4）

宋儒果於疑經，疏於考古，……於《尚書》二十八篇，亦移改其次
序，實不可訓。微君之學，深於《尚書》，而淺於《詩》。故魯齋《書
疑》，置之不取，《詩疑》則深信之。微君漢學名家，學者誤聽其言，
啓荒經蔑古，倡狂無忌之弊，不得不辨其誤。〔註41〕

（5）

……俞正燮《緯書論攷》，證尤塙。緯益起於春秋戰國之時，漢儒據
以解經，雖未可盡據，要是古義，至宋人仍盡反其說，且以引用識

〔註39〕《尚書古文疏證辨正》，頁17a。
〔註40〕《尚書古文疏證辨正》，頁20a。
〔註41〕《尚書古文疏證辨正》，頁45a。

> 緯爲漢儒罪案，歐陽請《九經正義》，刪去讖緯，幸而其説不行，如
> 行，則並《注》，《疏》不完，漢學不可問矣！徵君以爲萌於成帝，
> 尚未深探其源。〔註42〕

在清末皮錫瑞看來，清初閻若璩的《古文尚書》考辨專著《尚書古文疏證》，尚屬漢學初萌的範疇，皮錫瑞表達的學術觀點，固然與皮錫瑞崇信漢代今文學的治學立場有關，然而皮錫瑞也敏銳的觸及了，清代《古文尚書》考辨學史自清初以來，開始複合學術概念，特別是加乘漢學信念後的認知意義。若由此觀之，則惠棟鮮明的漢學旗幟，相較於皮錫瑞評論閻氏《尚書古文疏證》的漢學初萌，惠棟強烈的治學取向實是有以致之，有別於閻氏《尚書古文疏證》沒有強烈思想束縛的考辨產出。

如前所述，皮錫瑞提出了清初漢學初萌的看法。事實上歷來定義整體清代漢學概念的研究者，無論是當時的清代學者，或者現代的研究學者，普遍的認知模式，都是以大範疇的漢代學術理念爲基底，偏向於集中論述。說明章句訓詁對於釋讀經典的必要性與正確性。或是奉傳承師法的譜系結構爲圭臬，強調經典解釋一以貫之的永續價值。

更準確的說，前者即爲制約學術內部，解釋結構的治學步驟，後者則是形塑了代代因襲的學派性格。而兩者唯有在師教傳承的前提下，方能互爲表裡。因爲單純的訓詁工作，若無配合學術權威的樹立，那麼，自然也不會存在師門家派的傳承問題。

然而這種看似全面，實則片段理解學術概念，移植式思考的認知方式，將無可避免的會導致漢學概念，在清代因爲過度集中歸納建置，因此呈現單一僵化的定型化模式，反而忽略了這樣的思維方式，對於建立較爲整體的清代漢學圖像，某種程度來說，更將大幅削減漢學概念應用於清代學術史所呈現的多樣性，以及演繹其左右經學思想開展的最大可能。

可是討論學術思想史的弔詭之處，卻是唯有立足於這個目前學界客觀認知具有侷限的基礎，方能開啓討論清初惠棟與清末皮錫瑞對於漢學概念的定義，以及兩人將漢學概念應用於《古文尚書》考辨課題後，呈現的主從關係與辨證意義。

事實上，關於惠棟經營《古文尚書》考辨課題的整體思維，能否全然的以漢學概念概括之？其實有待商榷，較爲持平的作法，應當是藉由惠棟的治

〔註42〕《尚書古文疏證辨正》，頁 63b。

學方法揭示後學者，一個討論漢學概念實際應用於《古文尚書》考辨層面可能的起點，〔註 43〕而如何探求惠棟將漢學概念運用於《古文尚書》考辨的具體表現，恰好可以透過比較清末皮錫瑞揭舉的漢學定義，取得較爲通盤的理解。

因此這裡呈現的對話關係就饒富意趣，就同時平議閻若璩與毛奇齡《古文尚書》考辨著作而言，程廷祚與皮錫瑞的考辨作爲交相輝映；然而若就貫穿《古文尚書》考辨的核心概念，亦即漢學概念的相關應用而言，從惠棟到皮錫瑞，正好顯現漢學概念在整個清代的「漢宋之爭」與「學派之別」之間，不斷複合多重知識背景的特殊屬性。因此要確認皮錫瑞建立《古文尚書》考辨學史的內在理路，就必須優先比較惠棟與皮錫瑞對於漢學概念定義的差異，由此方可適度評估皮錫瑞建立《古文尚書》考辨學史的學術價值。

從惠棟《古文尚書考》的著作體例出發，進而探究其學術思考的核心，可以發現對於惠棟來說，所謂的漢學概念應用於《古文尚書》考辨的具體實踐，即在立足於漢代文獻信而有徵的起點，這個認知支配了惠棟《古文尚書考》整體的行文布局，〔註 44〕然而根據惠棟《古文尚書考》開宗明義提綱挈領後提供的文本線索，惠棟《古文尚書考》的篇目次序，又確實不能完全等同於惠棟著述《古文尚書考》的思維秩序。

〔註43〕個人曾於著作《惠棟《古文尚書考》研究》（頁 148）提到：筆者認爲惠棟之所以能在《古文尚書》考辨學史佔得一席之地，確實是與惠棟尊崇漢學的治學理念具有甚深淵源。然而是否就能據此將惠棟的治經信念定義在「漢學」的範圍？就惠棟《古文尚書考》的考辨方法而言，惠棟選擇相對來說較爲周全的邏輯基點，固然與其鮮明的學術傾向有關。可是當這樣的策略應用於複雜的《古文尚書》考辨工作，卻不一定能佔到便宜。原因在於《古文尚書》的考辨，並不是一個單純的以回歸「漢儒古訓」就能解決的問題。就《古文尚書考》來說，個人認爲欲以「漢學」的概念籠罩惠棟的治經群言，恐怕還有相當大的商榷空間。因此要較爲正確的評價惠棟考辨《古文尚書》的成績，就必須將惠棟放在《古文尚書》考辨學史的軸線進行討論。換言之，《古文尚書考》所連帶牽涉的諸多問題意識，恐怕並非是標誌「漢學」二字就能解決。

〔註44〕關於惠棟《古文尚書考》書寫體例與其自身「漢學」理念的連結，請見拙作《惠棟《古文尚書考》研究》（頁 11）：所有具備問題意識的學術命題，都必然有其據以衍生的核心價值。就《古文尚書》辨僞工作的相關課題來說，「考辨方法」的運用以及考辨者所掌握的邏輯基點，顯然就是決定《古文尚書》辨僞工作是否能周密，並且不落人口實的最重關鍵。關於惠棟《古文尚書考》「考辨方法」的邏輯基點，要點在於惠棟相信漢代孔安國的眞《古文尚書》確實曾經存世，因此《古文尚書考》遂有「孔氏《古文尚書》五十八篇」與「鄭氏逃古文逸《書》二十四篇」的立基，與其接續篇目的推理辨證。

在這裡，我們不妨視惠棟的作爲乃是在極爲自覺的情況下，以漢學概念爲前提，進行了對於《古文尙書》考辨追根究柢的學術工作。由此觀之，惠棟藉著考辨《古文尙書》的經典實踐，逐步定義了他心目中理想的漢學概念。漢學概念既形塑了惠棟《古文尙書》考辨學史的學術樣態，同時也無可避免決定了惠棟考辨《古文尙書》相關的得失。〔註45〕

因此藉由惠棟應用漢學概念於治經的具體實踐，可知對於惠棟而言，其漢學概念的源頭活水，見諸於漢代經師傳世的典籍文獻，惠棟以此知識背景強而有力的建構了自身鮮明的治學立場，也同時藉機昭告清初學界，宋明理學的知識系統至此已疲態盡露，在詮釋經學後繼無力的情況下，清代學者們嘗試了回歸原典的思考方式。

在這個重要學術思想轉折的歷史時刻，惠棟提出唯有宗主漢代經師的治學理念，足堪勝任傳承儒家經典的重責大任，不致使聖賢洞見中道斷絕，而此一嘗試走出理學思潮制約的清代學術趨向，在還諸經學的口號登高一呼之後，正是由惠棟開始具體落實此一具體的學術實踐。

而皮錫瑞清初漢學初萌說法的提出，正是必須通過上述認知惠棟治學理念的思想淵源，方可獲得第一重較爲清楚的理解，鋪述了此一知識背景，目的在於闡釋在《古文尙書》考辯學史中，何以皮錫瑞認爲漢學一詞的完整定義，至清末方告底定。如前所述，欲以漢學概念壟罩惠棟的治經群言，猶有商榷空間，特別是惠棟治理經學與漢學概念之間的關係，並不是秉持一種後設的方法論，就會得到一個預期中確鑿的研究成果。

換言之，這是個相對論的問題，研究者應當檢視的是惠棟的治學方法有多少的部分可以裁併爲漢學概念的範疇，藉此確立惠棟對於漢學概念的理解

〔註45〕關於惠棟以標誌「漢學」處理《古文尙書》課題的相關侷限，請見拙作《惠棟《古文尙書考》研究》（頁146）：惠棟《古文尙書考·卷下》的「辨僞舉證」，經過筆者的擇要整理，可以發現其證據效力，相對於《古文尙書考·卷上》，關於考辨方法的「邏輯基點」與「推理辨證」，可謂失色不少。筆者認爲惠棟這四組的考辨之所以會失誤頻頻，源於多數舉證的證據效力相對薄弱，尤其是惠棟對於所徵引前輩學人的研究成果，特別是關於「閻若璩曰」，惠棟都沒有極力甄別良窳，以致於惠棟時而誤解閻說，時而以閻說之非爲是，這些粗糙的推理辨證當然都不可能讓惠棟《古文尙書考·卷下》的辨僞舉證產生太多加分的作用。歷來學者考辨《古文尙書》辨僞舉證的證據效力，不只梅鷟讓人難以充分信從，就算是後來學者如閻若璩、惠棟，也僅是取得相對於梅鷟更加周延的考辨策略，然而諸多根本性的爭議還是存在。

與接受，而游移漢學概念之外的研究方法與研究成果，如果與漢學概念不存在直接的對應關係，那麼就應妥善析離，回歸其實際完成的研究論述，而不是將漢學概念無限上綱，抹殺個別學者主體的研究意識。

再回歸何以皮錫瑞，評論閻氏《尚書古文疏證》考辨《古文尚書》的成績未臻完備，是以清初漢學初萌的說法，作為論斷總結，會讓皮錫瑞衍生這個結論的背後成因，循其自述約莫二端，其一為：閻若璩對於漢代經師的「古今家法，未盡瞭然」，其二為閻若璩「引宋人臆說，詆斥古義」。

前者不妨與惠棟標舉的漢學旗幟相互對照，可以發現皮錫瑞所謂的「未明古今家法」，指的並非持平兩家之論，而是就一個前代漢學概念的不夠完備發聲。皮錫瑞之所以採取這個切入觀點，進而重新審查閻氏《尚書古文疏證》考辨《古文尚書》的實際成績，除了是時移世易的人事代謝，讓習以為常的學術觀點有了重新省思的空間，另一方面，學派間的壁壘不再劍拔弩張也是重要關鍵。

在此，另一種形式的學術角力對峙，反而讓較為全面客觀的學術認知於焉浮現。然而這裡所指出的「全面客觀」，並非是說皮錫瑞提出這個見解的正確無誤，而是多元化的觀點，將有助於我們了解，清代整體漢學概念在《古文尚書》考辨學史中的演變規律，特別是自清初閻氏《尚書古文疏證》以降，至惠棟有意識標舉的漢學概念的治學方法，迄於皮錫瑞「古今家法」的提出，在在標示出幾個在《古文尚書》考辨學史中，必須釐清的重要歷史座標問題。

首先，閻氏《尚書古文疏證》所運用的研究方法，就如同後學清儒戴震所言，閻若璩揭露了《古文尚書》之偽，蓋由「聚斂群書」而來，舉證《古文尚書》造偽材料的其所由來，總的來說，就是指出偽《古文尚書》的人事時地物，與其正確相容的歷史座標不相符應的問題，然而這個作法卻是不能以「一個蘿蔔一個坑」的簡單邏輯處理，相反的，這種乍看之下似乎僅是按圖索驥的簡易作法，卻是必須連帶及之的處理多重研究者所始料未及的知識背景。

因此，閻氏《尚書古文疏證》所謂「根柢枝節」研究方法的提出，就是樹立一個《古文尚書》漢真晉偽的前置研究前提，只是根柢的說法，僅能初步理解為閻若璩對於自身考辨《古文尚書》邏輯基點的選定，並不能確保這套考辨邏輯的起迄周密無虞。因此，關於閻氏《尚書古文疏證》樹立「根柢」的考辨前提之後，後續考辨工作的「枝節」橫生，自然也在事理之中。

　　然而也是因爲單一的考辨立場的蓬勃生成仍不足以說服眾心，是以與《古文尚書》辨僞一派相對的護眞論述遂同步應運而生，而兩種論述主體彼此之間往復不息的取材辨證，也就漸次構成了整體清代《古文尚書》考辨學史對話不輟的循環系統。

　　立足於這個足以鳥瞰清代《古文尚書》考辨學史的高度，關於清代「漢學」與「考據學」的區別，似乎已經可以形成一個初步的看法。清代《古文尚書》考辨學史中的漢學概念，可以解釋爲裁決孰爲《古文尚書》辨僞的邏輯基點。而實際舉證從《古文尚書》邏輯基點，衍生而出的種種造僞痕跡的思辨程序，則是首尾隸屬於「考據學」。

　　而在《古文尚書》考辨學史中的「漢學」概念，則不能完全等同於「考據學」，前者有指涉繼承複製漢代經師傳承模式的特殊歷史情境，並且與《古文尚書》「辨僞」一派的論述發展密切符應，然而這卻是與《古文尚書》的「護眞」的思辨邏輯大相逕庭。

　　之所以會有這個巨大的差異，最根本的原因在於《古文尚書》的護眞論述，其考辨的邏輯基點基本上就是背反辨僞派考辨機制的產物。因此清代《古文尚書》學史中的漢學概念，就不能兼用於兩派治學立場，而是一派依此爲最高指導原則，另一派則建立在背反此機制的思考邏輯。

　　因此漢學概念在此僅是具備個別，偏向辨僞派選定邏輯基點的意義。就算如此，漢學概念在辨僞派也僅具有局限的意義。簡言之，辨僞派在漢學概念中所汲取的，亦僅爲這個歷史斷代中文獻材料的相對正確性。

　　後者所謂的「考據學」，在《古文尚書》考辨學史的脈絡中則是具有泛稱的意義。事實上，中軸線如《古文尚書》考辨的「根柢」，亦即邏輯基點的選定驗證，「枝節」，如辨僞舉證的出處搜尋，皆隸屬於「考據學」的範圍，只是當「考據學」與「漢學」有所交集，特別聚焦於《古文尚書》考辨學史的軸線時。

　　那麼，二者在此最大的分判，可以將「漢學」定義爲決定辨僞派考辨路線發展方向的內在驅動力，這個論述傳統的建立始於閻若璩《尚書古文疏證》，繼之於惠棟《古文尚書考》，至皮錫瑞清初「漢學初萌」說法的提出。關於近三百年清代學術思想史中聚訟紛紛的《古文尚書》考辨公案，特別是決定辨僞一派考辨方法的內部最高指導原則，亦即清代漢學概念的摸索建立與定義，此一世代傳承，顯現了漢學概念在《古文尚書》考辨學史中，初步

的發展脈絡與學者間治學理念的因襲與岐異。

繼閻氏之後，惠棟對於漢學概念相對較為完整的操作模式，正好可以作為一種與皮錫瑞對於閻氏《尚書古文疏證》進行裁斷的學術見解的相互比較。在清代近三百學術史的發展歷程中，所謂的「學」、「派」論爭，必須從兩方面進行審理。首先，眾所皆知，「學」有「漢學」與「宋學」之別，「漢學」又有「今文」與「古文」之分；「宋學」亦有「朱」、「陸」不同的思索起點，而在清代《古文尚書》考辨學史的演變場域，正好揭示了「學」、「派」論爭對於清代《古文尚書》考辨學史所顯現的內在驅動力。

《古文尚書》考辨課題成為系統性論述的相關要件，乃是相對完備於清代，清代學者們戮力於此學術工作的主要目的，看似皆為各自治學立場甄別《古文尚書》的真偽，他們所作的考辨工作，可謂各就其考辨立場殫精竭智，測度考辨《古文尚書》各種操作向度的可能，然而這卻不能視為一種單純，一時一地相當然爾的共生現象，而是應當要有層次的析離為異派異時異地，此消彼長，進退有據的對話互補，而構成此種對話關係成立的形式要件，除了前述因為「學」、「派」論爭的內在驅動力，有次第的推動並帶領了清儒們以其各異的治學立場，展示言人人殊的學力競逐，事實上裁斷學者們考據能力高度的良窳，也一併於此顯示無遺，二者既為共伴關係，也同時具備必須區隔主從的辨證意義。

皮錫瑞於連帶提出，閻氏《尚書古文疏證》的另一不足處，乃是在於閻氏「能辨《古文》孔《傳》之偽，而未識今文《尚書》之真」，然而這裡關於真偽問題的思辨邏輯，卻已經脫離傳統既定的《古文尚書》考辨學史的論述路線，而是加乘了另一重的指稱意義。自閻氏《尚書古文疏證》以降，《古文尚書》辨偽一派專注於辨識指出何者是《古文尚書》中「假」的組成部分。

然而舉凡有關二十五篇偽《古文尚書》林林種種的辨偽舉證，基本上都是以「漢真晉偽」的前提開展而出，事實上這裡有一個關鍵問題不可闕而不論，亦即辨偽者所認知的二十五篇偽《古文尚書》的定義，究竟是全盤皆偽？還是真偽夾陳？無論是前者或是後者，都觸及到一個關於嚴格斷代標準的界定，而這恰好觸及到《古文尚書》考辨課題中，看似黑白分明，卻是討論空間最壓縮也是最困難的部分。

因此通觀《古文尚書》考辨學史中，關於諸家辨偽舉證的具體作為，最顯而易見且單刀直入的作法，莫過於指出二十五篇偽《古文尚書》某篇的某

句自何處蹈襲，基本上環顧清代學者以這樣的方式處理《古文尚書》辨偽舉證，幾乎已經是不謀而合的共識，然而這個問題的難度，並非僅僅只是用這種想當然爾的方式就能解決。〔註46〕

　　加諸清末皮錫瑞今文學家的治學立場，已讓皮錫瑞對於《古文尚書》考辨課題的思考層次，迥異於清初古文學家習以爲常的操作模式，亦即不再完全以考辨《古文尚書》造偽出處爲唯一治學目的。相反的，皮錫瑞的學術目光，因爲自身治學立場的驅策，在此產生了新的聚焦與著力之處。

　　換言之，皮錫瑞指出閻若璩「未識今文《尚書》之眞」，已經初步說明，時至清末他自身對於處理《古文尚書》考辨課題新的價值取向，這樣的思維方式顯示了皮錫瑞考辨《古文尚書》幾個重要的學術特點。

　　首先，他也肯定了閻若璩對於《古文尚書》的辨偽成績，然而他所謂的閻氏「能辨」，並不代表他認爲閻若璩的思辨邏輯周密無虞，不然他就無需就《尚書古文疏證》進行「辨正」，這樣的作法，基本上出發點與清初程廷祚〈《尚書古文疏證》辨〉的思維邏輯並無不同，然而兩人在此整體的操作策略與書寫模式仍然有別。

　　程廷祚的作法乃是直搗閻氏立論的核心，〔註47〕是以程廷祚對於《尚書

〔註46〕關於驗證這種作法的準確程度，個人已於拙作《惠棟《古文尚書考》研究》，第四章，〈《古文尚書考‧卷下》的辨偽舉證〉，（頁164），進行初步的辨析討論，並且得到以下的結論：惠棟《古文尚書考‧卷下》的「辨偽舉證」，經過筆者的擇要整理，可以發現其證據效力，相對於《古文尚書考‧卷上》，關於考辨方法的「邏輯基點」與「推理辨證」，可謂失色不少。筆者認爲惠棟這四組的考辨之所以會失誤頻頻，源於多數舉證的證據效力相對薄弱，尤其是惠棟對於所徵引前輩學人的研究成果，特別是關於「閻若璩曰」，惠棟都沒有極力甄別良窳，以致於惠棟時而誤解閻說，時而以閻說之非爲是，這些粗糙的推理辨證當然都不可能讓惠棟《古文尚書考‧卷下》的辨偽舉證產生太多加分的作用。歷來學者考辨《古文尚書》辨偽舉證的證據效力，不只梅鷟讓人難以充分信從，就算後來學者如閻若璩、惠棟，也僅是取得相對於梅鷟更加周延的考辨策略，然而諸多根本性的爭議還是存在。銘豐按：由此可見，《古文尚書》考辨學史中的「邏輯基點」與「辨偽舉證」，並不具備必然的因果關係，甚至可以大膽認爲，關於《古文尚書》考辨的「辨偽舉證」，必須另外找尋與「邏輯基點」認知前提切割的方式重新思考與處理。

〔註47〕銘豐按：程氏〈《尚書古文疏證》辨〉的立論，相當程度的說明：辨偽一派在閻若璩之後，內部路線並不是「唯閻是取」的單一發展，而是夾纏在漢代眞孔安國《古文尚書》，傳世的「有無」、「篇數」，以及偽孔安國《古文尚書》暨偽孔《傳》，斷代工程的擺盪爭論。〈程廷祚〈《尚書古文疏證》辨〉述評〉，頁141。

古文疏證》所「辨」之「正」，在於將閻若璩考辨《古文尚書》關鍵的邏輯基點問題重新定位，進行再度調整的測定與釐清，這種建立於前輩學者研究高度的見解，自然稱得上具有相當的思辨價值。

可是一樣是朝向《尚書古文疏證》「辨正」方向發展的路徑，在清初與清末，卻產生了不同思考方式的研究成果，這樣的變異，說明了《古文尚書》考辨的方法論，隨著後閻若璩時代眾多學者的參與討論，時至清末，皮錫瑞以今文學家治學立場的姿態，走進這個綿亙整個清代近三百年的考辨場域，並對之重新思索與廓清，且以他的學術認知，賦予並確立這個歷久不衰的學術課題，屬於皮錫瑞一家之言的思辨意義。

綜觀清初以來的學者，對於漢宋概念的理解，相關論述往往都是依據自身的學術認同進行轉化表述。而從任一時間點的以今釋昔，其學術思路不論是個體的比較或是群體的爬梳，在在都形成不同程度的分合對峙。因此要全面的理解清代漢宋概念的整體形象，從清末的時間點往前追溯，乃是較為合宜的起點。

於此同時，也必須將當時操作漢宋概念的研究者，自身的治學立場，與其發言動機，以及與對話對象的互動關係精準對應，並且再將之與其選定的經典實踐，所達到的具體結果交互檢驗。據此，方能初步確立，個別的研究學者與集體的學術社群，究竟是如何創造與定義他們心目中理想的漢宋概念。而強而有力的學術理念，方為考據經典重要內在理路之所在。這種處理問題的認知，乃是藉由內在的驅動力，進而形塑考據規模的成形。換言之，「考據」之所以能成「學」，即是得力於具體學術思維的支配。

再者，整體完整的《尚書》結構，《今文》與《古文》具不可缺，從宋，元，明時期不成規模的零星疑偽，至清代考辨思潮的風起雲湧，原本歷代學者治理《尚書》，偏於辨偽見獵心喜的作法，在清末產生變化轉折的並列模式，從中適可釐測清代漢宋概念應用於《古文尚書》考辨學史，生成轉化的研究進路。

根據皮錫瑞的這段發言，可以初步斷定皮錫瑞認為漢代學術，尤其是兩漢的今文學，就是讓清代的「考據」，之所以能成為「學」的根源所在。換言之，欲定義清代《古文尚書》考辨學史中的漢學，就應當以重新確立閻氏《尚書古文疏證》的歷史定位作為思辨起點。由此觀之，漢學概念確實與整個的清代《古文尚書》考辨學史如影隨形，亦步亦趨，不可強勢切割，亦不可勉

強湊合，而是應當以實事求是的態度，重新審理清代學者與《古文尙書》考辨學史之間，因爲反覆思辨所達到的治學高度。

第五章　結　論

　　透過本論文《認知秩序的重整與建構：清初《古文尚書》考辨思潮研究》，對於三大論述主題的條陳縷析，可以確證清初的《古文尚書》考辨課題，確實複合了多重的學術概念，諸如漢宋認知，朱熹情結，隋唐文獻，以及孔穎達《尚書正義》對於鄭玄的歷史定位，凡此種種，都迤自百川匯海，薈萃融鑄成為清代《古文尚書》考辨課題不可切割的組成。而凡是有意願參與討論《古文尚書》考辨課題的清代學者，除了自身必須不斷的與前代的歷史文獻攻防有據之外。再者，看似屬於同一學術社群的清代學者，其個別的考辨立場與治學屬性，也不能一概而論。

　　因此本論文即在第二章：〈後考辨典範的殊途同歸〉的討論中，以〈第一節：別於惠棟的唯閻是取：論程廷祚辨偽基準的不與閻同〉與〈第二節：異時對話的軸線轉移：程廷祚覆議毛奇齡的考辨致敬〉。委婉詳盡的分析了程廷祚與惠棟，一樣都是具有辨偽派學者的身分，兩人同時也都面對閻氏《尚書古文疏證》的考辨典範在前，然而惠棟看似唯閻是取的操作策略，由於惠棟自身強悍的學術性格，加乘了他唯漢學是取的治學立場，惠棟的《古文尚書考》則將兩者併流歸一，據此重新改造了閻氏《尚書古文疏證》關於宋學朱熹的實質考辨表述。

　　換言之，惠棟《古文尚書考》對於閻氏《尚書古文疏證》辨偽成就的實質認同，並不代表閻氏《尚書古文疏證》背後的知識背景，以及閻氏《尚書古文疏證》運用歷史材料的取捨，惠棟的《古文尚書考》就會毫不保留的接受，這兩人根本價值關懷屬性的各行其是，可以從他們處理朱熹質疑晚《書》的發言一窺究竟。

　　而一樣是面對閻氏《尚書古文疏證》的考辨成就，程廷祚《晚書訂疑》的考辨觀點看似不與閻同，然而事實上，程廷祚在《晚書訂疑》中的另闢戰場，直搗隋唐文獻的歷史記錄，除了代表程廷祚的《晚書訂疑》確實是最大程度的接受了閻氏《尚書古文疏證》的考辨策略。再者，程廷祚《晚書訂疑》對於毛氏《古文尚書冤詞》的護真立場，從未一棒打殺，等閒視之，程廷祚的《晚書訂疑》甚至是藉由與毛氏《古文尚書冤詞》的考辨對話，大幅度的補足了辨偽派，自閻氏《尚書古文疏證》以降，迄於惠棟《古文尚書考》，單點單線單面單向的立論匱闕。

　　程廷祚《晚書訂疑》另起爐灶的考辨作法，看似與惠棟《古文尚書考》的操作策略大相逕庭，然而程廷祚《晚書訂疑》與惠棟《古文尚書考》考辨方向的各執一端，正好相當程度的說明了《古文尚書》考辨課題，就算辨偽派的諸位考辨學者，再如何的振振有詞，言之鑿鑿，個別學者的考辨能力亦屬有限，斯難窮盡浩瀚繁雜的《古文尚書》考辨空間。就算是連程廷祚與惠棟，也都存在著難以突破的考辨局限，因此考辨工作的分進合擊，就清初辨偽派而言，就是不得不的必然選擇，然而程廷祚與惠棟看似著力有別的考辨差異，在此不妨也可以視為後閻若璩與後毛奇齡時代，關於後考辨典範時期價值關懷的殊途同歸。

　　然而隨著個別學者對於《古文尚書》考辨學史的涵泳愈深，清代學者對於所謂考辨立場真與偽的確定，似乎也隨著歷史文獻不斷的從兩漢之後陸續的擴充倍增，形成整體清代學者對於朱熹學術情感的異常投射，屢屢導致清代學者產生糾葛不斷的朱熹認知情結。清代的辨偽派學者，或者是將朱熹情結轉換成為考辨助力。而護真派的學者，則是因為朱熹情結的認知，因此對於朱熹質疑晚《書》的學術觀點深惡痛絕，這個因為朱熹情結產生的深刻認知矛盾，則是特別體現在皮錫瑞的《經學通論》。

　　若由此觀之，並予之省察，則目前學界習以為常的漢宋之爭，或者是所謂漢宋調和的相關論述，倘若藉由本論文《認知秩序的重整與建構：清初《古文尚書》考辨思潮研究》，具體經典實踐的學術視野，相信可以見證漢宋認知的主體價值，其實已經與真實的，過去的，懸隔千年的漢學與宋學幾乎毫無關係，對於漢宋認知實質理路取而代之的，其實就是清代學者昂揚不已的主體認知意識，清代學者據此一再而再的，創造出專屬於清代《古文尚書》考辨學史的獨特價值。

　　相較於自清初閻氏《尚書古文疏證》與程廷祚《晚書訂疑》，不受漢宋認知的制約，以及惠棟的《古文尚書考》因爲漢宋概念的驅策，強悍學術態勢的堅壁清野，以至於江藩的《漢學師承記》，全盤的繼承與吸收了惠氏學術層面漢學信仰的理念。舉凡這些學者所界定的漢學概念，基本上其操作手法，實際上都及不上清末皮錫瑞的細膩思維。然而愈是思考細緻，也就愈難達到面面俱到的論述周全，這是因爲個別學者，包括皮錫瑞在內，也都難以豁免因爲考辨立場的取捨，導致自身對於學術概念的認知剪裁因此變得殘缺不全。

　　而這就是本論文《認知秩序的重整與建構：清初《古文尚書》考辨思潮研究》，於第三章：〈漢宋概念的朱熹情結〉，藉由四段分節的討論，分別是：〈第一節：如臨深淵：漢宋交融的視域重疊〉。〈第二節：如履薄冰：眞僞模糊的敘事空間〉。〈第三節：如水赴壑：朱熹情結的認知生成〉。〈第四節：如影隨形：相互制約的牽動支配〉。說明在傳統的兩漢史傳文獻之外，當清代學者面對宋代學人時，特別是朱熹這位經學大家對於晚《書》的屢屢發言，清代學者的應對反應，又會突顯出清代學者《古文尚書》考辨學史的建構，存在著多少無法迴避，也無法排除，必須審愼考量的意外學術變數。

　　然而就是因爲學術思想史發展歷程的時移世易，迄於清末皮錫瑞審查《古文尚書》考辨課題時，皮錫瑞的《古文尚書冤詞平議》與《尚書古文疏證辨正》，就適時展現了與清初學者截然不同的思維邏輯，那就是孰謂漢學？漢學認知的應用如何與《古文尚書》考辨課題的學理產生眞正有機的連結？這些問題在清末皮錫瑞的思維邏輯中發酵生成，並且成爲皮錫瑞操作《古文尚書》考辨策略時，最爲核心的認知概念。

　　因此這也是本論文《認知秩序的重整與建構：清初《古文尚書》考辨思潮研究》，於第四章：〈今古文學的辨證起點〉，以〈第一節：後設性觀察：學術性格劃定的言說疆界〉與〈第二節：歷史性還原：治學立場編排的譜系序列〉。探討個別學者的學術性格是如何的支配自身治學立場的形成，而學術性格又是如何領導治學立場進行各種學術判準的裁斷。

　　本章的處理對象，即從宋代朱熹交棒至唐代孔穎達的《尚書正義》，關於梅賾獻《傳》的文獻問題始終不足徵，因此孔穎達的《尚書正義》，在此就成爲清代考辨學家另一個兵家必爭之地，然而由於《古文尚書》考辨學史歷經數千載的聚訟紛紛，因此本章即是著重評估孔穎達《尚書正義》傳承譜系的參與加入，又會因此而讓清代學者考辨《古文尚書》的認知，產生何種實質

影響力的變數。

　　而正是通過清代學者考辨《古文尚書》具體的經典實踐，除了可以確證《古文尚書》課題因爲具備強烈的思辨意義，因此吸引清代學者爭相投入這個論述場域，紛紛競逐學力，展現自我風格強烈的學術洞見。固然認定《古文尚書》究竟是眞是僞的價值關懷，咸信乃是所有考辨學者一開始就已設定完成的認知起點。

　　然而本論文所要揭示的，卻正是反其道而行。即是舉出這些清代學者與現代學者始料未及的考辨變數，並且據此進行縝密的學術討論。期盼能在傳統的，絕對眞與僞的《古文尚書》考辨認知路線之外，說明當研究者以絕對眞僞的學術目的作爲認知前提時，往往忽略了，其實關於清代《古文尚書》考辨課題的研究，眞正讓人浸覺有味，樂而忘憂的部分，正是因爲其與清代學術思想史的緊密相連，而非是徹底的斷裂。而清代的《古文尚書》考辨課題眞正迷人之處，即是因爲這個有機的連結，所創造出的，巨大模糊，難以言喩，讓研究者叩問再三，低迴不已的歷史敘事空間。

主要參考文獻

(按姓名筆劃排列)

四劃

1. 王夫之:《尚書引義》(影印清同治三年刻船山遺書本)
2. 王之春:《船山公年譜》(據清光緒十九年鄂藩使署刻本影印)
3. 王鍔:《禮記成書考》(北京:中華書局,2007 年 3 月)
4. 王國維:《觀堂集林》(石家庄:河北教育出版社,2003 年 11 月)
5. 王寶琳:《尚書現代版》(上海:上海古籍出版社,2003 年 8 月)
6. 王法周:《中國歷代思想家「十六」·惠棟篇》(臺北:臺灣商務印書館,1999)
7. 王汎森:《古史辨運動的興起》(臺北:允晨文化實業股份有限公司,1987 年 4 月)
8. 王汎森:《權力的毛細管作用:清代的思想、學術與心態》(臺北:聯經出版股份有限公司,2013 年 4 月)
9. 孔穎達等:《四部要籍注疏叢刊·尚書》(北京:北京中華書局,1998 年 8 月)
10. 支緯成:《清代樸學大師列傳》(臺北:藝文印書館,1970 年 10 月)
11. 方東樹:《漢學商兌》(臺北:廣文書局,1962 年 1 月)

五劃

1. 皮錫瑞:《尚書大傳疏證》(善化師伏堂光緒二十二年丙申 1896 初刻本)
2. 皮錫瑞:《尚書古文考實》(湖南思賢講舍光緒二十二年丙申 1896 初刻本)
3. 皮錫瑞:《尚書疏證辨正》(湖南思賢書局光緒二十二年丙申 1896 初刻本)
4. 皮錫瑞:《今文尚書考證》(湖南思賢講舍光緒二十三年丁酉 1897 初刻本)
5. 皮錫瑞:《古文尚書冤詞平議》(湖南思賢書局光緒二十五年己亥 1899 初刻本)

6. 皮錫瑞：《尚書中侯疏證》（湖南思賢書局光緒二十五年己亥 1899 初刻本）

7. 皮錫瑞著，盛冬鈴等注：《今文尚書考證》（北京：中華書局，1989 年 12 月）

8. 皮錫瑞著，周予同注：《經學歷史》（臺北：漢京文化事業有限公司，1983 年 9 月）

9. 皮錫瑞：《經學通論》（湖南思賢書局光緒三十三年丁未 1907 初刻本）

10. 皮錫瑞撰，吳仰湘點校：《皮錫瑞集》（長沙：岳麓書社，2012 年）

11. 古國順：《清代尚書學》（臺北：文史哲出版社，1981 年）

12. 史振卿；周國林：〈論孔氏家學在古文《尚書傳》形成中的作用〉，《求索》（2010 年 3 月），頁 225～228。

13. 史振卿：〈1911 年以來學界對清儒《尚書》著述研究綜述〉，《中國史研究動態》（2010 年 12 月），頁 11～16。

14. 史振卿：《清代《尚書》學若干問題研究》（武漢市：華中師範大學歷史文獻學博士論文，周國林指導，2011 年）

15. 史振卿：〈宋鑒《尚書》辨偽思想管窺〉，《運城學院學報》（2011 年 3 月），頁 1～5。

16. 史振卿：〈宋鑒《尚書考辨》的學術價值〉，《社會科學戰線》（2011 年 9 月），頁 249～251。

17. 史振卿：〈賈逵與古文《尚書》考論〉，《文藝評論·國學論衡》，（2013 年 8 月），頁 119～122。

18. 史振卿：〈清儒對《泰誓》考辨的學術價值〉，《文藝評論》（2013 年 6 月），頁 104～106。

19. 本田成之：《中國經學史》（臺北：學海出版社，1979 年）

20. 石田公道著、連清吉譯：〈大田錦城的《尚書》學一〉，《中國文史哲通訊》2002 年第 1 期，頁 53～64。

21. 石田公道著、連清吉譯：〈大田錦城的《尚書》學二〉，《中國文史哲通訊》2002 年第 1 期，頁 65～74。

六劃

1. 江藩著，漆永祥注：《漢學師承記箋釋》（上海：上海古籍出版社，2006 年 2 月）

2. 朱維錚：《中國經學史十講》（上海：復旦大學出版社，2002 年 10 月）

3. 朱熹：《四書章句集註》（臺北：鵝湖出版社，1984 年 7 月）

4. 朱熹：《周易本義》（臺北：大安出版社，1999 年 7 月）

5. 朱彝尊著，馮曉庭等點校：《點校補正經義考第三冊尚書》（臺北：中研

院文哲所，1997 年 6 月）

6. 朱淵清：《書寫歷史》（上海：上海古籍出版社，2009 年 7 月）

七劃

1. 沈彤：《尚書小疏》（影印清乾隆吳江沈氏刻果堂全集本）

2. 李海生：《中國學術思潮史·樸學思潮》（上海：上海社會科學院出版社，2006 年 5 月）

3. 李慈銘撰，由雲龍輯：《越縵堂讀書記》（北京：中華書局，2006 年 9 月）

4. 李耀仙主編：《廖平選集》（成都：巴蜀書社，1998 年 7 月）

5. 李開：《戴震評傳》（南京：南京大學出版社，1992 年 8 月）

6. 李開：《惠棟評傳》（南京：南京大學出版社，1997 年 7 月）

7. 李振興：《尚書學述》（臺北：三民書局，1994 年 5 月）

8. 呂思勉：《經子解題》（上海：華東師範大學出版社，1995 年 12 月）

9. 呂思勉：《呂思勉文集》（上海：上海古籍出版社，2005 年 12 月）

10. 呂思勉：《先秦學術概論》（昆明：雲南人民出版社，2005 年 12 月）

11. 阮元：《續皇清經解·尚書類彙編》（臺北：藝文印書館，1986 年 6 月）

12. 汪啟明：《考據學論稿》（成都：巴蜀書社，2010 年 6 月）

13. 余英時：《論戴震與章學誠：清代中期學術思想史研究》（臺北：東大圖書股份有限公司，1996 年 11 月）

14. 余英時：《朱熹的歷史世界：宋代士大夫政治文化的研究》（臺北：允晨文化實業股份有限公司，2003 年 5 月）

15. 何佑森：《清代學術思潮：何佑森先生學術論文集》（臺北：臺灣大學出版社，2009 年 4 月）

16. 吳承志：《橫陽札記》（民國十一年（1922）南林劉氏求恕齋刊本）

17. 吳福熙：《敦煌殘卷古文尚書校注》（蘭州：甘肅人民出版社，1992 年 12 月）

18. 吳通福：《晚出《古文尚書》公案與清代學術》（上海：上海古籍出版社，2007 年 6 月）

19. 吳根友主編：《多元範式下的明清思想研究》（北京：三聯書店，2011 年 8 月）

20. 吳仰湘：《皮錫瑞的經學成就與經學思想》（長沙：湖南大學出版社，2013 年 7 月）

八劃

1. 林慶彰：《清初的群經辨偽學》（臺北：文津出版社，1992 年 1 月）

2. 林慶彰訪問，趙銘豐整理：〈思想史研究與考據學方法：姜廣輝先生在中國思想史研究上的成績〉，《國文天地》第 22 卷 2 期（2005 年 7 月）

3. 林慶彰主編：《首屆國際尚書學學術研討會論文集》（臺北：萬卷樓圖書股份有限公司，2012 年 4 月）

4. 林慶彰主編：《五十年來的經學研究》（臺北：臺灣學生書局，2003 年 5 月）

5. 林登昱：《《尚書》在古史辨思潮中的新發展》。（嘉義：中正大學中國文學研究所博士論文，李威熊、莊雅州指導，1998 年）

6. 林彥君：《《尚書正義》引《帝王世紀》考》。載於：國立政治大學編，《道南論衡：2007 年全國研究生漢學學術研討會論文集》，（臺北：政治大學中國文學系 2007），頁 141～174。

7. 杭世駿：《尚書古文疏證五卷本抄本》（北京中國國家圖書館善本書室度藏）

8. 杭世駿：《道古堂文集》（影印清光緒十四年汪曾唯增修本）

9. 柏克萊加州大學東亞圖書館編：《柏克萊加州大學東亞圖書館中文古籍善本書志（上海：上海古籍出版社，2005 年 3 月）

10. 屈萬里：《尚書異文彙錄》（臺北：聯經出版社，1983 年 02 月）

11. 屈萬里：《屈萬里全集（二）·尚書集釋》（臺北：聯經出版社，1983 年 02 月）

12. 屈萬里：《屈萬里全集（十）·漢石經尚書殘字集證》（臺北：聯經出版公司，1984 年 7 月）

13. 松川健二著，林慶彰等人合譯：《論語思想史》（臺北：萬卷樓出版公司，2006 年 2 月）

14. 松崎覺本著、連清吉譯：〈評論大田錦城於《古文尚書》之見解〉，《中國文史哲通訊》2002 年第 1 期，頁 75～85。

15. 金春峰：《漢代思想史》（北京：中國社會科學出版社，2006 年 6 月）

九劃

1. 俞樾等著：《古書疑義舉例五種》（北京：中華書局，1956 年 1 月）

2. 姜廣輝主編：《經學今詮初編》（瀋陽：遼寧教育出版社，2000 年 6 月）

3. 姜廣輝主編：《經學今詮續編》（瀋陽：遼寧教育出版社，2001 年 10 月）

4. 姜廣輝主編：《經學今詮三編》（瀋陽：遼寧教育出版社，2002 年 4 月）

5. 姜廣輝主編：《經學今詮四編》（瀋陽：遼寧教育出版社，2004 年 8 月）

6. 姜廣輝主編：《中國經學思想史·卷 1》（北京：中國社會科學出版社，2003 年 9 月）

7. 姜廣輝主編:《中國經學思想史・卷 2》(北京:中國社會科學出版社,2003 年 9 月)

8. 姜廣輝主編:《中國經學思想史・卷 3》(北京:中國社會科學出版社,2010 年 11 月)

9. 姜廣輝主編:《中國經學思想史・卷 4(上下)》(北京:中國社會科學出版社,2011 年 4 月)

10. 姜廣輝:〈梅鷟《尚書考異》考辨方法的檢討:兼談考辨《古文尚書》的邏輯基點〉。《歷史研究月刊》,(2007 年 5 月),頁 77～94。

11. 姜廣輝:〈梅鷟《尚書譜》的「武斷」與「創獲」〉,《湖南大學學報・社會科學版》,23:3(2009 年 5 月),頁 30～37。

12. 姜廣輝:《義理與考據:思想史研究中的價值關懷與實證方法》(北京:中華書局,2010 年 1 月)。

13. 姜龍翔:《朱子疑《古文尚書》再探》,《嘉大中文學報》第 5 期(2011 年 3 月),頁 129～154。

十劃

1. 孫希旦:《禮記集解》(臺北:文史哲出版社,1990 年 8 月)

2. 孫星衍撰,盛冬鈴等注:《尚書今古文注疏》(北京:中華書局,1986 年 12 月)

3. 高師第:《禹貢研究論集》(上海:上海古籍出版社,2006 年 7 月)

4. 高原樂:〈《尚書考異》版本比較研究〉,《湖南大學學報・社會科學版》,24 卷 3 期(2010 年 5 月),頁 25～31。

5. 徐復觀:《論經學史二種》(上海:上海書店出版社,2006 年 7 月)

6. 徐奇堂:《尚書譯注》(廣州:廣州出版社,2004 年 5 月)

7. 耿志宏:《惠棟之經學研究》(臺北:政治大學中國文學研究所碩士論文,李威熊指導,1985 年)

8. 涂宗流・劉祖信著:《郭店楚簡先秦儒家佚書校釋》(臺北:萬卷樓出版公司,2001 年 2 月)

十一劃

1. 郭仁成:《尚書今古文全璧》(長沙:岳麓書社,2006 年 3 月)

2. 梁啟超:《清代學者整理舊學之總成績》(北京:北京商務印書館,1999 年 7 月)

3. 梁啟超:《中國近三百年學術史》(上海:三聯書店,2006 年 4 月)

4. 梁啟超:《清代學術概論》(北京:中國書籍出版社,2006 年 5 月)

5. 梁啟超:《論中國學術思想變遷之大勢》(上海:上海古籍出版社,2006

年 7 月）

6. 陳康祺：《郎潛紀聞》（臺北市：新文豐出版公司，1988 年，《叢書集成三編》，文學類第 68 冊）

7. 陳戌國：《尚書校注》（長沙：岳麓書社，2004 年 8 月）

8. 陳夢家：《尚書通論》（北京：中華書局，2005 年 6 月）

9. 陳祖武、朱彤窗：《乾嘉學派研究》（石家莊：河北人民出版社，2005 年 10 月）

10. 許華峰：〈論《尚書古文疏證》與《古文尚書冤詞》《尚書考異》的關係〉，《經學研究論叢》第 1 輯（1994 年 4 月），頁 139～180。

11. 許華峰：《閻若璩《尚書古文疏證》的辨偽方法》（中壢：中央大學中國文學研究所碩士論文，岑溢成指導，1994 年）

12. 許華峰：〈《尚書譜》、《尚書考異》成書先後的問題〉，《經學研究論叢》第 4 輯（1996 年 4 月），頁 31～44。

13. 許華峰：〈《朱熹集》卷六十五中與《尚書》相關諸篇之寫作時間考〉，《中央大學人文學報》第 23 期（2001 年 6 月），頁 131～157。

14. 許道興等：《中國經學史》（上海：上海人民出出版社，2006 年 10 月）

15. 崔冠華：〈丁若鏞考辨晚《書》的基本理路：《梅氏書平》的邏輯基點〉，《湖南大學學報‧社會科學版》，23 卷 3 期（2009 年 5 月），頁 38～42。

16. 章學誠著‧葉瑛注：《文史通義校注》（北京：北京中華書局，2005 年 11 月）

17. 張崇蘭：《古文尚書私議》（清光緒二十三年陳克劭刻本）

18. 張心澂：《偽書通考》（上海：上海書店，1998 年 1 月）

19. 張立文主編：《中國學術通史‧清代卷》（北京：人民出版社，2004 年 12 月）

20. 張岩：《審核古文《尚書》案》（北京：中華書局，2006 年 12 月）

21. 張穆：《顧亭林先生年譜》（據北京圖書館藏清道光二十四年何紹基刻本影印）

22. 張穆：《殷齋文集》（臺北：新文豐出版公司，1988 年，《叢書集成續編本》，文學類：第 159 冊）與（清咸豐八年祈寯藻刻本影印）

23. 張穆：《閻若璩年譜》（北京：北京中華書局，1994 年 6 月）

24. 張素卿：《清代漢學與左傳學：從「古義」到「新疏」的脈絡》（臺北：里仁書局，2007 年 3 月）

25. 曹林娣：《古籍整理概況》（北京：北京大學出版社，2007 年 1 月）

26. 曹美秀：〈洪良品的古文《尚書》辨真理論〉《台大中文學報》第 42 期（2013.10），頁 155～201。

十二劃

1. 梅鷟撰，姜廣輝點校：《尚書考異‧尚書譜》（上海：上海古籍出版社，2014 年 12 月）。

2. 惠棟：《古文尚書考》（據北京圖書館分館藏清乾隆五十七年宋廷弼刻本影印）

3. 惠棟：《松崖文鈔》（據清光續劉氏刻聚學軒叢書本影印）

4. 惠棟：《皇清經解續經解‧尚書類彙編‧古文尚書考》（臺北：藝文印書館，1986 年 6 月）

5. 惠棟：《古文尚書考》（臺北市：新文豐出版公司，1988 年臺一版，第 267 冊）

6. 惠棟：《尚書古義》（臺北市：新文豐出版公司，1988 年臺一版，《昭代叢書甲集補卷三》，沈楙悳輯）

7. 惠棟：《九曜齋筆記》（臺北市：新文豐出版公司 1989 年 7 月）

8. 黃炳垕：《黃梨洲先生年譜》（據清同治十二年朱衍緒刻本影印）

9. 黃壽祺：《群經要略》（上海：華東師範大學出版社，2000 年 10 月）

10. 黃順益：《惠棟、戴震與乾嘉學術研究》（高雄：中山大學中國文學研究所博士論文，鮑國順指導，1997 年）

11. 黃世豪：《清代《古文尚書》辨偽發展之研究》（臺北：文化大學中國文學研究所博士論文，劉兆佑指導，2014 年）

12. 程廷祚：《晚書訂疑》（據《聚學軒叢書第一集》影印）

13. 程廷祚撰，宋效永校點：《青溪集》（合肥：黃山書社，2004 年 12 月）

14. 程元敏：《尚書學史》（臺北：五南出版社，2011 年 8 月）

15. 彭林：《清代經學與文化》（北京：北京大學出版社，2005 年 11 月）

16. 荀況著，王天海校釋：《荀子校釋》（上海：上海古籍出版社，2009 年 10 月）

十三劃

1. 葉國良：〈師法家法與守學改學：漢代經學史的一個側面考察〉，《中國哲學‧第 25 輯‧哲學今詮‧四編》（瀋陽：遼寧教育出版社，2004 年 8 月）

2. 葉國良等著：《經學通論》（臺北：大安出版社，2005 年 8 月）

3. 葉國良等著：《群經概說》（臺北：大安出版社，2005 年 8 月）

4. 葉樹聲、許有才：《清代文獻學簡論》（合肥：安徽大學出版社，2004 年 1 月）

5. 虞萬里：〈以丁晏《尚書餘論》為中心看王肅偽造《古文尚書傳》說：從肯定到否定後的思考〉，《中國文哲研究集刊》，37（2010.10），頁 131～

152。

6. 楊樹敏：《中國辨偽學史》（天津：天津人民出版社，1999 年 3 月）

十四劃

1. 蒙培元、任文利：《國學舉要‧儒卷》（武漢：教育出版社，2002 年 9 月）

2. 蒙文通：《經學抉原》：（上海：上海人民出版社，2006 年 8 月）

3. 蔡方鹿：《朱熹經學與中國經學》（北京：北京人民出版社，2004 年 7 月）

4. 裴普賢：《經學概述》（臺北：三民書局，2006 年 3 月）

5. 趙銘豐：〈論《尚書‧呂刑》的刑罰特色〉，《國文天地》，第 320 期（2012 年 1 月），頁 42～45。

6. 趙銘豐：〈程廷祚與毛奇齡：論《古文尚書》考辨異時對話的軸線轉移〉，《國家圖書館館刊》，第 1 期（2012 年 6 月），頁 101～134。

7. 趙銘豐：〈程廷祚〈《尚書古文疏證》辨〉述評〉，《國家圖書館館刊》，第 1 期（2010 年 6 月），頁 125～148。

8. 趙銘豐：〈論良史之德與《古文尚書》考辨的關係〉，《何廣棪教授七秩華誕祝壽論文桃李集》（2010 年 12 月），頁 221～236。

9. 趙銘豐：《惠棟《古文尚書考》研究》《古典文獻研究輯刊七編》第 3 冊（臺北：花木蘭文化出版社，2008 年 3 月）

10. 趙銘豐：〈惠棟《古文尚書考》辨偽舉證的效力平議〉，《東吳中文線上學術論文》，第 2 期（2008 年 6 月），頁 77～97。

11. 趙銘豐：〈從惠棟《古文尚書考》的「閻君之論」探析閻若璩《尚書古文疏證》抄本的傳布〉，《國家圖書館館刊》，第 1 期（2008 年 6 月），頁 185～224。

12. 趙銘豐：〈惠棟《古文尚書考》三組辨偽舉證效力擇釋〉，《世新中文研究集刊》，第 4 期（2008 年 6 月），頁 57～78。

13. 趙銘豐：〈惠棟《古文尚書考》「〈辨梅氏增多《古文》之謬十五條〉」探析〉，《華梵儒家思想與儒學文獻研究專刊》（2008 年 9 月），頁 73～112。

14. 趙銘豐：〈程廷祚〈《尚書古文疏證》辨〉述評〉，收於《第五屆青年經學學術研討會論文集》（高雄：國立高雄師範大學經學研究所，2009 年），頁 171～188。

15. 趙銘豐：〈惠棟《古文尚書考》關於「虞廷十六字」辨偽試釋〉，收於《第十四屆全國中文研究所研究生論文研討會論文集，2007 年》（中壢：國立中央大學中國文學研究所），頁 67～78。

16. 趙銘豐：〈戴震《尚書》學考辨方法述要〉，收於《第三屆青年經學學術研討會論文集》（高雄：國立高雄師範大學經學研究所，2007 年），頁 279～294。

17. 趙銘豐：〈惠棟《古文尚書考》引「梅鷟曰」的價值平議〉，收於《第二屆青年經學學術研討會論文集》（高雄：國立高雄師範大學經學研究所，2006 年），頁 73～86。

十五劃

1. 劉寶楠著，高流水點校：《論語正義》（臺北：文史哲出版社，1998 年 6 月）

2. 劉師培、章太炎：《中國近三百年學術史》（上海：上海古籍出版社，2006 年 10 月）

3. 劉師培：《劉師培辛亥前文選》（北京：三聯書店，1998 年 6 月）

4. 劉師培：《清儒得失論》（北京：中國人民出版社，2004 年 9 月）

5. 劉起釪：《尚書研究要論》（濟南：齊魯書社，2007 年 1 月）

6. 劉墨：《乾嘉學術十論》（北京：三聯書店，2006 年 11 月）

7. 劉家和：《史學、經學與思想》（北京：北京師範大學出版社，2005 年 1 月）

8. 劉甫琴編：《朱熹辨偽書語》（臺北：開明書店，1969 年 4 月）

9. 劉人鵬：〈論朱子未嘗疑《古文尚書》偽作〉，《清華學報》，第 22 卷第 4 期（1992 年 12 月），頁 399～430。

10. 劉人鵬：《閻若璩與古文尚書辨偽：一個學術史的個案研究》。《古典文獻研究輯刊初編》第 20 冊（臺北：花木蘭文化出版社，2005 年 12 月）

11. 蔣秋華：〈今古文問題重探〉。「秦漢經學國際研討會」，（2011 年）

12. 蔣秋華：〈劉沅《書經恆解》對《古文尚書》的護衛〉。《經學研究集刊》第 7 期（2009 年 11 月），頁 51～62。

13. 蔣秋華：〈《偽孔傳》思想試探〉「魏晉南北朝經學國際研討會」，（2008 年）

14. 蔣秋華：〈劉沅《書經恆解》研究〉。《經學研究集刊》第 2 期（2006 年 9 月），頁 109～123。

15. 蔣秋華：〈劉沅《尚書恆解》研究〉「四川學者的經學研究第二次學術研討會」，（2006 年）

16. 蔣秋華：〈王充耘的尚書學〉「元代經學國際研討會」，（1998 年）

17. 蔡長林：〈皮錫瑞《尚書通論》初探〉「歐洲漢學學會 EACS 第 18 屆會議」，（2010 年）

18. 鄭良樹：《古籍辨偽學》（臺北：開明書店，1986 年 8 月）

19. 鄭吉雄：《易圖象與易詮釋》（臺北：臺灣大學出版中心，2004 年 6 月）

20. 鄭吉雄主編：《東亞傳世漢籍文獻譯解方法初探》（臺北：臺灣大學出版

中心，2005 年 6 月）

21. 鄭吉雄主編：《東亞視域中的近世儒學文獻與思想》（臺北：臺灣大學出版中心，2005 年 7 月）

十六劃

1. 錢大昕：《潛研堂文集》（臺北：臺灣商務印書館，1968 年 12 月）

2. 錢基博著、傅道彬點校：《近百年湖南學風（含《經學通論》)》（北京：中國人民大學出版社，2004 年 9 月）

3. 錢穆：《朱子新學案》（臺北：九州圖書文物有限公司，2011 年 1 月）

4. 錢穆：《中國近三百年學術史》（北京：商務印書館，2005 年 11 月）

5. 錢穆：《兩漢經學今古文平議》（北京：商務印書館，2001 年 7 月）

6. 錢宗武、杜純梓：《尚書新箋與上古文明》（北京：北京大學出版社，2005 年 2 月）

7. 錢宗武：《今文尚書語法研究》（北京：商務印書館，2004 年 10 月）

十七劃

1. 戴震：《尚書義考》（臺北市：新文豐出版公司，1988 年，《聚學軒叢書第三集》，劉世珩校刊）

2. 戴震著，趙玉新點校，《戴震文集》（北京：北京中華書局，2006 年 6 月）

3. 戴君仁：《閻毛《古文尚書》公案》（臺北：中華叢書編委會，1963 年 3 月）

十八劃

1. 魏慈德：〈閻若璩及其《尚書古文疏證》的研究方法論〉，《東吳中文學報》第 5 期（1999 年 5 月），頁 1～25。

十九劃

1. 羅檢秋：《嘉慶以來漢學傳統的衍變與傳承》（北京：中國人民大學出版社，2000 年 5 月）

2. 羅熾、胡軍：《經學與長江文化》（武漢：湖北教育出版社，2004 年 6 月）

二十一劃

1. 顧棟高：《尚書質疑》（影印清道光六年眉壽堂刻本）

二十二劃

1. 龔自珍：《龔自珍全集》（上海：上海人民出版社，1975 年 2 月）

《古文尚書》辨僞論述古籍目錄表

001. 梅鷟：〈讀書管見跋〉。閻氏《尚書古文疏證・卷五》轉引。

002. 梅鷟：《尚書考異》、《尚書譜》。

003. 楊士雲：〈讀尚書詩〉。閻氏《尚書古文疏證・卷八》轉引。

004. 鄭曉：《尚書考》。

005. 歸有光：《尚書敘錄》。

006. 郝敬：《尚書辨解》。

007. 羅敦仁：《尚書是正》。

008. 黃宗羲：〈疏證序〉。

009. 顧炎武：《日知錄・卷二》：〈《古文尚書》〉、〈泰誓〉。

010. 湯斌：見周春《古文尚書冤詞補正》轉引。

011. 朱彝尊：《古文尚書辨》、〈答毛檢討書〉。

012. 徐乾學：《古文尚書考》。

013. 胡渭：〈疏證序〉。

014. 萬言：〈與諸同學論尚書疑義〉、《尚書說》。

015. 閻若璩：《尚書古文疏證》。

016. 姚際恒：《尚書通論》。

017. 馮景：《解春集文鈔・淮南子洪保》。

018. 王心敬：《豐川今古文尚書質疑》。

019. 王懋竑：〈讀尚書敘錄〉、〈尚書雜考〉。

020. 任啓運：《尚書章句》（含內外篇）、《尚書約注》。

021. 萬啓蒼：《穆堂初稿》卷十。

022. 李紱：〈古文尚書考〉、〈古文尚書冤詞后〉。

023. 陳祖范：《經咫》。

024. 楊椿：〈孔安國書傳辨〉。

025. 劉青芝：《尚書辨疑》。

026. 沈彤：〈古文尚書冤詞書后〉、〈古文尚書考序〉。

027. 謝濟世：《尚書辨偽》。

028. 唐奐：《尚書辨偽》。

029. 安吉：《尚書讀法》。

030. 程廷祚：《晚書訂疑》、《青溪集》。

031. 孫喬年：《尚書古文證疑》。

032. 惠棟：《古文尚書考》。

033. 江聲：《尚書集注音疏》。

034. 王鳴盛：《尚書後案》。

035. 戴震：《尚書義考》、〈尚書今文古文考〉。

036. 龔元玠：《畏齋書經客難》。

037. 閻循觀：《尚書讀記》。

038. 宋鑑：《尚書考辨》。

039. 周廣業：《讀經隨筆》、〈古文尚書冤詞補正跋〉。

040. 姚鼐：《尚書說》。

041. 李榮陛：《尚書考》。

042. 李惇：《尚書古文說》。

043. 段玉裁：《尚書古文撰異》。

044. 崔述：《古文尚書辨偽》。

045. 崔邁：《書經辨說》、《古文尚書考》。

046. 孫星衍：〈古文尚書馬鄭注序‧〉、《尚書今古文注疏》。

047. 陳廷桂：《尚書質疑》、《尚書古今文考證》。

048. 胡秉虔：《尚書敘錄》。

049. 雷學淇：《古今文申說》。

050. 丁晏：《尚書餘論》。

051. 沈垚：《尚書古今文辨》、《古文尚書考》。

052. 張眉大：《書經考略》。

053. 張文虎：〈書古文尚書考辨后〉。

054. 謝章鋌：〈與伯潛論竹坡古文尚書解紛書〉。

055. 黃以周：〈古文尚書疏證跋〉。

056. 胡嗣連：《書經問答》。

057. 郭夢星：《尚書小禮》。

058. 馬貞榆：《尚書課程》。

059. 許翰：〈偽《古文尚書》襲《墨子》誤斷句說〉。

060. 皮錫瑞：《尚書古文疏證辨正》、《古文尚書冤詞平議》、《尚書大傳疏證》。

061. 簡朝亮：《尚書集注述疏》。

062. 王仁俊：《正學堂尚書說》、《書賈氏義》、〈尚書集注〉。

063. 王先謙：《尚書孔傳參證》。

064. 胡兆鸞：《尚書古義》。

065. 王咏霓：《書序考異》、《書序答問》。

066. 劉師培：《尚書源流考》。

067. 邵瑞彭：《尚書決疑》。

068. 張蔭麟：〈偽古文尚書一案的反控與再鞫〉。

069. 馬驌：《繹史》

070. 李調元：《尚書古文辨異》、《鄭氏古文尚書證訛》、《尚書古字考》。

071. 賀淇：《尚書集解》。

072. 武億：《經讀考異》、《群經義證》。

073. 焦循：《書義叢鈔》、《尚書補疏》、《禹貢鄭注釋》。

074. 王引之：《經義述聞》。

075. 何秋濤：《禹貢鄭注略例》。

076. 俞樾：《春在堂全書》。

077. 抉經堂室主人：《清儒五經彙解》。

078. 孫詒讓：《尚書駢枝》。

079. 莊存與：《尚書既說》、《尚書說》。

080. 劉逢祿：《尚書今古文集解》、《書序述聞》。

081. 宋翔鳳：《尚書譜》、《尚書略說》。

082. 龔自珍：〈泰誓答問〉、〈尚書序大義〉、〈尚書馬氏家法〉。

083. 魏源：《書古微》。

084. 鄒漢勛：《讀書偶識》卷二。

085. 陳壽祺：《今文尚書經說考》、《尚書大傳集校》、《敘錄》、《辨偽》。

086. 陳喬樅：《歐陽夏侯遺說考》。

087. 王闓運：《尚書今古文注》。

088. 吳汝綸：〈再記寫本《尚書》後〉。

089. 王頊齡：《書經傳說彙纂》。

090. 黃式三：《尚書啓蒙》。

091. 任兆麟：《書序》。

092. 馬邦舉：《尚書三傳考略》。

093. 胡秉虔：《尚書序錄》。

094. 馬微燆：《尚書篇誼正蒙》。

095. 鄭果：《尚書馬氏傳》。

096. 馬國翰：《尚書王氏注》、《今文尚書》、《歐陽尚書章句》、《尚書大夏侯章句》、《古文尚書舜典》、《古文尚書音》、《尚書顧氏卷》、《尚書劉氏義疏》。

097. 王紹蘭：《漢桑欽古文尚書說》、《漆書古文尚書逸文考》（附杜林訓故逸文）。

098. 王謨：《尚書注》、《歐陽尚書說》、《百兩篇》、《古文尚書疏》、《尚書大傳》。

099. 孔廣林：《尚書鄭注》。

100. 袁鈞：《尚書注》、《尚書略說注》、《尚書大傳注》。

101. 黃奭：《尚書古文注》、《尚書百兩篇》、《尚書義疏》、《禹貢大傳注》。

102. 竹吾：《尚書小夏侯》。

103. 孫之祿：《尚書大傳》、《補遺》。

104. 孔廣林：《尚書大傳注》。

105. 盧文弨：《尚書大傳》、《補遺》、《考異》、《續補遺》。

106. 王湘綺：《尚書大傳補注》。

107. 趙佑：《尚書異讀考》。

108. 李遇孫：《尚書隸古定釋》。

109. 吳東發：《書經字考》。

110. 戴祖啓：《尚書協議》。

111. 沈廷芳：《尚書注疏正字》。

112. 阮元：《尚書校勘記》。

113. 丁韻餘：《尚書異字同聲考》。

★域外韓國漢學家丁若鏞：《梅氏書平》。

《古文尚書》護眞論述古籍目錄表

001. 胡應祥：〈尚書纂言序〉。

002. 陳第：《尚書疏衍》、〈古文引書證〉。

003. 孫承澤：《尚書集解》。

004. 朱朝瑛：《讀尚書略記》。

005. 朱鶴齡：《尚書埤傳》。

006. 毛奇齡：《古文尚書冤詞》。

007. 張杉：有「護晚出《古文》語」，見毛氏《古文尚書冤詞》轉引。

008. 陸隴其：《古文尚書考》。

009. 徐世沐：《尚書惜陰錄》

010. 徐咸清：《傳是齋尚書日記》，見毛氏《古文尚書冤詞》轉引。

011. 萬斯同：《古文尚書辨》。

012. 李光地：《尚書今古文辨》。

013. 李塨：〈論古文尚書〉。

014. 張文嵐：《古文尚書辨》。

015. 方苞：〈讀古文尚書〉。

016. 王植：〈心性說〉、〈古文今文辨〉。

017. 顧炳：《書經雜記》。

018. 楊方達：《尚書通典略》、《尚書約旨》。

019. 顧棟高：《尚書質疑》。

020. 郭兆奎：《心園書經知新》。

021. 汪紱：《書經詮義》。

022. 齊召南：〈進呈尚書注疏考證后序〉。

023. 江昱：《尚書私學》。

024. 茹敦和：《尚書未定稿》。

025. 沈樹德：《書說》。

026. 趙佑：《尚書質疑》。

027. 趙翼：《亥餘叢書考・卷一》。

028. 周春：《古文尚書冤詞補正》。

029. 翁方綱：〈古文尚書條辨序〉。

030. 梁上國：《古文尚書條辨》。

031. 劉沅：《書經恒解》。

032. 林春溥：《開卷偶得・卷二》。

033. 張崇蘭：《古文尚書私議》。

034. 王劼：《尚書後案駁正》。

035. 邵懿辰：《書說》、《尚書傳授同異考》。

036. 洪良品：《龍岡山人古文尚書四種》（辨惑、析疑、釋難、商是）。

037. 謝庭蘭：《古文尚書辨》。

038. 徐辛茶：《書疑辨證》。

039. 吳光耀：《古文尚書正辭》。

040. 張諧之：〈古文尚書辨惑序〉、《讀書記疑》。

041. 王照：《表章先正論》。

042. 倫明：《續書樓讀書記》。

附　錄

附錄一 《尚書古文疏證》「二十五篇出於魏與西晉」

〔註 1〕

01. 然此《書》出於魏、晉之間，去康成未遠。而康成所註百篇〈書序〉，明云某篇亡，某篇逸。彼豈無目者，而乃故與之牴牾哉？蓋必據安國所傳篇目，一一補綴，則〈九共〉九篇，將何從措手耶？此其避難就易，雖自出於矛盾，而有所不恤也。嗚呼！百世而下，猶可以洞見其肺腑，作偽者亦奚益哉？（《尚書古文疏證》，卷 1，第 7 條，頁 1094，右下）

02. 魏、晉間《書》出，始以「后羿之田」轉而為「太康之田」。（《尚書古文疏證》，卷 1，第 13 條，頁 1102，左下）

03. 又按《書大序》云：「伏生年過九十，失其本經，口以傳授」。此亦是魏、晉間，「衛宏使女傳言教錯之說盛行」，故撰《序》者採入，而不覺其於史文相背。（《尚書古文疏證》，卷 1，第 14 條，頁 1105，上）

04. 嗚呼！其果安國之舊耶？抑魏、晉之間假託者耶？（《尚書古文疏證》，卷 2，第 17 條，頁 1109，右上）

05. 王肅，魏人。孔《傳》，出於魏、晉之間。後於王肅。《傳》、《註》相同者，乃孔竊王，非王竊孔也……凡此《書》，出於魏、晉間所假託者，皆歷有明驗，而世猶遵用之而不悟，惑之不可解，至矣！（《尚書古文疏證》，卷 2，第 18 條，頁 1116，下）

06. 此《書》出於魏、晉之間，安得預見之而載之。《集解》未可以是為沖誣，然則此《書》實始授自沖云。（《尚書古文疏證》，卷 2，第 19 條，頁 1122，右上）

07. 此《傳》之為魏、晉人所假託，皆歷有明徵。又不獨前所論「三年喪」，用王肅說。及此用毛《傳》文而已也。（《尚書古文疏證》，卷 2，第 22 條，頁 1127，右下）

08. 余然後知此晚出於魏、晉間之《書》。蓋不古不今，非伏非孔，而欲別為一家之學者也。（《尚書古文疏證》，卷 2，第 23 條，頁 1128，左下）

〔註 1〕 「文淵閣本《尚書古文疏證》」：採用孔穎達等撰：《四部要籍注疏叢刊・尚書・尚書古文疏證》（北京：北京中華書局，1998 年 8 月）本。

09. 凡此《書》出於魏、晉之間，羣言淆亂之日，皆歷有明徵。而世之儒者，必欲曲爲文解。（《尚書古文疏證》，卷2，第26條，頁1141，左上）

10. 至魏、晉間竄入〈大禹謨〉中，亦幾沈埋者七、八百年。有宋程、朱輩出，始取而推明演繹，日以加詳。（《尚書古文疏證》，卷2，第31條，頁1146，右上）

11. 自王氏誤標茲義，宗之者尤盛於魏、晉間。若孔《傳》者，殆亦魏、晉間，王學之徒也哉！（《尚書古文疏證》，卷4，第53條，頁1160，右下）

12. 魏、晉間作《書》者，似以此爲逸《書》之文。……蓋魏、晉間，此人正以鄙薄僞〈泰誓〉不加熟習，故不覺己之所撰，釐革之未盡。（《尚書古文疏證》，卷4，第55條，頁1163，左上）

13. 唯魏、晉間，孔安國《書傳》出，始云「鬱陶哀思」也。（《尚書古文疏證》，卷4，第56條，頁1164，右下）

14. 魏、晉間，孔《傳》竟認爲「哀思」殆無足怪。（《尚書古文疏證》，卷4，第56條，頁1166，右上）

15. 僞作《古文》者，生於魏、晉間時，皆以〈書序〉爲孔子作，故所撰二十五篇，盡依傍之。（《尚書古文疏證》，卷4，第60條，頁1174，左下）

16. 魏、晉間，孔《傳》出，始有是說。（《尚書古文疏證》，卷4，第60條，頁1175，右上）

17. 余亦謂〈多官〉亡。魏、晉間，作《書》者以〈王制〉補之……大抵魏、晉間，此人學亦盡博，材亦盡富，不肯專主一說，以使人可測。其亦柳子厚所謂「眾爲聚歛，以成其書者」與？（《尚書古文疏證》，卷4，第62條，頁1184，下）

18. 僞作者，偶忘爲三代王者之師，不覺闌入筆端。則此《書》之出魏、晉間，又一佐已。（《尚書古文疏證》，卷4，第64條，頁1189，右上）

19. 別有逸《書》〈舜典〉，故魏、晉間，始析爲二。（《尚書古文疏證》，卷5上，第65條，頁1190，左下）

20. 按吳氏《尚書纂言》，不信魏、晉間《古文》。（《尚書古文疏證》，卷5上，第65條，頁1192，左下）

21. 距魏、晉間不甚遠，古文孔《書》未出，二篇猶合爲一。（《尚書古文疏證》，

卷 5 上，第 65 條，頁 1193，左上）

22. 又按〈書序〉引之，各冠其篇首者，魏、晉間，孔安國本然也。（《尚書古文疏證》，卷 5 上，第 69 條，頁 1207，左上）

23. 魏、晉以還，右卑於左。是古者尚右；今者尚左。（《尚書古文疏證》，卷 5 上，第 70 條，頁 1212，左上）

24. 故魏、晉間人，遂有假古題，運古事，以撰成二十五篇《書》，以與眞《書》相亂。亦其時風尚所致，非特能鑿空者。（《尚書古文疏證》，卷 5 上，第 72 條，頁 1216，右上）

25. 竊意此僞作者，生於魏、晉間。（《尚書古文疏證》，卷 5 夏，第 72 條，頁 1218，左上）

26. 僞作《古文》者，幸其生於魏、晉之間，去古未遠，尚知此等。（《尚書古文疏證》，卷 5 夏，第 72 條，頁 1219，右下）

27. 如此魏、晉間人，竟以世所童而習之之書，書且開卷，便見忘其采用……或問：子以「禹抑鴻水」，魏、晉間人，忘其采用。（《尚書古文疏證》，卷 5 下，第 77 條，頁 1231，右下）

28. 皆魏、晉間忘其采用者……魏、晉間出，今也徇今而違古……固魏、晉間本之，所由分乎？（《尚書古文疏證》，卷 5 下，第 78 條，頁 1232，左下）

29. 而魏、晉間，《書》乃出。（《尚書古文疏證》，卷 6 上，第 81 條，頁 1256，左上）

30. 此《傳》出魏、晉間，已錯認洛陽城北之渡處爲「孟津」……魏、晉間，《古文書》錯認「孟津」爲在河之南。（《尚書古文疏證》，卷 6 上，第 85 條，頁 1292，左上）

31. 魏、晉間，名漸譌。易孔安國《傳》，以「孟津」在洛北，《書》與《傳》同出一手。（《尚書古文疏證》，卷 6 上，第 86 條，頁 1293，右上）

32. 殆安國當魏、晉，却身繫武帝時人耳。（《尚書古文疏證》，卷 6 上，第 87 條，頁 1302，右上）

33. 王伯厚又因而廣之，下及魏、晉地名。（《尚書古文疏證》，卷 6 上，第 88 條，頁 1303，右下）

34. 自與魏、晉間僞孔《傳》不合。（《尚書古文疏證》，卷 6 下，第 93 條，頁

1346，左上）

35. 《書》出魏、晉間，又得一證……唯魏、晉間，《書》始作「波」，與《漢書》同。（《尚書古文疏證》，卷 6 下，第 93 條，頁 1348，右下）

36. 豈非〈泰誓〉之文，出於魏、晉間人之僞撰者耶？（《尚書古文疏證》，卷 7，第 98 條，頁 1378，左下）

37. 《古文書》二十五篇，出于魏、晉，立於元帝，至今日而運已極。（《尚書古文疏證》，卷 7，第 99 條，頁 1379，右下）

38. 以輔嗣爲本，而摹脫之乎？其出魏、晉間可知。（《尚書古文疏證》，卷 7，第 100 條，頁 1381，左下）

39. 姚際恒曰：……若魏、晉間，無由覯逸《書》，但止依傍〈書序〉爲說，而不顧與史背馳，眞《古文》、僞《古文》，于茲又見一斑云。（《尚書古文疏證》，卷 7，第 100 條，頁 1384，左上）

40. 魏、晉間，此人似認此二句爲一連。（《尚書古文疏證》，卷 7，第 103 條，頁 1389，右下）

41. 益驗《書》出魏、晉間。即魏、晉間人之手筆云爾。（《尚書古文疏證》，卷 7，第 103 條，頁 1392，左下）

42. 只是魏、晉間人所作。又曰：「傳之子孫，以貽後代。」漢時無這般文章。（《尚書古文疏證》，卷 7，第 107 條，頁 1401，右下）

43. 嘗謂魏、晉間，《書》多從《漢書》來者，豈無徵哉。（《尚書古文疏證》，卷 7，第 112 條，頁 1406，左上）

44. 《書古文》出魏、晉間。（《尚書古文疏證》，卷 8，第 113 條，頁 1420，右上）

45. 〈大禹謨〉、〈五子之歌〉等二十五篇，則晚出魏、晉間，假托安國之名者，此根柢也。（《尚書古文疏證》，卷 8，第 113 條，頁 1421，左下）

46. 總之，《古文》假作於魏、晉間，今文則眞三代。故其辭之難易不同如此。（《尚書古文疏證》，卷 8，第 114 條，頁 1422，左下）

47. 此《書》出魏、晉間，豈得預窺杜《註》！（《尚書古文疏證》，卷 8，第 119 條，頁 1439，右下）

48. 〈書序〉細弱，只是魏、晉人文字，陳同父亦如此說。……《尚書·孔安

國傳，此恐是魏、晉間人所作，託安國爲名。（《尚書古文疏證》，〈附錄〉，頁 1474，左上）

49. 則可證西晉時，未有別〈虞書〉、〈夏書〉而爲二者。逮東晉梅氏《書》出，然後《書》題、卷數、篇名，盡亂其舊矣！（《尚書古文疏證》，卷 1，第 4 條，頁 1085，左下）

50. 又按：吳文正公《尚書敘錄》，信可爲不刊之典矣！然其誤亦有六：一謂孔壁眞《古文書》不傳，不知傳至西晉永嘉時，始亡失也。（《尚書古文疏證》，卷 2，第 17 條，頁 1111，右上）

51. 又按：孔穎達於〈盤庚・小序〉下，引：束晳云：見孔子壁中《尚書》，「將治亳殷」，作「將始宅殷」。與世行本不同。益足證西晉人猶見《古文經》；而東晉則失之矣！（《尚書古文疏證》，卷 7，第 105 條，頁 1397，左上）

附錄二　《尚書古文疏證》「晉元帝時梅賾獻《書》」

01. 東晉元帝時，豫章內史梅賾，忽上《古文尚書》，增多二十五篇。（《尚書古文疏證》，卷 1，第 1 條，頁 1078，右上）

02. 嘗疑鄭康成卒於獻帝時，距東晉元帝尚百餘年，《古文尚書》十六篇之亡，當即亡於此百年中。（《尚書古文疏證》，卷 1，第 2 條，頁 1079，右上）

03. 若元帝時，祕書猶有存者。則梅賾所上之《傳》，何難立窮其僞哉！唯祕府既已蕩而爲煙，化而爲埃矣！（《尚書古文疏證》，卷 1，第 2 條，頁 1079，左下）

04. 又按：「東晉元帝時，梅賾上《書》者」。草廬之言，實從孔穎達〈舜典・疏〉來，與〈經籍志〉合。但穎達又於〈虞書〉下引《晉書》云：「前晉奏上其書而施行焉。」前字疑譌，不然，前晉祕書見存，僞《書》寧得施行耶！且今《晉書・荀崧傳》：「元帝踐祚，崧轉太常。時方修學校，置博士。《尚書》鄭氏一人；《古文尚書》，孔氏一人。」則孔氏之立，似即在斯時。穎達所引《晉書》乃別一本，今無可考。（《尚書古文疏證》，卷 1，第 2 條，頁 1080，左上）

05. 逮東晉元帝時，梅賾忽獻《古文尚書》。（《尚書古文疏證》，卷 1，第 7 條，頁 1092，左下）

06. 東晉元帝時，汝南梅賾奏上《古文尚書》，乃安國所傳。其篇章之離合；名目之存亡，絕與兩漢不合。（《尚書古文疏證》，卷 2，第 17 條，頁 1109，左上）

07. 《古文書》二十五篇，出于魏晉，立於元帝，至今日而運已極。（《尚書古文疏證》，卷 7，第 99 條，頁 1379，右下）

08. 離則僅存，晉元帝立鄭氏《尚書》博士是也！（《尚書古文疏證》，卷 7，第 99 條，頁 1441，左下）

附錄三　《尚書古文疏證》「眞《古文尚書》二十四篇」

01. 「十六篇」亦名「二十四篇」。蓋〈九共〉乃九篇，析其篇而數之，故曰「二十四篇」也。鄭所註《古文》篇數，上與馬融合，又上與賈逵合，又上與劉歆合。（《尚書古文疏證》，卷 1，第 3 條，頁 1080，右下）

02. 然則〈汩作〉、〈九共〉二十四篇，必得之於孔壁。而非采《左》氏、按〈書序〉者之所能作也。（《尚書古文疏證》，卷 1，第 3 條，頁 1082，左上）

03. 余曰：非也！安國得多二十四篇，原無〈泰誓〉。故僞〈泰誓〉在當時，亦存而不廢。至馬融、王肅，始覺其僞耳。（《尚書古文疏證》，卷 1，第 7 條，頁 1092，右上）

04. 孔壁原有眞《古文》，爲〈舜典〉、〈汩作〉、〈九共〉等二十四篇，非張霸僞撰。（《尚書古文疏證》，卷 8，第 113 條，頁 1421，左下）

05. 余謂《古文尚書》二十四篇無註，正與此同。（《尚書古文疏證》，卷 8，第 120 條，頁 1442，右上）

附錄四　《尚書古文疏證》「〈舜典〉別有成篇」

01. 《古文尚書》雖甚顯於東漢，然未立學官。當時諸儒，苟非從師講授，則亦莫之見也。如〈趙岐傳〉，稱其「少明經」，註稱其嘗讀〈周官〉，不言其受《古文尚書》，則亦不知《古文》爲何書也。《孟子》「帝使其子，九男二女」。「岐註曰『〈堯典〉釐降二女，不見九男』，孟子時，《尚書》凡百二十篇。逸《書》有〈舜典〉之敍，亡失其文」。《孟子》諸所言舜事，皆〈堯典〉及逸《書》所載，則可證其未嘗見《古文・舜典》矣！

蓋《古文・舜典》別自有一篇，與今安國《書》，析〈堯典〉而爲二者不同。故《孟子》引「二十有八載，放勳乃徂落」，爲〈堯典〉，不爲〈舜典〉。《史記》載「『愼徽五典』至『四罪而天下咸服』」，於〈堯本紀〉，不於〈舜本紀〉。孟子時，〈典〉、〈謨〉完具，篇次未亂，固的然可信。馬遷亦親從安國問《古文》，其言亦未爲繆也。

余嘗妄意「舜往于田，祇載見瞽瞍」。與「不及貢，以政接於有庳」等語，安知非〈舜典〉之文乎？又「父母使舜完廩」一段，文辭古崛，不類《孟子》本文。《史記・舜本紀》亦載其事，而多所增竄，不及原文遠甚。亦信文辭格制，各有時代，不可強同。《孟子》此一段，其爲〈舜典〉之文無疑。然要可爲心知其意者道耳（《尚書古文疏證》，卷 2，第 18 條，頁 1115）

附錄五　《尚書古文疏證》「《法言》論〈稷棄謨〉」

01. 且〈益稷〉據〈書序〉，原名〈棄稷〉。馬、鄭、王三家本皆然。蓋別爲逸《書》，中多載「后稷之言」，或「契之言」，是以揚子雲親見之，著《法言・孝至篇》。或問「忠言嘉謨」曰：「言合稷契之謂忠；謨合皐陶之謂嘉。」不然如今之〈虞書〉五篇，皐陶矢謨固多矣！

而稷與契，曾無一話一言，流傳於代。子雲豈鑿空者耶？胡輕立此論。蓋當子雲時，〈酒誥〉偶亡，故謂「酒誥之篇俄空焉」，今亡失。賴劉向以《中古文》校，今篇籍具存。當子雲時，〈棄稷〉見存，故謂「言合稷契之謂忠」，以篇名無「謨」字，僅以「謨」貼皐陶。惜永嘉之亂亡失，今遂不知中作何語。凡古人事，或存或亡，無不歷歷有稽如此。（《尚書古文疏證》，卷 5 上，第 66 條，頁 1192，右下）

附錄六　「毛奇齡與閻若璩論學交遊彙編」

1.《經問》

1.1 卷六

（1）然淮安閻氏又云「宋是時似未滅滕，而其後滕終爲宋滅」，……而「宋之滅滕」，則無可疑也。豈其言又非與？（《四庫全書》第 191

冊，68 頁）

（2）則淮安閻氏嘗非之，謂周公爲太姒之第七子，武王母弟之第五人，是周公非別子明矣。（《四庫全書》第 191 冊，71 頁）

（3）如是則本文自明無可疑者，祗近儒閻潛丘又云「葬魯反齊」，當是終三年喪後復至齊爲卿，而後有此，……閻氏據《左傳》。（《四庫全書》第 191 冊，72 頁）

1.2 卷九

（1）而淮安閻潛丘獨謂：此元晦精于地理處，……朱氏未必考及地理，其脫誤三字亦未必因此，而潛丘好學故爲此言，然不無過于用意見處，因就其主客而答之如此。（《四庫全書》第 191 冊，106 頁）

（2）淮安閻氏謂：孫叔敖即宣十一年楚之令尹，……何況閻氏但又妄臆，謂蒍賈官司馬時，爲子越椒所殺，故其子叔敖式微，竄處海濱，則又不然矣。（《四庫全書》第 191 冊，108 頁）

1.3 卷十二

（1）淮安閻氏謂：微仲是微子之子，微子有二子。（《四庫全書》第 191 冊，139 頁）

（2）淮安閻氏謂：孔子在齊當景公三十三年，距其薨于辛亥，尙相去二十五年，奈何輒自稱老耶？必其年當六十歲，《禮》「六十曰老」，故云耳，其說何如，……然而六十非無據也。閻氏云：「景公爲魯叔孫氏所出，當叔孫宣伯奔齊時，納女于齊靈而生景公，實在成之十七八年，至襄二十五年而景公立，則已二十七八歲矣！計之立後三十三年，」則正當六十『吾老』」之言，此眞有據乎。」（《四庫全書》第 191 冊，142 頁）

（3）淮南閻氏謂：「孔子初命爲大夫而非卿。」不知何據？又謂：「侯國無大小卿，魯國焉得有大司寇，則是夫子爲司寇，或有之曰『大』，則未也，何如。」（《四庫全書》第 191 冊，145 頁）

（4）今觀閻氏《四書釋地續》云「〈孔子世家〉載適周事，在昭公二十年。孔子是年三十」，……閻氏謂：《史記》載「昭公二十年適周」，則已誤讀《史記》矣。至謂《莊子》云「孔子年五十一，南見老聃，是定公九年」，則亦有誤，……而閻氏又不善讀書，不惟誤讀《史記》，

并誤讀《史記註》。（《四庫全書》第 191 冊，146 頁）

1.4　卷十五

（1）今淮安閻氏又引此以辨〈小序〉之謬，則鄭、衛詩眞淫詩矣！豈〈小序〉果非，朱子果是乎？（《四庫全書》第 191 冊，183 頁）

1.5　卷十八

（1）淮安閻氏又引《春秋傳》以實之，謂鄢陵之戰。（《四庫全書》第 191 冊，209 頁）

2.《論語稽求篇》

2.1　卷一

（1）淮安閻潛丘與仁和姚立方，皆有晚《書》辨僞行世，此大不然者，……如此等者，正以讀《論語》與讀《尚書》有不同，故如是也，……或疑「孝乎惟孝」不可解，閻潛丘曰：此與《禮》云：「禮乎禮」。漢語「肆乎其肆」、韓愈文「醇乎其醇」相同，言孝之至也，故曰：「美大孝之詞。」（《四庫全書》第 210 冊，143 頁）

2.2　卷七

（1）閻潛丘云：「四海困窮」是「儆辭」，「天祿永終」是「勉詞」，……潛丘嘗謂：漢魏以還，俱解「永」，「長」。典午以後，始解「永絕」。此正古今升降之辨。（《四庫全書》第 210 冊，204 頁）

3.《四書賸言》

3.1　卷一

（1）閻潛丘云：杜元凱《左傳註》，以「茲」作「歲」解。古詩：「爲樂當及時，安能待來茲。」「來茲」，「來歲」也。即《呂覽》有「今茲美禾，來茲美麥」語，明以「今茲」爲「今歲」，可驗。（《四庫全書》第 210 冊，219 頁）

3.2　卷二

（1）閻潛丘嘗言：《孟子》：「舜使益掌火，益烈山澤而焚之。」火者，堯時官名。即「火正」。《左傳》「闕伯爲堯火正」，是也。（《四庫全書》第 210 冊，219 頁）

（2）閻潛丘讀李善《文選・運命論註》，引〈倉頡篇〉「格」，量度之也爲解。恍然謂「大學格物」，只此已見，尚何他疑矣！（《四庫全書》第 210 冊，219 頁）

（3）閻潛丘爲予言者，今朱子註《孟子》曰「思之甚，而氣不得伸」，則但以「不得伸」解「鬱陶」，而不識「喜」字，反添「氣」字，豈善解經者耶？（《四庫全書》第 210 冊，223 頁）

4.《西河合集》

4.6 卷一百六十九・五言律詩（二）・〈集閻修齡、若璩父子即席〉

（1）「東第邀群彥，西園集酒徒，清缸開玉露，畫槳待珠湖。角綺梁王賦，烹鮮陸氏廚，謳吟相間發，不忍聽驪駒。」（《四庫全書》第 1321 冊，727 頁）

4.7 卷一百七十一・五言律詩（四）〈題眷西堂并序〉

（1）閻氏自山右來淮，名其堂「眷西」，不能忘舊，乃從堂主人再彭（閻修齡）之請云耳。「甲第移家遠，茅堂倚郭新，久爲淮海客，仍是太原人。荷丐看留楚，瓜生想去幽，天涯多蕩子，誰得買君隣。」（《四庫全書》第 1321 冊，749～750 頁）

附錄七 「毛奇齡與閻若璩論《古文尚書》繫年」

（一）「毛奇齡論閻若璩」

1.〈與閻潛丘論《尚書古文疏證》書〉，《西河合集》：康熙三十二年癸酉（1693）同年或稍前。

（1）「昨承示《尚書古文疏證》一書，此不過惑前人之說，誤以《尚書》爲僞書耳。」（《四庫全書》第 1320 冊，166 頁）

2.〈送潛丘閻徵君歸淮安序〉：《西河合集》：康熙三十二年癸酉（1693）。

（1）「予避讎之淮安，與淮之上下無不交，閻君潛丘在其中。」。（《四庫全書》第 1320 冊，401 頁）

（2）據張穆《閻潛丘先生年譜》案語：〈送潛丘閻徵君歸淮安序〉：「……

時潛丘亦垂老，毛髮種種，而予則歸田有年，越七十，衰矣！」……
案：西河以二十五年丙寅歸里，是年，年七十一。（《閻若璩年譜》，
第 91 頁）

3. 毛奇齡《冤詞》著成：康熙三十八年己卯（1699）。

（1）《李恕谷年譜・己卯（康熙三十八年，1699）》「至淮安訪閻潛丘論
　　學」。（卷三，頁 162）

（2）又庚辰（康熙三十九年，1700）〈寄毛河右書〉，曰：「自客歲拜別
　　函丈，過淮上晤閻潛丘，因論及晚《書》，堪曰：『毛先生有新著。』
　　潛丘大驚，索閱，示之，潛丘且閱且顧其子曰：『此書專難我邪？』
　　堪曰：『終求先生定之。』潛丘強笑曰：『我自言我是耳。』已而再
　　面，析它書甚夥，毫不及《尚書》事，想已屈服矣。」（《閻若璩年
　　譜》，第 105 頁）

4.〈寄閻潛丘《冤詞》書〉，《西河合集》：康熙三十八年己卯（1699）。

（1）「接讀《四書釋地》一編，又經三年，淮上去此不遠，而郵寄甚艱。
　　去夏閩客屬一緘寄丘洗馬，至今未達。……及惠教所著《尚書古文
　　疏證》，後始快快，謂此事經讀書人道過，或不應謬，遂置不復理。……
　　以平日所考證，作《古文尚書定論》四卷……某因削去定論名色，
　　而改名《冤詞》，且增「四卷」為「八卷」，……竊謂潛丘所學何處
　　不見，原不藉毀經以為能事，且胸藏該博，必有論辨所未及考，據
　　所未備，以廣我庫隘。《冤詞》無定，潛丘定之，何如何如，某頓首。」
　　（《四庫全書》第 1320 冊，139 頁）

（2）據張穆《閻潛丘先生年譜》案語：「《釋地餘論・辨吳越、廣陵、曲
　　江》云：……忽忽十三年，……潛丘初晤俞邰在甲子年（康熙二十
　　三年，1684），而後十有三年，當為丙子（康熙三十五年，1696））
　　也。」（《閻若璩年譜》，第 96 頁）。

（3）銘豐按：是以詹海雲《清代學術編年》（行政院國家科學委員會專
　　題研究計畫成果報告，NSC91～2411～H～009～018～），頁　46，
　　「〈1696・康熙三十五年・丙子〉」條，即據此言曰：「閻若璩初刻《四
　　書釋地》。」故毛曰「又經三年」，推論當為「康熙三十八年，己卯
　　（1699）」

5.〈附《古文尚書冤詞》餘錄〉，《經問》：康熙四十一年壬午（1702）。

（1）「康熙四十一年（1702），淮安閻潛丘，挾其攻晚《書》若干卷，名曰《尚書古文疏證》，同關東金素公來。亦先宿姚立方家而後見過，但雜辨諸經疑義，並不及《古文》一字。」（《四庫全書》第 191 冊，215 頁）

6.《李恕谷年譜・癸未》：康熙四十二年癸未（1703）。（卷三，頁 220～221）

（1）毛右河有〈書〉來曰：今朏明（到底宵人行徑）又在吳門刻《禹貢》，仍與閻百詩合夥，大暢晚《書》之謬。以禾中朱錫鬯家多書，欲就其家，搜朱文公、趙孟頫、吳草廬輩，至明末本朝攻《古文》者，合刻一集，以與我《古文尚書冤詞》相抵（不必置可否，而是非定矣。其意雖拙而實精，以世人肉眼，明知金谿論太極勝於新安，然孰有能祖金谿者，此書出，則《古文尚書冤詞》自高閣也）。其後朏明不與事，而百詩約錫鬯，攜明萬曆丁丑（神宗五年，1577），會試第三場：焦竑〈廢《古文》策〉來，幸余先期知其事，赴其寓同觀，（天網恢恢），焦竑襲吳澄誤說而又誤者。余因於眾中大揶揄之，百詩狼倉散去，錫鬯亦大窘而退。（百詩、錫鬯，胸腹甚陋，惟朏明稍有記憶，與吾鄉吳慶百同，而識見未闢，究難彙進，譬之佛家一知半解，不成大究竟也）。（《閻若璩年譜》，第 116～117 頁）

（2）據張穆《閻潛丘先生年譜》案語：「又案：恕谷嘗集其交遊手札，為《友善帖》，凡四巨冊。丁未（道光二十七年，1847）四月，苗先路同年攜二冊來見，示西河《手札》，凡二十餘通，俱黏第二冊中，此《札》已經馮辰、惲鶴生輩刪其太甚，茲補錄之書首，……《友善帖》後二冊，聞尚有潛丘《手札》，惜未之見。」（《閻若璩年譜》，第 117 頁）

（3）銘豐按：（1）之括號文字，即張穆所謂《李恕谷年譜》今不見存之刪語。

（二）「閻若璩論毛奇齡」

1.《潛丘劄記》，卷五。〈《冤詞》〉：當在「康熙四十一年壬午，1702」

與「（康熙四十三年甲申，1704）」之間。

（1）孔穿曰：「謂臧三耳甚難而實非：謂兩耳甚易而實是。人將從難而非者乎？抑將從易而是者乎？」余則反其辭曰：「偽晚《書》甚難而實是；不偽晚《書》甚易而實非，人將從易而非者乎？抑將從難而是者乎？」此余所以不復與毛氏辨，而但付之閔默爾。何休好《公羊》學，著《公羊墨守》、《左氏膏肓》、《穀梁廢疾》，康成廼《發墨守》、《鍼膏肓》、《起廢疾》，休見而歎曰：「康成入吾室，操吾矛，以伐我乎？」余謂此自是學海遠遜經神，故云爾，若在今日，豈其然。（《四庫全書》第 859 冊，509 頁）

（2）銘豐按：據康熙四十一年壬午（1702），〈附《冤詞》餘錄〉云：踰數日，潛丘謂人曰：「偽《古文》似難而實是也，不偽《古文》似易而實非也。」且有從潛丘來者云：「閻先生謂《古文》真偽不必辨。但輯吳才老後迄元、明及今，凡攻《古文》者，合作一集，傳之後來，以為屏棄《古文》之案，則但存其說，豈無起而踵行之者？」予聞而歎曰：「凡詞窮者必曰：食肉不食馬肝，未為不知味也；語不能勝人必曰：謂臧兩耳，似易而實非也；謂臧三耳似難而實是也。此皆籠統是非。」（《四庫全書》第 191 冊，215 頁）

故知《潛丘劄記》，卷五，〈《冤詞》〉條，當在〈附《冤詞》餘錄〉（康熙四十一年壬午，1702）之後，與閻若璩卒年（康熙四十三年，甲申，1704）之間登錄。閻氏所謂「此余所以不復與毛氏辨，而但付之閔默爾」，即是毛閻論晚《書》，閻氏由「各行其是」至「閔默」，最後治學立場的申明。

附錄八　「宋翔鳳集校本《帝王世紀》引《古文書》按語輯錄」

1. 卷二

（1）而「崩」，《尚書》所謂「二十而八載，放勳乃殂落」，是也。

按：《說文》引〈虞書〉曰：「放勳乃殂。」此許氏據《書古文》也，《世紀》正同。東晉《古文》作「帝乃殂落」。（卷二，頁 7）

（2）以仲冬甲子月次于畢，始即眞，改月朔。

> 按：《御覽初學記》所引，俱無此三字，據《文選・永明策・秀才文》注所引，增〈堯典〉「正月上日」，鄭《注》曰「帝王易代，莫不改正建朔，堯正建丑，舜正建子，此時未改堯正，故云『正月上日即正』」。即政乃改堯正，故云「月正元日」，此云「仲冬」，正是建子月，與鄭說合，王肅以爲白夏已上，皆以建寅爲正，後僞造《古文孔傳》，亦同肅說，後人欲以《世紀》附合僞《書》，遂刪此語耳。（卷二，頁9）

（3）比氏生二女，宵明燭光，有庶子八人皆不肖，故以天下禪禹，舜年八十一即眞，八十三而薦禹，九十五而使禹攝政，攝五年有苗氏叛，南征崩於鳴條，年百歲。

> 按：馬、鄭《古文尚書》「舜生三十，徵庸二十，在位五十，載陟方乃死」。鄭《注》「舜生三十，謂生三十也。登庸二十，謂歷試二十。在位五十，載陟方乃死，謂攝位至死五十年。舜年一百歲也」。東晉《古文》作「舜生三十，徵庸三十在位」，僞孔《傳》謂「舜壽一百十二歲」。士安不用孔說，知未見東晉《古文》也。（卷二，頁9）

2. 卷三

（1）吾之有民日亡，吾乃亡也。

> 按：此引伏生《大傳》語，而不用僞孔。（卷三，頁13）

（2）〈伊訓〉曰：「造攻自鳴條，朕哉自亳。」

> 按：按此當作《書序》曰：「遂與桀，戰於鳴條之野。」方與下文又曰「夏師敗績，乃伐三朡。」相接，蓋夏師敗績云云亦是《序》。後人強以僞《書》篡改《世紀》，而忘〈伊訓〉無「夏師」八字云云。（卷三，頁13）

（3）故〈五子歌〉曰：「惟彼陶唐，有此冀方。今失厥道，亂其紀綱，乃底滅亡。」

> 按：此廿五字當刪，〈夏本紀〉「兄弟五人，須於洛汭」。《索隱》引皇甫謐云「號『五觀』也」。謐苟據東晉《古文》，不得以「五子」爲「五觀」矣。且上文既按《經》《傳》曰，夏與堯、舜，同在河北，不必再引〈五子歌〉也。惠定宇按：「《晉書》謂謐

之外弟，天水梁柳傳《古文尚書》，謐嘗見之，故〈五子之歌〉
等采入《世紀》。」孔穎達《尚書正義・序》云：「晉士安於古
書眞僞最爲詳愼，如王肅之《家語》，束皙所得之《竹書紀年》，
未始苟且雷同。」豈有反引後出之書，決無是理，正是梁柳輩
所附益矣。（卷三，頁 13～頁 14）

3.　卷四

（1）予小子履，敢用玄牡，告于皇天后土曰：萬方有罪，罪在朕躬，朕
躬有罪，無以萬方，無以一人之不敏，使上帝鬼神傷民之命，言未
已而大雨至，方數千里。

　　按：此文采《墨子》及《呂氏春秋》，而不用東晉《古文・湯誥》，
　　　　知士安所未見也。（卷四，頁 15）

（2）太甲反位，又不怨，故更尊伊尹，曰「保衡」。即《春秋傳》所謂
「伊尹放太甲，卒爲明王」，是也。太甲修政，殷道中興，號曰「太
宗」。《孔叢》所謂「憂思三年，追悔前愆，起而即政，謂之明王」
者也。

　　按：《孔叢子》以下廿二字，於上下文皆不屬，且重《春秋傳》語，
　　　　《孔叢》之出，更在東晉《古文》之後，士安必未見，斷爲竄
　　　　入。（卷四，頁 15）

（3）《孟子》稱「湯居亳，與葛爲鄰」。《地理志》「今梁國甯陵之葛鄉」
是也。湯地七十里，葛又伯耳，封域有制，葛伯不祀湯，使亳眾爲
之耕，有童子餉食，葛伯奪而殺之。

　　按：《詩正義》引此文，下有《古文・仲虺之誥》曰「湯征自葛始」
　　　　十二字，於上下文義無常，當是後人竄入，文既竄入，遂各不
　　　　同，故《御覽》無此語矣。（卷四，頁 17）

4.　卷五

（1）爲太僕

　　按：此本《史記》，而不用東晉《古文》。（卷五，頁 21）